イスラムの時代

マホメットから世界帝国へ

前嶋信次

講談社学術文庫

はじめに

世界史の脚光

いかにすぐれた民族であっても、時節が来るまでは、じっと鳴りをひそめているものである。いつでも、またいつまでも世界史の檜舞台で主役を演じていることはできないであろう。

この『世界の歴史』［一九七六〜七八年、講談社刊。全二五巻］を第一巻からひもといてくると、つくづくそのような民族の出番とでもいうべきもののあることを感ずる。七世紀ともなると歴史の脚光は多くの人々の意外とする方向にそそがれはじめた。そこはハルラという熔岩性の荒野で、初秋の日射しがふりそそいでいた。つまりアラビアの西部、ヒジャーズ地方の山地なのである。

いましも初老の一人物がラクダに乗り、北へ北へと急いで行くのが見える。ラクダはもう一頭いて、それにもやはり同年輩の男が乗っている。ほかにも二人ほど従者らしいものがついているが、これらは徒歩であった。

やがて前方に緑樹が見えてきた。ささやかなオアシスで、クバーと呼ばれているところであった。四人づれの旅人はこのオアシスにはいっていったが、そちこちに民家はあるものの、森閑として人影は見えなかった。格別の理由があったわけではなくて、あたかも真っ昼間で、炎暑がきびしい盛りなので、みんな屋内にひきこもっているのであった。

一行の中心と見うけられた人物の乗った白いラクダはオアシスの中ほどの、泉のほとりまで来ると、蹲《うずくま》ってしまった。もう動いてやらないぞというような顔つきなのである。すると、その人物も地に下り立ち、同行の人たちもそばに集まった。

それは西暦六二二年九月の二十四日（月曜）のことだったともいうし、二十日の木曜日だったともいって、議論の的ともなっている。かの人物はいうまでもなく、メッカに生まれ、唯一絶対の神アッラー（アルラーフ）の教えに身命を委《ゆだ》ね、正しい道への導きを得て、やがて来るべき最終審判にそなえ、来世において永遠の至福を受けるようにせよとのイスラム（委ね）の教えを伝えた預言者ムハンマド（マホメット）であり、もう一人の同年輩の人は、そのもっとも親しい教友で、のちに初代のカリフとなったアブー＝バクルであった。あとの二人のうち、ひとりは従者、もう一人は道案内人であった。

クバーまで来れば、もう目的地のヤスリブ（メディナ）までは遠くない。やがて一行は近くの民家に宿を求めて、疲れを休めたが、やがて、ヤスリブから一群の迎えの人数がやって来た。

こうして預言者の遷《うつ》り（ヒジュラ）が行なわれ、新しい時代がはじまった。これからのち、マホメットを中心に結成されたイスラムの教団（ウンマ）は年ごとに発展していった。やがてアラビア全土が史上はじめて、それまでの部族単位の分裂時代を脱して、一つのウンマに包みこまれていった。それは大きな変革であった。道徳観も価値観も根本から変えられた。

しかし、アラビアの民がこれまでに磨きあげてきた豊かに美しい言葉などはイスラムの教えを説いた聖典アル‐クルアーン（コーラン）の言葉として、そのままに保存されたし、旧来のしきたりでも、良風美俗とすべきものは、やはり、イスラムの社会の中にとり入れられた。こうして、アラブ族の時代がきたが、それはまたイスラム時代の開幕でもあった。

預言者の死ののち、アラビア人の大征服がはじまり、アジア、アフリカ、ヨーロッパ三大陸にまたがる大帝国が出現した。イスラムの教えも、それとともに広大な地域にひろまり、聖典コーランの読誦《どくじゅ》の声は、西はピレネーの山麓、東はインダス川のほとりや中央アジアのオアシス都市などでも絶えることがない有様となった。

宗教に強制なし

そのコーランに「宗教には強制があってはならぬ」（第二章二五六節）という戒めがあるごとく、大征服時代にも、被征服の諸民族の従来の宗教は、一定の条件のもとに尊重されるのを原則としていた。

しかし被征服民のほうから進んでイスラムに改宗するものが相ついだから、マホメットの後継者（カリフ）たちの支配する大帝国は、しだいにイスラム教徒が大多数を占めるようになった。

アラブの民によってはじめられ、アラブの民を主力としたイスラムのウンマ（教団から教国へと発展した）は、こうして、多くの民族を包含するようになり、多民族のウンマとなった。ウンマというのは、もともと、一人の預言者に率いられ、最終審判のさいは、一緒にアッラーの裁きを受ける団体を意味する。いわば運命を共にする集団である。アッラーの前では、国籍、貧富の差、民族の差などをとわず、みな平等のしもべであり、お互いに一兄弟にひとしいとするイスラムの教えは、このような多民族の共同体を発展させるには、きわめて適していた。

またはじめアラビア人が征服した地域は、イラク、シリア、エジプト、イラン、インドのインダス川流域など、悠久の昔から高度の文明を発達させた地方であり、シリアやエジプトはすでに千年ものあいだ、ギリシアやローマの文明に薫染《くんせん》していた。

このような諸文明の地域の支配者となったアラビア人にもまた古文明の伝統があった。アラビアは乾燥地帯であり、荒野で遊牧の生活を送る民もけっして少なくはなかった。一見すると彼らの生活は単純で、進歩から取り残されたようにも見えるが、実際はそうでなく、西南部のヤマン地方でも、また北部の荒野でも、おびただしい古碑文が発見され、古代文明の存在していたことを物語っている。

マホメットは都市で生まれ育ったが、そのころ遊牧諸部族のあいだでも洗練された詩が愛唱され、すぐれた詩人たちが輩出していたのである。

それゆえに、七世紀以来、高い文明をもつ諸民族を征服すると、それら文明の価値を理解し、とり入れて、やがてイスラム文明と呼ばれる独自のものを発達させたのである。

文化の程度の高い被征服の諸民族から文化的に逆に征服されることなく、アラビア語とイスラム教とを主軸とした諸文明の総合を成しとげたのである。これは武力による大征服よりも、もっと高く評価してもよい大事業で、時代的には、武力的・政治的征服の最大限が八世紀前半であったのに対し、もっと遅れて九世紀後半から十一世紀前半にかけて、イスラム文明はその最高潮に達している。

この一巻は右のような時代の高潮に焦点をあてたいと思った。しかし、何分にもイスラムの世界の広さと、政局や社会の複雑さと、それから限られた紙数とによって制約され、思うところのほんの一部しか達成することができなかった。

目次

十　雄峰並び立つ

イスラムの時代

――マホメットから世界帝国へ

一　古代アラビア

1　シバの女王の国

長寿の巨人たち

古代のギリシア人はアラビアを「石のアラビア」「砂漠のアラビア」「幸福のアラビア」の三つに分けていたが、前の二つは現在のシリア砂漠地方に、最後の「幸福のアラビア」（アラビア‐フェリクス）がアラビア半島にあたるとするのが正しいようである。アラビア西南部、ヤマン地方が比較的に降雨に恵まれているので、この地方こそアラビア‐フェリクスに違いないと主張するものもある。

シリア砂漠とアラビア本土との境は、ごく大まかには北緯三〇度の線あたりということになっているが、これは人為的にそうしているだけであって、自然の条件は両地方ともほとんど同じである。

アラビアの民が古代に、いち早く国家をつくり、外部の世界からも知られるようになったのは、西南部のヤマンと、北部のシリア砂漠方面とであった。

ヤマンは高原国で、ほぼ中央部にあるサヌアーの町も二三〇〇メートルもの高処にある。伝説に女王ビルキース（またはバルキース）がいたというサバーの都は、サヌアーからこのような高原を東に一六五キロほど行ったところにあるマーリブあたりであるが、ここには、いまも古代のサバー人が築いたという巨石を巧みに切って積みあげたダムの遺跡がある。

そこからさらに東に進むと、南ヤマン（イエメン共和国）にはいるが、東西に長くつらなるハドラマウトの谷間も、古代から文化の華の咲きでたところである。ハドラマウト地方から、さらに東に寄った今のオマーン領のズファール地方あたりにかけて、伝説によれば、太古にアード族という巨人たちが住んでいたといわれている。

彼らは、ノアの洪水よりもあとに、この地方に強大な国家をつくり、ほとんど全世界に君臨するほどであったという。巨人であるうえに、驚くべき長寿に恵まれていた。その大王シャッダードの命令で、無数の円柱が立ちならび、金銀のドームが輝くイラムの都城を数百年の経営をもって築造したが、ついに神の怒りを受け、この都城に移っていく途中で、大王をはじめ重臣や軍勢たちもみな滅び去ったという。

その後、復興したけれども、彼らのあいだに現われた預言者フードの伝える真神の教えを無視したために、またも天譴《てんけん》を蒙《こうむ》り、大暴風のうちに滅んでしまった。しかし、フードとその教えに従った少数のものは生き残り、現在のヤマンの諸部族の祖先となったと聖典アル－クルアーン（コーラン）などにしるされている。

サバー文字の碑文　アラビア最古の文字とされている。

南アラビア語古碑文の発見

ヤマンの史家の伝えたところによれば、アード族の時代が過ぎ去ったあと、南アラビアには九つの王国がつぎつぎと出現したが、それらのうち、もっとも有名なのは、マイーン、サバー、ヒムヤルの三つで、これらは、それぞれの王国の名称でもあるし、また支配権を握った部族の名でもあるという。

十八世紀末から、ヤマンの奥地に、ムスナッドと呼ぶ南アラビアの古代文字を、石や青銅片などに刻した碑文が多数残っていることが知られるようになった。最初に報告したのは、デンマークの探検隊に加わり、ただひとり生還したカルステン＝ニーブールで、一七七二年にでたその旅行記中でこのことを知らせたのである。ニーブールは、またマーリブのダムのあった所をも訪れ、その近くの廃墟が、シバ（サバー）の女王ビルキースの宮殿のあとだといわれているということをもしるしている。

つぎには、一八六九〜七〇年にフランスのジョゼフ＝アレヴィがヤマンの奥深くまではいり、三七地方から都合六八五面の碑文を写してきた。

一八八九年にはオーストリアのエドワルト＝グラーゼルがマーリブ附近を中心に一〇〇〇面を越える古碑文を写しとった。彼はその他の地方からも、さらに一〇〇〇面の碑文を写すことができた。

一九五一年にはウィリヤム＝オールブライトやウェンデル＝フィリップスを中心とする米国の「人間研究財団」American Foundation for the Study of Man の調査団がマーリブのダムと、シバの女王の宮殿あとといわれるものなどを調査した。月神の神殿跡などを明らかにしたあと、周囲の民情が不穏となったため、辛くも脱出して帰ってしまったので、けっきょく、女王ビルキースについての史料などは発見することができなかった。

これまでに紹介された南アラビアの古碑文は約四〇〇〇に達し、最古のものは前七世紀中のものであるという。

南アラビア語は、現在では、ヤマン地方やソコトラ島などに、いくつかの方言として残存しているほかは、もはや死語同然となっており、北部アラビア語に圧倒されてしまった。しかし、古碑文の解読は一八三〇年代から行なわれ、これを資料としてのアラビア古代史研究なども着々と歩を進めている。

女王の脚は山羊の脚

アッシリアの記録で、アラビア人についてのもっとも古いものは、シャルマネセル三世（前八五八～前八二四）がダマスクスに都したアラム族の王を討つために遠征したとき、シリアのハマーの北のカルカルでの会戦（前八五三年）にアラビアの首長ギンディブが一〇〇〇頭のラクダ隊をひきいて敵方に加わっていたとあるものだとされている。

ギンディブは男性らしいが、前八世紀になるとアッシリア王ティグラト＝ピレセル三世（前七四五～前七二七）は即位後三年目にアラビア人の女王ザビーアを従えて、納貢させ、即位後九年目には、同じくアラビア人の女王サムシ（太陽を意味するアラビア語シャムスのなまりではないかという）を征服したという記録があり、さらに前七二八年には、明らかにサバー族のことと思われるサブアイびとが、同王のもとに金・銀・錫《すず》・象牙、色彩きらびやかな衣裳など帝王の宝庫にふさわしい品々を貢物として送ってきたという。

またニムルッドにあったティグラト＝ピレセル三世の宮殿跡を発掘したさい、捕われのアラビア人たちの姿を浮彫りにしたものも発見された。二人は筋骨逞《たくま》しい男たちで、後手に縛られており、もう一人はラクダをひいた女性で、ふくらはぎに達する長衣に総飾りのついたものをまとい、頭を幅広のショールで包み、そのはしは膝のところまで垂れているのであった。

ソロモン王のもとに、はるばると南アラビアから宝物をもって表敬訪問をしたというサバーの女王は、旧約聖書や聖典コーラン（第二七、蟻の章）のほかには、史料には現われていないけれども、将来、南アラビアに多数ある古代遺跡の調査などが歩を進めたならば、どこからかにこやかに立ち現われてくるかもしれない。

旧約聖書列王紀上（一〇章）には「シバの女王はエホバの名にかかわるソロモンのうわさ

を聞きおよび、難問をもってソロモンを試みんとて来れり」とある。難問をもって人物査定のため、わざわざ炎熱の砂漠をエルサレムまで来たというのだから、容易ならぬ女人のようだが、聞きしにまさるソロモンの智恵に接し、またその家や、その席の食物、多くの臣僕、それらの衣裳や酒人、エホバの家に上がるはしごなどを見るにおよんで、すっかり度胆を抜かれてしまい、金一二〇タラントや、はなはだ多くの香物や宝石をおくった。「シバの女王のソロモン王におくりたるが如き多くの香物は重ねて至らざりき」とあるのを見ると、ソロモンの栄華のきわみでも、これほどの贈物を二度と受けたことはないほどのまことに気前のよい女人であったらしくもある。

コーランにでてくるサバー（シバ）の女王は、太陽を崇拝し、豪華な王座に坐って男たちを顋《あご》で使う尊大な女性だった。しかし、ソロモン王からの降伏勧告状をもらうと、山のような贈物をとどけるという気の弱さであった。それでも、ソロモンは許さず、ジン（妖精）をやって、その王座を奪わせた。

女王はおおいに恐れて、エルサレムまで赴いた。ソロモンは一つの宮殿に案内する。見ると床一面に水がはってあったので、女王は思わず衣の裾をかかげて、ふくらはぎを見せてしまった。ソロモンから、これは水ではなく水晶を張りつめてあるのだと知らされた女王は、心服し、従来の信仰を棄てて、世界の主アッラーの教えに従うことを誓ったとしてある。

アラビアの古伝説では、「女王は山羊《やぎ》と同じ脚をもっているという噂があったので、ソロモンは、本当かどうかためして見ようと思い、水晶ばりの宮殿に案内したのだ」とある。さらに伝説は発展して、一九七四年まで続いたエチオピアの王家は、ソロモンとシバの女王とのあいだに生まれたメリネク以来、連綿として続き、最後の皇帝ハイレ＝セラシェはその第二二五代目だったというのである。

2 荒野の詩人たち

荒野の民とオアシスの民

アラビア半島で圧倒的に広大な地域を占めているのはサウディ－アラビア王国であるが、この国の中心部を占めているのがナジド地方である。ナジドとは高原を意味し、同王国の中心部であるとともに、アラビア全体の中心部でもある。

西部、紅海岸寄りの山脈地方をヒジャーズと呼ぶのは「分け隔てるもの」という意味で、もともとは、この地方を南北にえんえんと走っている山脈を呼んだ言葉であるが、地方名ともなった。これは火山脈であり、熔岩に蔽《おお》われた荒野（ハルラ）が多い。

山脈の西方は急斜面をなして、紅海岸とのあいだにティハーマと呼ぶ狭い帯状の平野をつくっている。しかし山脈の東側はゆるやかに傾斜してナジドの高原につらなり、乾燥していて凌《しの》ぎ易い。

ナジドは平均六〇〇メートルほどの高原で、いくつもの涸谷《かれだに》（ワーディー）が走り、地下水があるから、多くの村落や都市がある。首府リヤードのあるワーディー－ハニーファなどはもっとも雄大な規模のもので、ナツメヤシの林が展開している。ナジドの東風《こち》は人々の胸にさわやかさと生きる楽しさをあたえ、詩人たちの心をいよいよ優しくしてきた。

ナジドでも、ヒジャーズでも、ヤマン地方におけるような国家は発達しなかった。オアシスの住民は、都市をつくっても、国家といえるほどの大規模なものにはなし得なかったし、荒野の民は、乏しい水と草とを求めて移動する遊牧生活を送っているので、その社会はせいぜい数千人ほどのカビーラ（部族）を最大の単位としたのである。

熱帯の荒野での生活はきびしい。強靭な組織をもっていないと、その中で生きてゆくことは至難である。ハイイというのが、遊牧民のグループの最小の単位だが、父系の血縁集団で、少なくとも数十人からなり、一人の族長の指揮に従い、それぞれ特有の雄叫びや旗印などを持つ。

一つのハイイに属するものが、他のハイイのものに殺害されたりするばあいは、被害者のハイイの男子全員が、加害者のハイイのものに対し、血の復讐をする義務を負うことになっていた。ハイイは、ハムーラとも呼ぶようであるが、その構成員のハイイなり、ハムーラなりへの忠誠心（アサビーヤ）は強烈で、身命を献げていささかも悔いるところがないものであり、現在でも遊牧民のあいだには、その気風が濃厚に残っている。

このような支族がいくつか集まったものが、部族（カビーラ。複数形はカバーイル）で、これを率いるのが首長（シャイフ）である。部族民のうちのもっとも有能で、責任感の旺盛な男子がそれに選出され、身をもって衆を指導していくのである。

無明時代とサムード族

七世紀に預言者ムハンマド（マホメット）がイスラムの教えを確立するまでの古代をジャーヒリーヤの時代と呼んでいる。唯一神の教えを知ろうともせず、無知のままでいた哀れむべき時代だったという意味なので、無明時代などと訳す人たちがある。

しかし、実際はかなり高い文化を持っていたのである。イスラム教の起こるずっとまえから、アラビア中央部がけっして無知蒙昧《もうまい》の民の世界ではなかったことは、この地域一帯からも、おびただしい古碑文が発見され、調査が進むにつれてその数を増しつつあることでもわかる。

メディナのやや北方にマダーイン-サーリフという部落があり、そのあたりの古名をアル-ヒジュルという。聖典コーランも、このヒジュルを中心に、サムードという長寿の巨人族が、岩壁をくり抜いてつくった家屋に穴居生活をしていたことを伝えている。

それによると、アッラーは、真理を伝えるためサーリフという預言者を遣わしたが、傲《おご》りたかぶったサムードの民は、これを受け入れなかった。そうして、真の預言者ならば、何か奇蹟を示して見せよなどと注文をつけた。そこでサーリフは岩山からいわれたとおりの雌ラクダと子ラクダを生まれ出させて見せた。しかし頑迷なサムードの民は、これらのラクダを殺し、さらにサーリフにも危害を加えようとしたので、ついに天譴《てんけん》を蒙って全滅してしまったというのである。

マダーイン＝サーリフには、今も、彼らが住んだ石屋や、かのラクダが生まれたという岩山、それに水をあたえた井戸などいろいろ残っているが、それら家屋の大きさからして、彼らはけっして巨人などではなく、普通の大きさの人間だったに違いないと、十世紀の歴史家アル＝マスウーディーが、名著『黄金の牧場』の中で指摘している。サムード族が、もっと広く北アラビア一帯にひろがって住んでいたらしいことは、各地から、この人々の使用した文字（サムード文字）でしるしたおびただしい数の刻文が発見されていることでもわかる。

これらの古碑文の存在が他世界にも知られたのは英人チャールズ＝ダウティが一八七六年から七七年にかけて、アラビア高原を彷徨し、一三〇面のサムード語碑文を写しかえってから以後のことである。

ことだまのさきわうところ

ナジドやヒジャーズなどの荒野に住むアラブの諸部族のあいだに言葉の芸術が発達し、各部族ともすぐれた詩人を持つことを誇り合ったのは、マホメットの出生より百年ほどまえからのことで、それ以前のことはわかっていない。すぐれた詩人たちの誦える韻を踏んだ言葉は霊力を含んだものと思われていた。

伝説によれば、毎年、アラビア暦の第十一月（ドゥル＝カアダ）の一日から二十日まで、メッカに近いウカーズで、大市が開かれた。各部族を代表する詩人たちは、ここで苦心の作のコンクールを行なうのが恒例となっていたが、多くの人々から賞讃された詩篇は、エジプト製の麻布に金文字でしるされ、メッカのカーバ神殿に掲げられることになっていた。

こうして表彰された佳作は「ムアルラカート」（掲げられたもの）と呼ばれ、ひろく人々に愛誦されるのが常であったというのである。この話は現在ではその真実性はほとんど否定されている。

ジャーヒリーヤ時代に荒野で絶唱を残した七人の詩人たちの代表作を集めて一巻の書をつくり、これを『アル－ムアルラカート』と名づけたのは伝承者（アル－ラーウィヤ）という異名で呼ばれたハンマードである。

彼は六九四年にイラクのクーファで生まれた。若いときには、無頼の徒と交わり、窃盗や強盗などを働いていた。一夜、某家におし入り、いろいろと強奪してきた中に一巻の書物があった。それは預言者マホメットの教友たちの詩を集めたものであったが、ハンマードは読んでいくうちにいたく心を動かされ、全部を暗誦することができるまでに繰り返して読んだ。その結果、心機一転、別人のようになって、悪友との交わりを絶ち、もっぱらアラビアの古詩・戦記その他についての古記録を読みふけって、ついにその方面の大家になった。

彼の名声はようやく高くなり、ウマイヤ朝のカリフ、ヤジード二世（在位七二〇〜七二四）の宮廷に迎えられ、一方ならぬ寵遇を受けた。このカリフには愛妃があり、ある日、たわむれにぶどうの一粒をぽいと喉に投げこんだのが、気管につまって急死した。カリフは哀傷してやまず、やがて断腸の死をとげた。

弟のヒシャームが、カリフの位をついだが、当時のならいで、前代のカリフの近臣たちはしばしば殺戮《さつりく》の運命にあうのであった。ハンマードもこれを恐れて、逃亡し潜伏してしまった。しかし、一年ほどたったとき、とあるモスクで礼拝をとり行なっているところを、二人の警吏に逮捕された。

わが命もこれが限りかと、ふるえながら、イラク総督のもとに連行された。ところが、案に相違して鄭重な待遇を受け、礼をつくして、ダマスクスのカリフ宮殿に送りとどけられた。カリフはハンマードを見ると、

「そなたにわざわざ来てもらったのは、ほかでもない。じつはつぎのような詩句を思い出したが、誰の作かわからぬので、それを尋ねたいばかりだった」

「どのような詩句でござりますか」というと、

「あさまだき　飲みもの欲しと　男だち　うち呼ばわれば
乙女《おとめ》ごが　右の手をのべ　水差しを　持ってしゃなりと　近づいた

というのだがな」

「ああ、それならば、アディー＝ブヌ＝ザイド＝アル＝イバーディーの作でござります」

と答えると、全詩を誦えてくれというので、ただちに暗誦して見せると、カリフは満悦の態で、御酒を下されたほか、数々の土産物と銀貨一〇万枚、それにその場に侍《はべ》っていた花のような美姫二人をも与えたということである。

ハンマードは八十歳近い長寿を保ち、七七四年ころ世を去った。

幸《さち》うすい詩人たち

ハンマードの名詩選に、代表作をいれられた詩人たちは、もとはイムル＝ウル＝カイス、タラファ、ズハイル、ラビード、アンタラ、アムル＝ブヌ＝クルスーム、ハーリス＝ブヌ＝ヒッリザの七人であるが、アンタラが除かれ、その代わりにアン＝ナービガとアル＝アシャーが加えられて八人になっている本もある。

いわゆる金文字詩人（ムザハバート）のうち、いつも筆頭第一におかれるのは「さすらいの王者」の異名をもつイムル＝ウル＝カイスである。彼は五世紀末から六世紀はじめにかけて、ナジド高原に雄飛したキンダ族の王族のひとりであった。本名をフンドゥジュといい、イムル＝ウル＝カイスというのは、王者としての称号というべきものであった。

祖父ハーリスは、ユーフラテス川にそい、バビロンの遺跡からも近かったヒーラに都していたラハム王国に攻め入り、その王ムンジル三世を追い落して、一時はそこの王位に就いていたが、このヒーラの王者たちが、右の称号で呼ばれていたのである。

しかし、ハーリスはまもなく、ムンジル三世の逆襲を受け、捕えられて殺された（五二三年ころ）。

彼らの首は　洗われもせで　血潮にまみれておかれたり。
肉食う鳥が　とりかこみ　眉毛や目玉を　食いちぎる……

とは、詩人イムル＝ウル＝カイスが、一族四七人とともに斬殺された祖父の死にざまを哀悼した詩の一節である。

生き残ったハーリスの子たちは、砂漠のあちこちへと離散した。そのひとりのフジュルは、アサド族のあいだに迎えられて、支配者となった。イムル＝ウル＝カイスことフンドゥジュはこの人の子であったが、若いときから性格は奔放で、詩作にばかりふけっていたので、父の怒りを買い、荒野に追放された。

荒野の自然はきびしいが、優しく美しい花に彩られる時もある。遊牧の民のテントに、しばしば明眸皓歯《めいぼうこうし》の、妖《あや》しいまでに艶麗《えんれい》なおとめたちが生まれるからである。若き日の詩人は、このような美女たちを求めての放恣《ほうし》な振舞いが多かった。野原の池で水浴する女たちのところに忍び寄り、衣類を奪って、その上に坐り、はじらう裸体の少女たちを観賞したなどという逸話もある。

やがて、この流浪の王子は、父親がアサド族に叛《そむ》かれ、テントの中で眠っているところを斬殺されたという知らせを受けた。そのとき彼は悪友たちと双六《すごろく》の遊びをしつつ飲酒にふけっていたが、「今日はしらふにはもどらぬが、明日は酔わぬ。今日は酒、あすは仕事だ！」と叫んだ。そして痛飲したのち、アサド族の男一〇〇人を殺し、他の一〇〇人の前髪を切りとって、父の仇をはらすまでは、酒肉と香油と女性とには目もくれぬとの誓いをたてた。

彼のこれまでの放浪は情慾に耽溺《たんでき》するためだったが、これからは、塩をなめ、石を枕にして復讐のためのさすらいとなる。そして多くのアサド族の男たちを殺したけれども、まだ心を晴らすまでにはいたらなかった。

ついに、時の東ローマ皇帝ユスティニアヌス（在位五二七～五六五）のもとに赴いた。皇帝がサーサーン朝ペルシアとの戦いに協力させる目的で彼を招いたからというが、詩人のほうにも、皇帝の援助で、父祖の遺業を復興しようという考えがあったらしいという説もある。

伝説によれば、皇帝の宮廷で、姫君のひとりを誘惑し、そのいきさつを詩に歌いこめたりしたとのことである。ユスティニアヌスは、何くわぬ顔で毒を塗った金襴の長衣を与え、これは自分が愛用したものであるが、親善の意をこめて、貴下におくる。ねがわくば着用し、今後も音信を絶やすことがないようにと挨拶した。詩人は得々として、この長衣をまとって帰途についたが、小アジアのアンカラまで来たとき、毒が身体にまわり、皮膚がくずれ、ただれて死んだという。その死は五四〇年ころのこととされている。

アンタラの悲恋

アンタラはアブス族の名士シャッダードの子として生まれたが、生母が黒人奴隷だったので、やはり奴隷の身分にあまんじなければならなかった。叔父の娘アブラを愛して、妻に迎えたいと願ったけれど許されなかった。

アラビアの風習としていとこ同士の男女は、当然のこととして結婚することができるのである。しかし、奴隷の身分であるゆえに、アンタラはそれすら許されなかった。この身分から脱するには、父親の承認を得さえすればよいのである。

彼は勇敢無比、不屈の闘士であった。ある日、アブス族の人々が、他の部族の襲撃をうけて苦しんだことがあった。この危急のさいに、手を束ねて動かずにいるアンタラを見た父親が「討て、アンタラ！」と叱咤《しった》したが、「奴隷などが戦ってみても役にはたちません。ラクダの乳をしぼったり、その乳房を縛ったりしていれば、いいのでしょう」と答えるだけであった。父はいらだって「早く戦え。お前は自由の身分になったのだ！」と叫んだ。この一言を聞いたアンタラは奮い立ち、獅子のごとく敵中におどりこんで、奪われたものを取りかえし、立ち向かうものを撃ち退けた。

後世の人々が、このアンタラの生涯を中心に綴りなした大長編『シーラト‐アンタル』（アンタラ物語）は、千夜一夜物語をも凌《しの》ぐほどの人気のある語りものとして流行した。

物語中のアンタラ（アンタル）は、娘を彼にめあわせることを嫌った叔父からいろいろと難題をふきかけられたが、絶倫の勇力をもって、それらをなしとげ、ついに恋人と結ばれる。それから後も、典型的な騎士としてあまたの手柄をたてるが、最後にとある谷間で敵軍と遭遇し、毒矢にあたって絶命した。息絶えたのちも、愛馬に跨ったまま敵を睨んでいたので、誰も恐れて近づくものがなかった。しかし、いつまでも動かぬので、こわごわ近寄って、はじめてその死を知ったというのである。

実際のアンタラも、高齢になってから、タイイ族との合戦で討死をとげたが、それは六世紀中ごろのことであったという。彼は戦場の勇士であるとともに、一流の詩人でもあった。

恐ろしい砂漠の戦士だったタアッバタ＝シャルランやシャンファラーなどは、ムアルラカートのうちには加えられなかったけれども、やはり詩人としても聞こえていた。シャンファラー（唇の厚い男）は、サラーマーン族の男たち一〇〇人を殺すという悲願を立て、九八人までを矢で射殺したが、すべて相手の眼に射あてていた。九九人目の敵と渡りあったとき、片腕を切り落とされた。残った手で、落ちたほうの腕をひろい、敵の面上に投げつけて殺したものの、やがておのれも乱刃のもとに斃れてしまった。死骸は荒野で白骨と化したが、ある日、サラーマーン族のものが通りかかって、彼の遺骨を蹴ったところ、骨片がその足を刺し、その傷がもとでついに死んだ。こうしてシャンファラーの一〇〇人殺しの悲願は果たされたというような伝説もある。

ジャーヒリーヤの社会には、女性詩人も多く、今に名を留めたものが約六〇人である。とりわけ哀悼の歌などで絶唱を残したハンサーの作などは、今に愛誦するものの腸を断つとまでいわれている。

3　石のアラビア

絶壁に囲まれた故都

アラビア半島の西南部について、早くからアラブ族の国家が発達したのは、シリア砂漠方面である。ペトラを本拠としたナバタイ人の国や、ユーフラテスの下流に近いヒーラに都したラハム王国、ナバタイ人の国の後継ぎともいえそうなガッサーン王国、それからシリア砂漠の北の端に近いパルミュラ（タドモール）王国などはみなその例であり、とりどりにいかにもアラブ族の国らしい情趣に富んだ歴史を残している。シリア砂漠は東西勢力の緩衝地帯ともいえるようで、ローマ帝国とパルティア王国、東ローマ帝国とサーサーン朝ペルシア帝国などは、この地域をはさんで一進一退を繰り返してきた。

紅海が北のはしで二本の角のように分かれたうちの、東方の一角にあたるのはアカバ湾だが、そこから死海の南岸にいたるあいだはワーディー＝アラバという地溝帯である。この地溝帯をはさんで、その東にも西にも、南北に走る山脈がある。メッカ方面からはいって来た隊商は、このワーディーの東にそった山脈の東麓を北に進んでダマスクス方面に向かうが、その途中にマアン、アンマーンなどの名邑がある。マアンから西に折れ、ワーディー＝ムーサーの渓谷にしたがって山脈を西に越えるのが地中海岸のガザ方面への本道である。ムーサー渓谷を抜けて、アラバの低地に下って行こうとするところに、高い砂岩の絶壁にとりかこまれた要害地がある。そこが、古代にナバタイ人が拠り、貿易の十字路を扼《やく》することによって富み栄えることができたペトラであるが、そこに達するには現今でもしばらくは馬背に頼らなければならぬほどの険阻さである。

ペトラとはギリシア語で、石または岩を意味するが、旧約聖書にはセラという名で現われており、これも「岩」を意味しているという。西紀一世紀はじめころ、ストラボンはその地理書中に、

「ペトラは平地の上にあるが、周囲は険しい岩壁にとり巻かれている。岩壁の外側も絶壁をなしてそそり立っているが、内側には豊富な泉水があって、灌漑に利用できるし、樹園を潤すこともできる……」

とするし、また同じく西紀六〇年ころに、大プリニウスは、

「ナバタイ人はペトラという町を持っている。幅二千歩足らずの谷間にあって、近づき難い山岳にとりかこまれているが、一条の渓流がそこを貫き流れている」

などと伝えている。

西紀一〇六年に、この秘境ペトラがローマ軍に征服されたという事件は、当時はあまり世間に知られないままであった。そうして、ナバタイ人の王国のことも、ペトラのこともほとんど忘れ去られたままで千数百年が流れ去った。

ブルクハールトの探検

ヨーロッパ人のうち最初にここを訪れたのは、スイス生まれのヨハン＝ルドウィッヒ＝ブルクハールトであった。彼はゲッチンゲン大学で学んだのち、イギリスに渡り（一八〇六年）、「アフリカ奥地発見を促進する協会」に加わり、一八〇九年にまずシリアに赴いた。アレッポで二年間、みっちりとアラビア語、およびイスラムの知識を身につけたのち、一八一二年にインドから来たイブラーヒーム＝ブヌ＝アブドッラーと名のり、ムスリムの衣装をつけて、まずエジプトに向かうことになった。ダマスクスから南下してフィラデルフィア

（今のアンマーン）にはいり、さらに死海の東岸を南に進んだが、そこらは石のアラビアの一部で、岩山がつらなっている。その山の奥深くに、古代の驚くべき都市が埋もれているという噂を耳にしたので、何とかして訪れてみたいと思いたった。

しかし、そのあたり、つまりワーディー・ムーサーあたりに住む慓悍《ひょうかん》な遊牧のアラブ人は、外来者に対し猜疑の目を光らせていた。どこかに古代人が莫大な財宝を埋めたという伝説がひろまっていて、その所在地は、ある秘密の書にしるされているというのであった。いつの日か、その本を手に入れた異人が、宝を奪いとりに来るであろうと彼らは信じていたからである。

ブルクハールトは、モーゼの弟アーロンの墓に羊を犠牲《いけにえ》として献げるためという口実をつくり、土地のアラブ人をひとり、案内に雇い、犠牲の羊をつれて谷間の途をたどった。やがて案内の男は、はるかかなたの峯を指さして、「あそこにアーロンの墓がある。さあ、犠牲を献げるがよい」と促した。けれどブルクハールトは、どうしても墓のそばまで行かねばならぬと主張し、さらに前進した。

深く狭い渓谷にはいったが、それがペトラへの入口のスィーク（またはスィーフ）であり、それを通り抜けると岩壁を掘ってつくった神殿や城門、市場などがつぎからつぎと現われてきた。ためらう案内人をなだめつつ盆地の西端まで進んだが、相手はますます苛立ち、早く犠牲を献げろとせまるのであった。彼自身も疲労その極に達したし、谷間には暮色が迫ってきたので、アーロンの墓のある山の麓で、ついに羊を献げて祈った。

そうして、あわただしく、もと来た途をひきかえした。それは一八一二年八月二十二日のことで、これこそ古人の伝えたペトラの都あとに違いないということがわかった日でもあった。

ブルクハールトは、その後、上エジプト、アビシニアへと旅し、さらに紅海を越えてアラビアのジッダに上陸し、一八一四年にはメッカ巡礼を果たし、そのつぎの年にはメディナを訪れて預言者の墓に詣でた。カイロにもどり、一八一七年十月十七日に赤痢のため、同地で死んだ。

ペトラのエル－ハズネ（宝庫）岩肌は赤いバラ色に輝く。

彼の旅行記は多くの人々の興味を惹《ひ》き、危険をおかしてこの渓谷を訪れるものも数を増してきた。ある者は、砂岩の層々と重なる絶壁と、そこに刻みこまれた諸建築物のたたずまいを「バラ色の町」と、ある料理師は「すべてがチョコレートとハムとカレー粉と鮭《さけ》でつくられているようなところ」と形容した。しかし別の評者は、「それにヴァニラ－アイスクリームとブルーベリーを加えなければならぬ」といっている。一日のうちでも、時刻により、光線の工合で無限の変化を示すためである。

ペトラに住んだ人々

ペトラのあるワーディー・ムーサー一帯は前二〇〇〇年代からエドム人の住むところであったが、アラビアからナバタイ族がこのあたりに移って来たのは、前六世紀後半ころではなかったかと推量されている。先住のエドム人と徐々に融合し、優雅な土器製造の技術などはその人々から学んだらしい。ただし、エドム人は定住民であり、ナバタイ人は、もとアラビアの西北部で遊牧生活を送っていたのだが、この相違も長い年月のうちに解消し、後者のほうがしだいに定住生活に移るようになった。そして、前三〇〇年ころまでには、ペトラに都市づくりをするまでに進歩したものと見える。

遊牧民時代のナバタイ人は、その勢力地域を通過する隊商を襲撃し、商品を掠奪していたのだが、ペトラという天険に拠って、定住生活を営むようになると、附近を通る隊商を保護し、その代わりに保護税または通関税のようなものを徴収するように変わった。

シチリアのディオドーロス（前六〇ころ～前三〇）の著わした史書（第一九巻）に、もとアレクサンドロス大王の部下のひとりだったアンティゴノスが、大王の死後ナバタイ人と戦い、一軍をしてペトラに攻めこましたことがしるしてある。それは前三一二年の出来ごとで、アテナイオスという部将に軽装歩兵四〇〇〇人、騎兵六〇〇人を授け、夜闇に乗じてペトラに侵入し、敵の不意を襲わせた。

おりしもナバタイの壮丁たちは、不在であった。隊商が到着したので、スィーク（峡道）の入口で取引をしていたのであろうという。ギリシア軍は、老人、婦女、童幼などばかりの

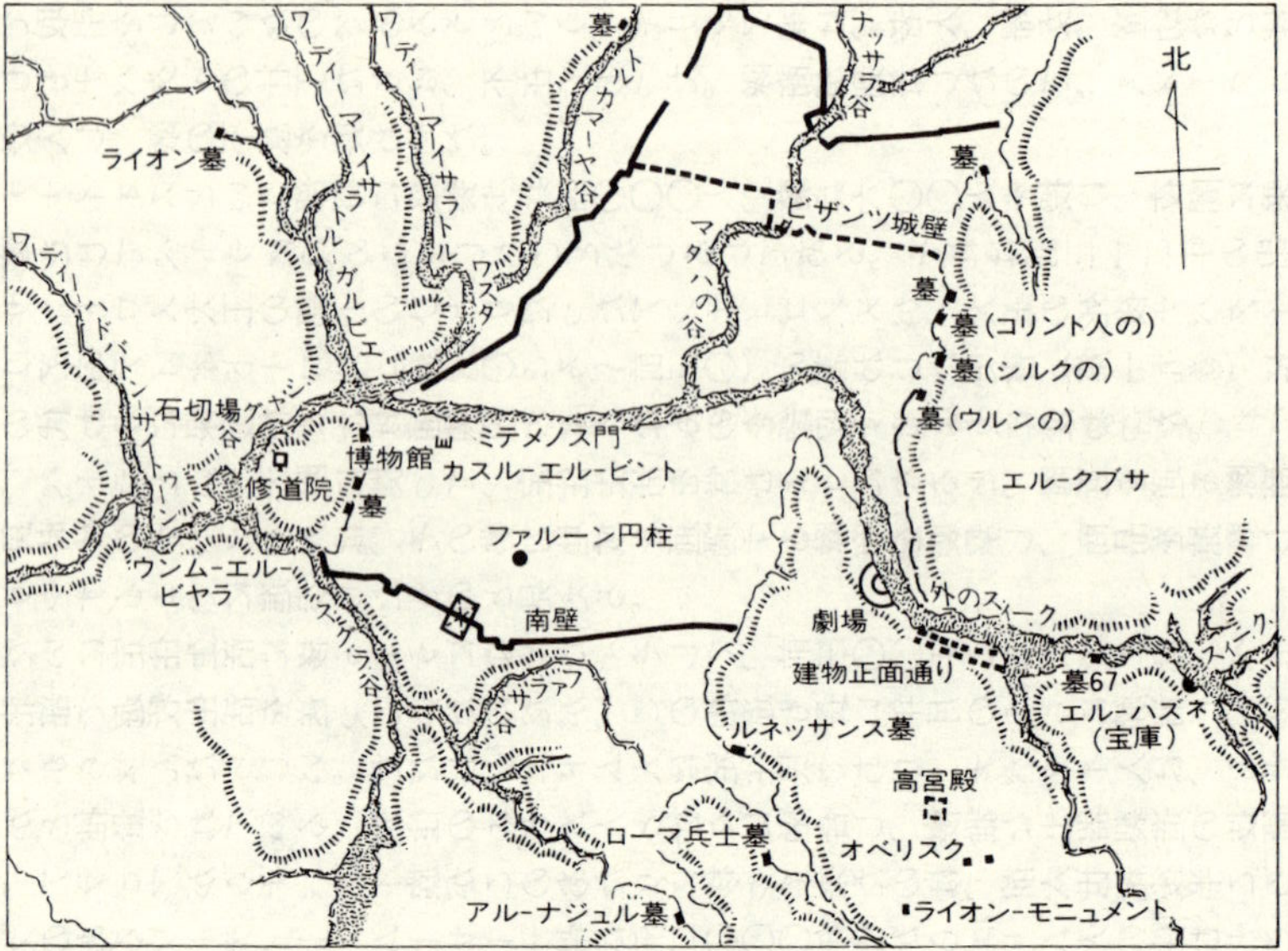
北
ライオン墓
ワーディーマーイサラトルガルビエ
ワーディーマーイサラトルワスタ
墓
トルカマーヤ谷
ナッサラ谷
ビザンツ城壁
マタハの谷
墓
墓
墓（コリント人の）
墓（シルクの）
墓（ウルンの）
ワーディーハドバトンサイトゥン
石切場ケヤシ谷
修道院
博物館
墓
ミテメノス門
カスルーエルービント
エルークブサ
ファルーン円柱
ウンムーエルービヤラ
スグラ谷
南壁
サラファ谷
劇場
外のスィーク
建物正面通り
墓67
エルーハズネ
（宝庫）
スィーク
ルネッサンス墓
高宮殿
ローマ兵士墓
オベリスク
アルーナジュル墓
ライオンーモニュメント

ペトラの地図

ナバタイの本拠地を真夜中すぎに襲い、銀や乳香、没薬《もつやく》などを大量に掠奪し、急いで引きあげた。

まもなく急をきいたナバタイの壮丁たちが帰って来て、侵入軍の追跡に移った。アテナイオスとその軍とは、追かけられているということは知らなかったし、疲れ切っていたから、途中に天幕を張り、ろくに警備もせずに眠ってしまった。その間に捕虜のアラブ人が何人か逃げ出して、味方にギリシア軍の居場所を教えた。少なくも八〇〇〇人ほどのナバタイ－アラブ人が襲いかかり、アテナイオスの軍兵の大部分を虐殺した。騎兵約五〇人ほどがからくも逃げのびただけだったが、それらも大部分は負傷していたという。

ギリシア人のほうは失敗に懲りることなく、まもなく、その子デメトリオスに命じ、歩騎各四〇〇〇の軍をもって再びペトラに攻め入らせたが、このときは、ナバタイ人は少数の精鋭部隊を財宝とともに絶壁の上に残して固く守らせておき、他の人々は家畜をつれて、山谷の間にかくれてしまったあとであった。

ローマ人の征服

その後、シリアにはセレウコス朝が、エジプトにはプトレマイオス朝が興って、相争った。このギリシア系の二王国の中間に立ったナバタイ王国は商人たちを保護することによって繁栄し、しだいに勢力圏をひろげた。前一世紀ころは全盛期を示し、アレタス三世（在位前八四～前五六）は北はダマスクスを併せ、南はアラビアのアル－ヒジュル（今のマダーイン－サーリフ）まで勢力下においた。

しかし、前六五年にはローマ人がシリアに支配の手を伸ばしてきた。そして早くも前六三年にはポンペイウスが、ペトラにも一軍を派遣した。この軍を率いたスカウルスは飢餓に苦しみ、ペトラ占領の目的を達することができず、贈物などをもらって引きあげた。

こうしてペトラは、西紀一〇五年にトラヤーヌス帝によって滅ぼされるまで独立を保ったのである。この国人の日常語はアラビア語だったが、アラム語を解する者も多かったらしい。アラム文字を用いており、ひとりペトラのみでなく、もっと広い範囲にわたって、ナバタイ人の残した碑文が多数発見されている。ナバタイ人の用いた文字が、三世紀ころに北アラビアにひろまり、やや形をかえて、今のアラビア文字になったのであろうといわれている。

4　パルミュラの女王

砂漠の中の古代都市

シリア砂漠の南部、つまり北緯三〇度から三三度あたりまでは幅も広く、水草に乏しく、昔から隊商がこれを横断することは稀であった。しかし三三度以北は幅も狭くなるし、水場もぽつぽつ見られるので、古来いくつもの隊商路が開けていた。そして、これらの隊商路の大部分が集中したのが、パルミュラのオアシスであった。

パルミュラとはギリシア人、ついでローマ人が用いた名称で、本来はタドモールといい、現在でもアラブ人は、この地をそう呼んでいる。このタドモールの名は、きわめて古代から知られ、パルミュラと同義でヤシのしげるところの意味である。

前一世紀ころには、タドモールは、東西交通路上の重要都市として、ギリシア人とも交渉が繁くなった。

この町にローマ人の手が伸びてきたのは、前四一年ころであった。ギリシア系の歴史家アッピアノス（二世紀の人。アレクサンドリア生まれ）によれば、最初にここへ掠奪目的の騎兵部隊を派遣したのはクレオパトラと恋愛中だったアントニウスで、そのころ、パルミュラ市民はローマ人とパルティア人との中間にいて、如才なくふるまい、パルティアに赴いては、インドやアラビアの産物を手に入れ、これをローマ人に売って利益を得ていた。これが襲撃の理由だった。

しかし、パルミュラ市民は、ローマ騎兵の来襲を知ると、早くも財宝をまとめて東に逃げ、ユーフラテス川の東岸に渡った。そして川岸に射手を配置しておいた。アントニウスの部隊がパルミュラに突入してみると、町には人影もなくむなしく引きあげるほかなかったということである。

それよりまえ、二十余年（前六三年）にポンペイウスがシリアを征服したのであるが、パルミュラは、ペトラと同じように僻遠の位置のおかげで独立を保つことができた。大プリニウス（二三～七九）は、「パルミュラは、土地は肥え、水に恵まれている。しかも砂漠があらゆる方面からこのオアシスをとりまいている。他の世界からは隔離されていて、ローマとパルティアとの二大帝国のあいだにあって、特権的な運命を楽しんでいるが、この二大勢力は相争いはじめると、どちらもこの町の鼻息をうかがうのである」としるしているが、これはさすがの大学者も、かなり古い資料によったもので、実際は、プリニウスが生まれたときより数十年早く、ローマの帝政のはじめ(前二七年)ころには早くもパルミュラは、その属国となっていたというのが真相なのである。

砂漠の中の繁栄

一二九年ころ、ローマ皇帝ハドリアヌスがパルミュラを訪れて、これを自由市としたが、そのころ、この都市国家は経済的に繁栄の絶頂に達した。多くの造営が行なわれて、景観を一新した。市街を東西に貫く大通りには円柱が立ちならび、大円柱街と呼ばれているが、その重要な部分はこのころに着工されたものであるという。

こうして、歴代のローマ皇帝の治下にパルミュラは繁栄をつづけ、壮麗な建築物の数が増していったのであるが、三世紀にはいると、東方の形勢が変わって、パルティアが滅び、サーサーン朝のペルシア帝国がこれに代わって、ローマの東方支配の脅威となりはじめた。皇帝アレクサンデル＝セヴェルスの死(二三五年)ののち、ローマ帝国の属州支配の力は弱まってきた。パルミュラでも土着の豪族の権力が強くなり、やがてオデナトス(オダイナ)という国王が現われ、ローマのアラブの一王国となった。

そのころ、サーサーン朝のシャープール一世は小アジアに侵入し、これを撃退するため親征してきたローマ皇帝ヴァレリアヌスとエデッサ附近で戦って捕虜とした。それは二六〇年の出来ごとであったが、勝ち誇ったシャープールが本国にひきあげてゆく途中を襲い、みごとにペルシア軍を破ったのがオデナトスであった。

その後もオデナトスはペルシアと戦い、二回も遠征して、クテシフォン（バクダード南方のマダーイン）までも攻めこんだが、それは二六二年と二六七（または二六八）年のことであり、いつも妻のゼノビアが夫とともに戦ったということである。

ペルシアのシャープールⅠ世　ローマ皇帝ヴァレリアヌスを捕える場面（4世紀のカメオ）。

オデナトスは恐るべき戦士であり、とくに狩猟を好んだ。幼少のときから山野を馳駆して、獅子や豹、熊などを捕えるのが大好きだった。こうして鍛錬した身体は、よく炎熱や飢渇に堪えることができて、不屈の闘士となったのであるが、その妻ゼノビアについて歴史家たちのしるしたところは「勇敢なことは、その夫を凌《しの》ぎ、心の高貴さは、東方のあらゆる婦人たちのおよばぬほどであり、しかもきわめて艶美であった」というのである。

しかし、オデナトスは二六七年八月末からつぎの年四月末までのあいだに、暗殺された。

小アジアのカッパドキアまで攻めこんできたゴート族を討つために出征したさい、どこかで消されてしまったともいうし、狩猟に出たさいに、シリアのヒムスでマエニウス（またはマエオニウス）という若者に殺されたともいう。この事件のあと、王位についたマエニウスを暗殺して、みずから実権を握ったのがゼノビアだった。

女王の登場

オデナトスの長子をヘロデといい、父とともに国政に当たっていたが、これはゼノビアの生んだ子ではなく、先妻とのあいだに生まれた人だった。このヘロデも、父と運命を同じくして殺されている。ゼノビアとオデナトスとのあいだにはワハブアルラートという子があったが、まだ幼かった。ゼノビアはこの子を王位につけて、自分が全権を握った。若く美しい女王は、こうして砂漠の壮麗な都市に君臨することになった。

こうして遅くも二六八年春ころには、ゼノビアの統治が始まったが、ゼノビアというのは、ローマ人が彼女を呼んだ名で、そのころパルミュラの人々が用いていた文章語ともいうべきアラム語ではバトザッバイと呼ばれていた。

ワハブアルラートというのはパルミュラ人の崇拝していた女神「アルラート」の賜物《たまもの》という意味であった。アラブ族の主要神アルラートは、パルミュラでは、ギリシアの女神アテナと結びつけられていたから、ワハブアルラートはまたギリシアふうにアテノドーロスとも呼ばれていたらしい。

パルミュラ市民は通商活動によって、エジプトが富裕な土地であることを知っていたし、弓射に長《た》けたことや、勇敢な点を高く評価されていたパルミュラの男たちのうちには、ローマの軍団に入れられて、ナイル河畔に駐屯したものもかなりあった。

いまやローマが混乱しているのに乗じて、ゼノビアはかの地を征服しようと考えた。二七一年末か、二七二年のはじめころ、その部将ザブダスに七〇〇〇人ほどの軍勢を授けてエジプトに遠征させた。この軍はかの地の軍五万を破ったのち、鎮兵五〇〇〇人を残して引きあげた。たまたまローマの将軍プローブスが五〇〇〇人ほどを率いて、アレクサンドリアに上陸し、進んでパルミュラの鎮兵のシリアへの退路を断った。パルミュラ軍は逆襲に出て、ローマ軍を破ったので、プローブスは自決して果てた。

こうしてゼノビアはいまやローマの公然たる敵となった。彼女もその子もアウグストゥスという称号を帯び、つぎには小アジア征服に着手した。こんどもザブダスが主将となり、アンカラまで破竹の勢いで攻め入った。

そうしてさらに西進して、西北部のビティニア地方を攻略しつつあったとき、ローマ

ゼノビア女王（上）とその子
ワハブアルラート（下）

皇帝アウレリアーヌス（在位二七〇～二七五）の勅書が、ボスポラス海峡にのぞむ要地カルケドンの市民のもとにとどいた。それでこの町は城門を閉して堅守の態度をとった。ローマ皇帝はイタリアを進発して小アジアに急行し、アンカラを、ついでカッパドキアのティアナを奪回し、さらにシリアに進撃した。一方、一軍をエジプトに送って、この地をも回復した。

籠城五ヵ月におよぶ

ゼノビア女王は、みずから出動して督戦し、パルミュラ騎兵団の主力はオロンテス川の東岸に展開していたが、やがて川を渡って、ローマ軍に挑戦した。アウレリアーヌス帝は、もと騎兵隊長として武勲を立て、軍隊に推されて帝位についた練達の武人であった。わざと決戦を避けて退却し、パルミュラ騎兵が重装備のために疲れたころを計って、突如として反撃し、敵の騎士を一人また一人と倒したから、パルミュラ側の精鋭はほとんど尽きるにいたった。

このときゼノビア（一説にはザブダス）はローマ皇帝によく似た男を鎖でしばり、アンティオキアの城壁の周囲をひきまわして、市民を安心させておき、夜闇に乗じてヒムスに退却してしまった。一説には、パルミュラの繁栄を妬《ねた》んでいたアンティオキアの城内でその夜をすごし、翌早朝にヒムスに去ったともいう。

戦い上手のアウレリアーヌスは、ただちにヒムスに攻め寄せた。ここを守るパルミュラ軍は六万（一説に七万）に達したが、激戦のすえに潰走し、人馬の死体はヒムス近郊の野辺を蔽うほどであった。

女王はパルミュラに逃れかえって、立てこもり、皇帝はすぐに追撃に移った。ヒムスからパルミュラまでは一五〇キロにすぎない。当時この都の周囲をかこんでいた延長一二キロの城壁の一部が今も残っているが、ローマ軍はこれを取り囲んで気勢をあげた。城内に蓄えた糧食は六ヵ月を支えるにたりたということであり、城内からは弩弓のほか石油を用いた火器などを投げかけ、ローマ兵を苦しめたとも伝えられている。

ゼノビアはみずからエジプトの女王クレオパトラの子孫と称していたし、これに私淑もしていたらしく、ローマ皇帝の投降勧告には頑として応じなかった。

こうして固守していれば、そのうちにペルシア人、アラブ人、アルメニア人などが救いの手をさしのべてくれるであろうと考え、そのことを皇帝に対する拒絶の返書にもしるし「戦いを決するのは、けっきょく、勇気のほかなしと考えて居ります」とも書いた。

これに対してアウレリアーヌスはサーサーン朝のシャープールが援軍を送るばあいを考えて、その途中を遮断し、一方はアラブ人やアルメニア人をあるいは脅し、あるいは財を与えることによって牽制《けんせい》した。ゼノビアのほうでは、ローマ軍がまず食糧欠乏に苦しむだろうと思っていたが、籠城五ヵ月におよぶと、かえって味方のほうが飢餓に苦しみはじめた。

けなげな女王は、一夜、快足のラクダに乗り、敵の重囲の中をくぐり抜けて、ユーフラテス川のほうに走った。シャープール帝に新たな援軍を頼むためであった。

砂漠の途をひたはしる女王の前面にユーフラテスの水が白々と見えて来た。しかし、ローマの騎兵が追いかけて来ている。川岸まで行けばペルシア人の舟が待っているはずであった。女王は背後に敵の鉄蹄の音を聞きながら、やっと川岸に達し、舟を探しあてて乗り移ると、いそいで中流に出ようとしていた。このとき、早くもローマ騎兵は、馬のまま川中に跳び入って、女王の舟を取り囲んでしまった。こうして誇り高い砂漠のクレオパトラは、ローマ人の捕囚となったのである。

「よく事情を知らぬローマ人は余のことを、たかが一女性を相手に戦ったのにすぎぬではないかと思うことであろう。しかし、この女性が、どのような人物であるかを知ったならば、余があえてこの女人を相手にして戦うことを、堂々たる男子、いな練達の将軍を相手として戦うよりも意義があると思ったことについて理解してくれるであろう」

とは、皇帝が、その友人たちに書き送った言葉であった。

屈辱のローマ入り

女王を失ったパルミュラ市民は、城壁の上から、ローマ軍に赦免を歎願した。皇帝はこれを許し、意気揚々と入城した。二七二年秋のことである。

ローマの戦士たちは、異口同音に女王を死に処せと叫んでいたが、アウレリアーヌスはこの美しい勇婦を殺さなかった。側近の顧問官たちの一部や、ギリシア生まれの師ロンギーノスなどを死刑とすることで満足した。

皇帝はパルミュラが帝国にとって重要な土地であることを知っていたので、軍規を厳正にして市民の生命、財産、自由などを保護した。しかし、ひとたびローマ軍の主力がこの地を去ると、パルミュラの愛国者たちは蜂起し、皇帝があとに残していった鎮兵の司令官をはじめ六〇〇人の弓射兵を虐殺した。

アウレリアーヌスはすでにダニューブの下流あたりまで来ていたが、その報に接すると、軍をかえしてパルミュラに急ぎ、今度は、情容赦もなく、掠奪し、放火し、老幼婦女にいたるまで虐殺したあと、あわただしくその地を去って

円柱の立ち並んだパルミュラの大通り

エジプトにむかい、ゼノビアに好意を寄せていた人々を討伐した。この事変は二七三年中のことで、つぎの年、皇帝ははなばなしくローマに凱旋した。

この行列は空前絶後の壮観だったといわれ、象や猛獣、剣士たちの行列につづいて、首や手足に黄金の鎖をかけられ、金襴や宝石などで埋まるほどに盛装したパルミュラの女王ゼノビアが戦車に乗せられて現われた。これはかつて女王が、ローマを征服して、そこに入城するさいに乗るためにとて、わざわざ造らせておいたものだった。

あるローマの史家は「女王の黒い目は信じられな

いほど美しく、視線は生々として気高く輝いていた。その歯は真珠のように白く、音声は響き高くりりしかった」としるしている。

女王の運命については、ローマへの途中で死亡したという説もある。実際にローマに屈辱の入城を行なったものか、途中で死んだものか、はっきりとはわからないが、ある史家はアウレリアーヌス帝に殺されたとしるし、またローマで病死したので、後世のローマ貴族の中にはゼノビアの子孫という人々がいたともいっている。そうしてアウレリアーヌスのほうは、凱旋のつぎの年、ペルシア遠征の途中、今のイスタンブール附近で、軍隊の暴動のため殺された。

また女王の統治のもとで、東方世界の輝ける星のような都であったパルミュラも、アウレリアーヌスによって破壊されてからは、ふたたびもとの繁栄をとりもどすことはなかった。それゆえに、その廃墟を訪れ、断垣荒礎《だんえんこうそ》のあいだをさまようものは、今もなおひとしおに女王ゼノビアの面影が偲ばれ、なつかしまれるのであろう。

二　マホメットとイスラム教

1　預言者の前半生

ハラムのある町

アラビアの中部、紅海岸にジッダがある。ジェッダまたはジュッダと呼んでいる人もあるが、どれも間違ってはいないということである。ここに、もとはアダムの妻エヴァ（ハーワ）の墓があったが、サウディ－アラビア王国の支配下にはいるようになってまもなく一九二〇年代にとりこわされた。

ジッダから東に坦々たる舗装道路を走ること七〇キロ余で、聖市メッカに到着する。その手前、三二キロほどにあるフダイビーヤで、メッカ巡礼者は縫目なしの白布を二枚身にまとっただけの、イフラーム姿にならなければならぬ規定である。巡礼たちはジッダ方面からだけでなく、北からも東からも、南からも聖市に近づいてくるので、イフラームに着かえなければならぬ地点は、メッカをめぐって五ヵ所もある。これら五地点から内部はハラム（異教徒禁断の聖域）である。

ジッダにあったエヴァの墓　1920年代にとりこわされた。

メッカは裸の岩山がつらなるところ、ほぼ南北に延びた谷間に発達した町であるが、この谷の一番底にあたる部分にザムザムという深い井戸があり、そのすぐそばにカーバ神殿が建っている。

唯一神アッラーの教えをはじめてアラビアの民に説き、やがて世界史の流れを大きく変える淵源《えんげん》ともなった預言者ムハンマド（マホメット）は、カーバやザムザムの井戸から、ごく近いところで生まれたメッカ市民の一人であった。

メッカはまことに古い町で、かの地の伝説ではアブラハムの子イシュマエルがその母アガルとともにここに霊泉（ザムザム）を発見し、家を建てて住んだところであるという。

イシュマエル（イスマーイール）が三十歳になったとき、父アブラハムが訪れ、その子と協力して、近くの山の石を切り出して方形の神殿を建てたが、これが今のカーバ神殿の起こりであるといわれている。

むかし、ヤマンの高原地方にいたサバー（シバ）族は、メッカのことをマクラバと呼んでいたということであるが、二世紀にエジプトのアレクサンドリアに住んでいた地理学者プトレマイオスはその著の中で、マコラバという名でこの町をあげている。それというのも、インド洋岸から、アラビアの西部を地中海岸に通ずる通商路、いわゆる香料路上の一宿場としてよく知られていたからで、これからのちも、この町は商業都市として、また宗教都市として繁栄をつづけたのである。ひとり、ヤマンやシリア方面とだけではなく、西はジッダ港を通じてアフリカと、また東方はペルシア湾岸に、東北方はイラク平原に通ずる要地でもあった。

マホメットは、五世紀のすえころ、クサイーという首長にひきいられてこの町にはいり、先住の人々を圧倒して支配権を握ってしまったクライシュ族の中でも、とくに名家とされていたハーシム家の生まれだった。

クライシュ族はメッカの南方からずっと海岸にそってヤマンにいたる地域にひろがっていたキナーナ族のわかれであった。メッカを支配するようになると、家格の貴い人々がカーバ神殿を中心とする谷底に住み、家柄の低い人々は、その外側、つまり谷底から少しはなれて丘の傾斜がはじまったあたりに住むようになった。もっと場末には、クライシュ族以外の人々が住所を定めていた。

もの静かな少年

屈指の名門の出ではあったが、その家系の全盛時代は、彼の祖父の時代ころまでであった。彼が生まれたころは、繁栄はすでに他の家系のほうに移っていて、いわば斜陽に立つ一族のひとりとして育った。ことに父のアブドゥラーはその子がまだ妻アーミナの胎内にいたころ、シリアに旅する途中、ヤスリブ（のちのメディナ）で病死している。父の死後、二ヵ月して生まれ、ムハンマド（褒めたたえられるものという意味）と名づけられた。父の遺産ともいうべきものは老いた女奴隷ひとりと、五頭のラクダなどが主であったという。

七歳のとき、母につれられて、父の最期の地ヤスリブを訪れた。その帰り途にとある宿駅

メッカの一部　このあたりにハーシム家の人々が住み、マホメットもここで生まれた。

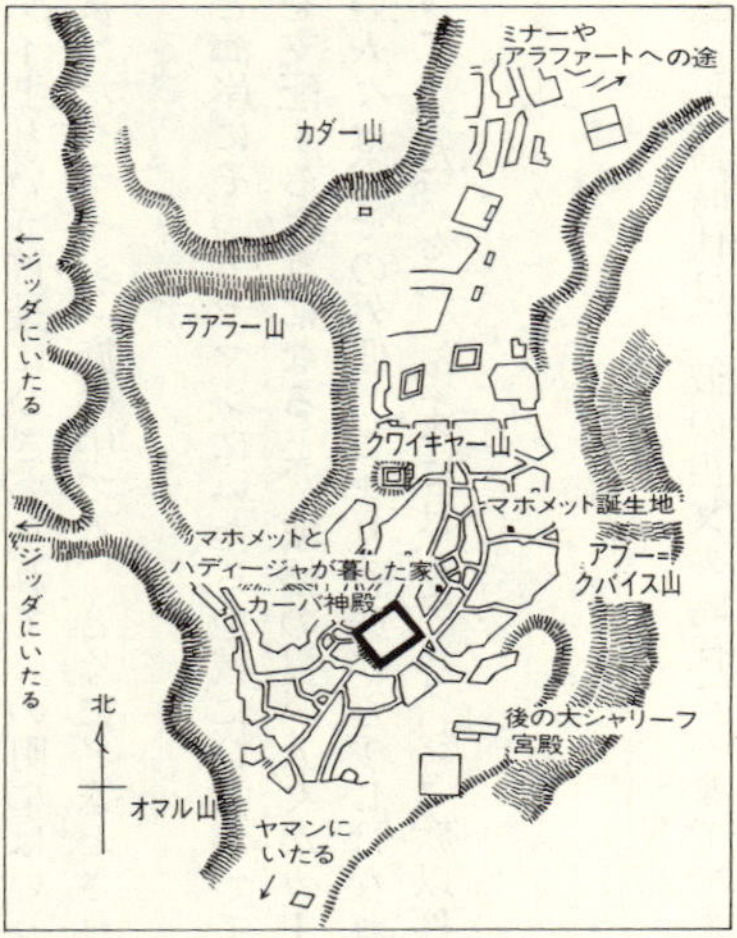

メッカ市街図

で、母もまた急病で世を去り、黒人の女奴隷に手をひかれてメッカに帰った。祖父アブドル゠ムッタリブに不憫《ふびん》がられつつ育てられた。しかし、祖父もそれから二年後に死に、こんどは伯父アブー゠ターリブに引きとられた。この伯父も貧しかったけれど、心の温かい人で、幼いマホメットをおのれの実子のようにいつくしんだ。夜も自分の傍にねかし、外に行くときもたいていはつれて出たそうである。

もの静かな子供で、同年輩のものたちと、メッカの街頭でたわむれさわぐよりも、ひとりぼっちで、何か考えこんでいることが多いというふうだったらしい。孤独癖は彼の生まれつきだったが、そうかといって、仲間から除けものにされたり、嫌われたりということはなかった。

幸福な結婚

彼の一生のうち、もっとも神秘の雲に蔽われている部分の多いのは、その前半生、つまり四十歳ころに、唯一絶対の神アッラーの教えをアラビアの民に伝うべき使命を帯びた身であることを信ずるまでである。そのあと、預言者としての活動をはじめてからは、その事績はにわかに明らかになってくる。神秘の雲が蔽っているというのは、多くの伝説が身辺をめぐって語り伝えられているからである。

前半生のうち、疑う余地のないのは二十五歳ころ（五九五年ころ）、富裕な寡婦ハディージャと結婚したことである。この婦人はその時、すでに四十歳に達していたというが、亡夫の事業をついで手びろく商売をしていた。マホメットは伯父アブー＝ターリブのすすめで、ハディージャがシリアへ送り出す商品を宰領して、隊商に加わることになった。この任務を忠実に果たしたあと、先方の望みで、この婦人と結婚し、その家にはいることになったのである。

この結婚は幸福なもので、二人のあいだには五人の子が生まれ、その一人は男だったともいうが、娘ファーティマのほかはみな早く死んだ。

彼がその死にいたるまでもっとも心に残ったのは最初の妻ハディージャだったようで、「ハディージャほどの妻はなかった。わたしが貧しかったとき、あれは富をあたえてくれた。世間の衆がわたしを嘘つきと言いたてたとき、あれだけがわたしを信じていてくれた。世をあげてわたしを敵視したときも、あれひとりは忠実に仕えてくれた」と晩年によく述懐したとのことである。

山中の洞穴にこもる

ハディージャと結婚してからは、マホメットはメッカの有力な旦那衆の一人となったわけで、生活も安定し、暇な時間ももち得るようになった。孤独を好む性格から、よく近郊の寂《せき》寞《ばく》たる自然の中にはいりこみ、岩山の洞穴などを求めては、そこに坐りこんで、瞑想にふけった。伝説によれば、市街の東北約五キロほどにあるヒラー山（現在の光の山）の洞穴が好きで、毎年、一ヵ月のあいだもそこにひきこもる習慣であったという。

そうして、結婚後、十五年ほどしたころ、そこで唯一神アッラーの使者として、その教えを一般の人たちに伝達すべき身であることを天使を通じて告げられたというのである。それは六一〇年ころの一月中旬、アラビアの暦ではラマダーン月のすえのことであったとされ、イスラム教徒はそれを運命（カドル）の夜と呼んでいる。

これから、彼がメッカの街頭で市民に呼びかけ、アッラーの教えを伝えはじめるまでに、なお三年の歳月がたっている。この間、思い悩んでヒラー山の岩壁から身を投げて死のうとしたことさえあった、とハディージャの死後、その幼な妻となったアーイシャが語り残している。

マホメットがはじめて天使の姿を見たというヒラー山の洞窟内からの展望　この景色を見ながらよく沈思黙考にふけったという。

このようにはじめて天啓を受けてから約三年間の中断の時期（アラビア語でフィトラ）があった。それをすぎると、こんこんと真清水の湧き出てやまぬように霊感は絶えることなく、その死のときまでつづいた。彼はそれを切々として香高い言葉で伝えたが、それらは、彼をとり巻く多くの教友たちによって忠実に語り伝えられ、その死後に一巻の『アルークルアーン』(コーラン)として記録されている。

敵は多く、友は少なく

中世時代には、ヨーロッパのキリスト教社会では、このコーランを悪魔がつくり出した幻想であり、徹頭徹尾、嘘でかためた本であるとし、マホメットは大嘘つきであり、ペテン師であると罵《のの》ったりしたのである。

故郷のメッカ市民も、アッラーの教えを説きはじめるまえまでは、彼を実直な人物として信用していたのであるが、預言者として活動しはじめてからは、軽蔑したり、嘲笑したり、いやがらせをしたりしはじめた。

しかし、妻のハディージャは、最初から夫の説くところを素直に受け入れ、第一番目のムスリムとなった。つぎには従兄弟にあたるアリーが入信した。まだ十歳ほどの少年で、アブー=ターリブの子である。三人目はザイドという若者で、もとは奴隷の身分だったのを、マホメットが救い出し、自宅で下僕として働かせていたものである。

クライシュ族の者で、ハディージャの甥にあたるアブドゥラーは有力者の一人だったが、かねてからマホメットの誠実な人柄に惹《ひ》かれていたので、率先してムスリムとなった。この人は、のちにアブー=バクルの名で知られ、預言者の無二の親友として苦楽をともにし、その死後は、初代のカリフとして、イスラム教団を率いた。

このような中堅的人物が帰依するのを見て、一五人ほどのクライシュ族の人たちがこれにならった。その他には、貧に苦しむもの、奴隷の境遇にいたものたちが、この教えに慰めと救いとを求めて入信した。

けれど大部分の市民は、「ものみな死滅する最後の日は刻々として近づきつつある」「やがて復活の日がきて、すべてのものは、現世における善悪の行為を、アッラーによって、きわめて公平に秤量《ひょうりょう》され、善行を積んだ者は永遠の天国に送られて、無上の安楽をたのしみ、悪行を重ねたものは、地獄の業火のうちに落ちて、その罪を責められる」「現世は短く、かりそめのものであり、来世は永遠である」「現世での富貴などは一場の夢のごときもので、来世ではなんの意味ももつものではない」「すべては慈悲仁愛の心に富みたまう唯一神アッラーの支配するところで、アッラーはあらゆることを知り、あらゆることをその意のままにすることができる」などなど、このような主張をよまいごととして受けつけなかった。

温雅な人柄

マホメットとはどのような人物だったのであろうか？　それについて、彼に接触した人々が語り伝えたところによると、

「身長は中くらいで、どちらかといえば痩《や》せぎす、肩幅が広く、胸が張っており、筋骨は逞《たくま》しかった。頭も頷《あご》もがっしりとして、ことに頭は大きかった。頭髪は黒く、すこしちぢれており、総々《ふさふさ》として肩まで垂れていた。晩年になっても、ほんのすこし白髪が交っただけであった。おもながのほうで、血色白、ほのかに黄褐色味をおびていた。眉は長く、優美

に彎曲し、昂奮すると、眉間《みけん》に血管がもり上がるのが見えた。まつげも長く重たげで、目は黒く大きかった。鼻は秀で、わずかながら鷲鼻になっていた。歯はまぶしいほどに白く、よく手入れしてあった。容貌は男らしく、ひげに蔽われていた。肌はつやがあって軟らかく、手は婦人の手のようで、絹か繻子《しゅす》にさわるような感じがした。

歩調は早く、弾力があり、足どりはしっかりしていた。高いところから低いところへおりてゆくような歩き方をするのが常であった。額から汗を出すときは、真珠の粒のように見え、麝香《じゃこう》のように芳香を放った。振りかえるときは身体ごとであった。表情は温和で、思慮深げだった。微笑が普通で、あまり高笑いしたことはなかった。

身だしなみには十分に気をつかっていたが、生活は簡素、飲食・服装・調度などは、大きな権力を握った晩年でも、すこしも奢侈《しゃし》にわたるところはなかった。例外的に贅沢《ぜいたく》ともいわれるものは、よい武器を持っていたことと、アビシニアの帝王から贈られた黄色い深靴が一足あっただけであった。ただし、芳香には敏感で、香料類は大好きだった。

肉体の苦痛に対しては、ひどい恐怖心をもっていて、どこか痛いときは泣いたり、うなったりするのが常だった。想像力に富み、繊細な感情の持主だった。ある人が『深窓の処女よりも、もっと内気だ』と評したほどであった。目下の人々に対しては、このうえなく寛大で、下僕たちを叱ることは滅多になかった。幼児たちには目がなく、街頭で見かけると、立ちどまって頰をなでてやったりするのであった。生涯についに人をなぐったことはなかった。

よく病者を見舞い、葬列に会うと、必ずその後をついて行った。衣服のつくろいは自分でするし、山羊の乳しぼりも人手をわずらわさなかった。握手するとき、自分のほうから先に手を引っこめることはなく、相手が背を見せるまえに、自分のほうから背を向けて去ることはなかった。自分の保護を受けている人々に対して、彼ほど忠実だったものはなく、話し相手としては、彼ほどにひとをそらさず、楽しい人物はなかった。

初対面の人々も、話しているうちににわかに彼に対する尊敬心で胸が一杯になるのを感ずるのが常だったし、近づけば近づくほど、彼を愛するようになった。『このような人を見たことはまだなかったし、これからもあるまい』というのが、誰もの一致した感想だった。きわめて寡黙な人だったが、一度、口をひらけば、慎重にそして力をこめて語り、そのいったことを相手の人々は忘れることが出来なかった」

というのである。

2　ヒジュラとウンマ

叔父たちの温情

布教開始後、四年目で、やっとかち得た信徒は三十数人にすぎなかったといわれている。ハーシム家の人々は、伯父アブー＝ターリブの統率のもとに、結束してこの一族中の変わりものをかばった。これが、マホメットが、危害も加えられずに生き延びることのできた主原因の一つであった。

しかし、そのためにハーシム一族は六一六年から六一九年まで、足かけ四年間にわたって、クライシュ族社会でボイコットされた。長老たちが集まって、宣誓し、今後はハーシム家の者たちとは通婚せず、売買もしなければ、一切の交際を断つということを約し合ったのである。

アブー＝ターリブ自身は、甥からイスラムにはいるよう勧められたが、「先祖の教えや部族の伝統を棄てることはできない」といってことわり、「しかし、お前の真心はよくわかるし、イスラムの教えが真実のものであることは信じられる。安心して伝道をつづけなさい。わたしはこの世にあるかぎり、お前を護ってやるつもりだ」というのであった。

マホメットの一番若い叔父ハムザは、むかし、この甥とハディージャとが結婚したさいに、仲にはいって尽力したことがあった。イスラムの教えには、もともとは反対していたのだが、迫害が甥の身に迫るのを見ると、ムスリムとなって、これを護った。彼は勇力、衆にぬきんでた不屈の闘士で、剣をふるって陣頭に立てば、よく二〇人に匹敵したといわれている。「アッラーの獅子」などと称えられたほど、イスラムのために力を尽くしたが、六二五年三月、メディナの北郊オホド山麓での戦いで、アビシニア生まれの奴隷ワハシーが投げつけた槍のために下腹部を貫かれて殉教の死をとげた。

このとき、メッカ軍にしたがって戦場までついて来ていた女たちは、イスラム戦士たちの死体の耳や鼻をそいで、首飾りや、足首飾りなどをつくった。メッカ軍の主将アブー＝スフ

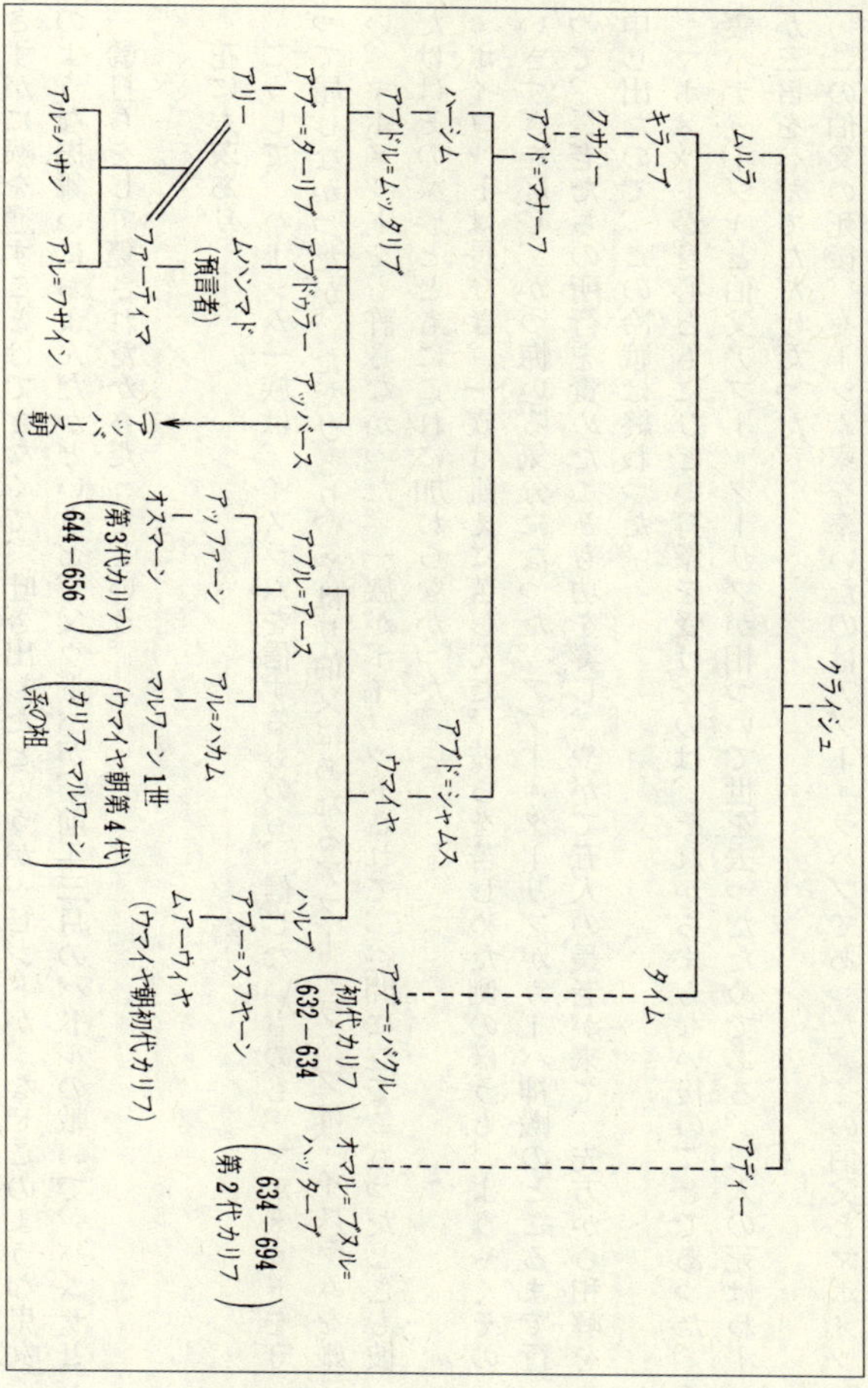
クライシュ
ムルラ
アディー
キラーブ
タイム
クサイー
アブド=マナーフ
ハーシム
アブド=シャムス
アブドル=ムッタリブ
ウマイヤ
アブー=ターリブ
アブドゥラー
アッバース
アブル=アース
ハルブ
アブー=バクル
（初代カリフ
632－634）
オマル=ブヌル=ハッターブ
（第2代カリフ
634－694）
アリー
ムハンマド
（預言者）
ファーティマ
（アッバース朝）
アッファーン
アル=ハカム
アブー=スフヤーン
ムアーウィヤ
（ウマイヤ朝初代カリフ）
オスマーン
（第3代カリフ
644－656）
マルワーン1世
（ウマイヤ朝第4代
カリフ，マルワーン
系の祖）
アル=ハサン
アル=フサイン

クライシュ系主要系図

ヤーンの妻ヒンドは、ハムザの遺骸を切り裂き、その肝《きも》を引き出して口に入れた。しかし、さすがに喉を通すことはできなくて、吐き出したというが、ヒンドが、なぜこのような鬼女のような振舞いにおよんだかというと、父ウトバが、前年三月のバドルの戦いで、ハムザと一騎打ちをして斃されたからだったという。

花にも茨あり

こうして、ハーシム一族は、イスラムを信ずるものも、信じないものも、マホメットを守って屈しなかったが、ただひとり、やはり伯父にあたるアブー゠ラハブは、イスラムを嫌い、マホメットをも許さなかった。一族がボイコットされて、谷間に立てこもったときも彼だけはその家族とともにこれに加わらなかった。

ボイコットは長びき、一族は飢えに苦しんだ。彼らを苦しめた側のほうも、ようやくそのいきすぎを恥じ、かつ悔いる気分になった。アブー゠ターリブがカーバ神殿のところまで行って、長老たちの所行を責めたことも功を奏し、やがて五人の長老が来て、先方から和解を申し出たので、この冷戦は終わった。

マホメットが身心ともにひどい打撃を受けたのは、それからまもない後のことであった。妻ハディージャと伯父アブー゠ターリブが相ついで世を去ったためである。二人の死はわずか三日をへだてただけだった。

この伯父の死後、ハーシム家を率いたのはアブー゠ラハブであった。この伯父とマホメットとは性格が合わなかったことは、まえにしるしたごとくであるが、さすがのアブー＝ラハブも、自分が一族の統率者になってみると、はじめはマホメットを保護することを約束した。けれど、まもなく中傷者の言葉を受け入れて、そういう約束は撤回するといいだした。

これで、マホメットは同族からも見放されてしまった。

そうして、いよいよ故郷に見きりをつけて、どこか他の土地に活路を見つけようという気持になるのである。彼の生涯と、イスラムの教えとにとって、きわめて重大な転換をもたらしたヒジュラが行なわれることになった。ヒジュラとは、「移住」とか「離脱」「断交」などを意味する言葉で、「逃亡」というような訳は当たっていないであろう。

石もて追われた日

マホメットが北方のヤスリブ（メディナ）にヒジュラを行なったのは、六二二年九月のことであるが、それよりもまえにターイフの町に安住の地を求めに赴いている。

そこはメッカの東南一二〇キロほど、海抜約一六五〇メートルほどの高原の上にあって、豊富な水に恵まれ、気候も温和である。メッカの穀倉と呼ばれるほどに小麦の産も多く、ぶどう畑もつらなっていた。この地の支配階級はサキーフ族で、メッカのクライシュ族と姻戚関係にあるものも少なくなかったし、富裕なメッカ市民のうちには、ターイフに土地を持っている者も多かった。

この地の有力者の保護を求め、イスラムの教えをも説かしてもらおうとしたマホメットはにべもなく拒絶された。それのみか有力者たちにそそのかされたこの町の悪童どもは、彼を追いかけ、石を投げつけたりして、生命のほども危険となった。やっとその辺のぶどう畑に逃げこみ、持主の情にすがってからくも助かるという始末であった。

メッカの近くまで戻って来たが、そのまま町にはいれぬので、ナウファル家の長ムトイムの義侠心にすがり、どうやらその保護を得ることができた。

いかなる人にも、生まれついての敵役とでもいうべきものがあるものだが、マホメットのばあいにもアブー＝ジャハルという嫌な相手がいた。

アブー＝ジャハルとは「わからずや」「たわけもの」というような意味だから、もちろん本名ではない。実際はアブル＝ハカム＝アムルという男で、クライシュ族中の名門マハズーム家の出で、この一門をひきいた実力者だった。

マホメットとは同年の生まれともいわれ、幼年時代からの知り合いだったとのことであり、しかも彼の母親はムスリムとなっているのである。ハーシム一族をボイコットして苦しめた中心人物もこのアブー＝ジャハルだった。

アブー＝ターリブの死後、これにかわってハーシム家を率いたアブー＝ラハブに説いて、マホメットを保護する約束を棄てさせたのも、この「わからずや」であった。

古来、アラビアの諸部族は、同族の一人が他部族の者の手にかかって殺されたばあいに、被害者と同族の男たちは、加害者の属する一族の男たちに対して血の復讐をしなければならぬ慣習上の義務を負っていた。一族から見放されたとはいえ、もしマホメットを殺害したならば、殺害者の一族は、ハーシム家の人々から復讐されることは必至である。

そこでアブー＝ジャハルはクライシュ族の長老会議に呼びかけ、各支族から一人ずつの殺し屋を出し、一斉にマホメットを襲って斃《たお》すことにしよう、そうすれば、ハーシム家の人々も復讐をし難くなるであろうと説いた。

所伝によれば、各支族から選ばれた若者たちが、それぞれ白刃を持ってマホメットの家をとり囲んだ。けれどもはやマホメットはその家にはおらず、寝床には従兄弟のアリーが、マホメットの常用する緑色のマントをかぶってねていたというのである。

このとき、すでに預言者は親友アブー＝バクルとともにメッカを脱出し、その東南郊外のサウル山中の洞窟に身を潜めていたのである。

故里を棄てるこころ

これより先、六一五年ころ、マホメットはメッカ市民の圧迫に苦しんでいる同志たちの一部をアビシニアに移住させたことがあった。アビシニアの国王は、イスラムの教えにも、その信徒にも厚意を示した。このときかの地に移ったムスリムは男一一人、女四人で、その中には名門の出で、伊達男として知られていたオスマーン＝ブヌ＝アッファーンとその妻ルカーヤもいた。オスマーンはウマイヤ家の人で、家も富み栄えていたが、早くからマホメットの説くところに傾倒し、ムスリムの一人になっていた。

ムスリムたちのアビシニア移住はつぎつぎと行なわれた。第二群は、もっと大規模で、男だけで七〇名もいたというし、第三群はすべてで八二名であったという説もある。これらの移住者たちのうち、一部はマホメットがまだメッカにいるうちに、ひそかにその地に帰ったが、ヒジュラののちに帰国したものもあった。また異郷で没したり、キリスト教に改宗して、そのまま永住してしまったものもあったらしい。

そうこうしているうちに事情は切迫し、こんどは預言者自身が故郷を去る日がきた。アーイシャの語り伝えたところによれば、彼女の父アブー＝バクルは預言者から、一緒にメッカを去ろうではないかと誘われると、感動のあまり、これまでかつて見なかったほどに激しく泣いたということである。

コーラン第九章に「不信のやから（メッカの衆）が、彼（マホメット）をただその友のひとりと共に追い放ったとき、ふたりして洞穴にひそんだ。さてその友に彼がいうには『悲しむな。まことにアッラーはわれらと共にいてくださるものを』はたしてアッラーは救助を下したもうた」とあるのは、この時のこととされている。

洞窟に潜伏すること三日間ののち、アブー＝バクルの下僕ひとり、案内の遊牧民ひとりと、ただ四人だけで、かねてアブー＝バクルが準備しておいた二頭のラクダに乗って、間道づたいに北のかたヤスリブにむかった。

ヤスリブのオアシス

ヤスリブ（メディナ）にはアウスとハズラジというアラブの二部族、およびユダヤ教を奉ずる三つの部族が住んでいた。メッカの北方約四五〇キロほどにある大きなオアシスで、ひろびろとした平野の中にあった。

いく筋かのワーディー（涸谷《かれだに》）が走っていて、地下水が豊かである。東と西には黒っぽいハルラ（熔岩の荒野）が展開しているが、南方は地平線まで坦々《たんたん》たる平野がつづき、町の南郊には田園がひろがり、ナツメヤシだけで七〇種類もあった。そのほか、オレンジ、レモン、バナナ、ザクロ、ぶどう、イチジクなど果樹も多かった。冬はしめってやや寒かったが、夏は乾燥し、メッカよりはるかに凌《しの》ぎよかった。

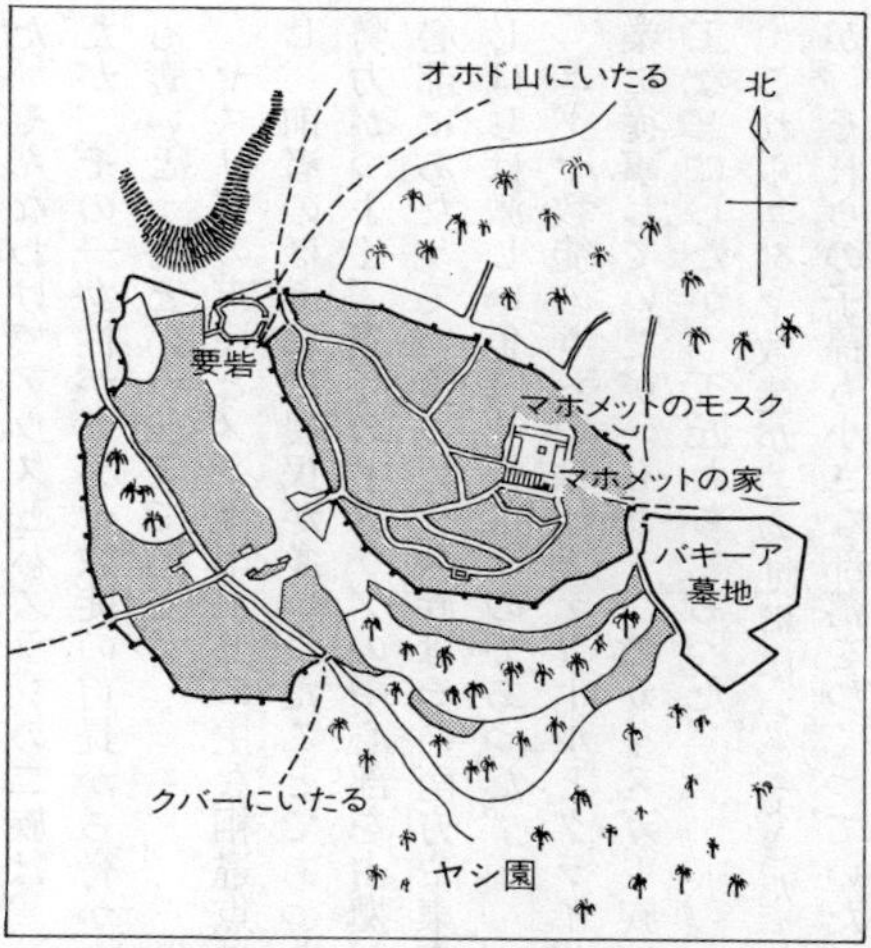

メディナの地図　19世紀中ごろのもの。中央のモスクのあるところが、マホメットが住み、最初の礼拝堂をつくり、またそこで世を去ったところ。

アウスとハズラジの二族は、もとヤマン地方から移ってきた南アラブ系のフザーア族のわかれである。六世紀の中ごろ、彼らがヤスリブに移って来たときには、すでにオアシスの地味のよいところはユダヤ教徒に占拠されていた。そんなわけでアウスとハズラジの二族は、かなりの期間、ユダヤ教徒の支配を受けていたが、その一女性がユダヤ教徒の首長から脅かされたさいに奮起して、オアシスの支配権をも奪いとったという伝えである。

ヤスリブの市民とメッカ市民との主な相違点は、後者が多く商業にしたがっていたのに対し、前者のほうには農民が多かったことであった。アウスとハズラジとでは、後者のほうが勢力がつよく、当時のヤスリブの中心部を占拠していたが、これは現在のメディナ市街の中心部にあたっている。アウス族はその南方や東方に住みついていた。この二族は仲が悪く、しばしば激しい争闘を行なうのであった。

ユダヤ教徒のうちでは、ナディールとクライザの二族が有力で、それぞれ土地をもって農業に従事していたが、もう一つのカイヌカー族は一部は農民、他の大部分は鍛冶職、金物細工などにしたがう工匠たちであった。

これらユダヤ教徒がこの地にはいってきたときには、すでに先住のアラブ人がいたのだが、それらの子孫も小さな部落をつくっていた。ヤスリブの社会構成はかなり複雑ではあったが、メッカのように貧富のへだたりが大きくはなかった。

メッカの支配階級は、マホメットの宗教運動が成功すれば、これまでの社会組織が崩れ去ることを敏感に察して、恐れ嫌っていたのだが、ヤスリブの心ある人々は、むしろ強力な指導者がどこからか現われ、分裂した社会に統一を与えてくれることを、希望していたらしい。

アカバの誓い

六二〇年のメッカ大祭のみぎり、ヤスリブのハズラジ族のもの六名が、メッカの東北郊にある低い峠のアル‐アカバという地点で、夜間ひそかにマホメットと会見した。そこは大祭の最後の行事の行なわれるミナーの谷の入口にあたるところである。そうして六人は、マホメットの説にうなずき、入信の誓いをして、ふるさとに戻って行った。

その翌年の大祭には、入信したヤスリブ市民のうち五人が、別の七名をともなって来て、またもアカバでマホメットと会見したが、そのうちの三人がアウス族の人々であった。この一二人は、もろもろの罪を避けること、マホメットの身を護ることなどを宣誓したが、これを「女人の誓い」と呼んでいる。

それはマホメットが「あなたたちが、妻や娘たちを護っておいでのごとく、この私をも護ると約束しては下さらぬかい」という提案をしたことから起こった名称だともいうし、女性が誓いを立てる時のように誓ったからともいわれている。

ほかにどのようなことを誓ったのかというと、「アッラーのほかの何ものかを、それと共に崇拝することはしない。盗み、姦通、生まれてくる子を殺すこと、隣人を中傷すること、これらのことは行なわない。マホメットが正しいばあいは、これに従い、反抗しない。この誓いのとおりを成しとげたならば、（来世で）楽園をあたえられるが、もしどれかの罪を犯したならば、罰も赦《ゆる》しも、ことごとくアッラーの御意のままに委《ゆだ》ねよう」、というのであった。

そのつぎの年、六二二年の大祭には、二名の女人を交えた七五名のムスリムたちがヤスリブから来て、深夜、ひそかにアカバで預言者と会い、彼に服従するだけでなく、命をかけてそのために戦うことを誓った。それで、この二回目の宣誓を「戦いの誓い」と呼んでいる。

新天地の開ける機運はようやく熟してきた。預言者の勧めで、まず七〇人ほどのメッカのムスリムたちが、目立たぬように、三々五々、ヤスリブに移り、かの地の同志たちの家に引きとられた。

いくら目立たぬようにといっても、この動きは他のメッカ市民に感知されぬわけにはいかなかった。マホメットを殺害しようという計画が立てられたのは、このさいのことであった。こうしてスリルに富んだ預言者とアブー＝バクルとの脱出が行なわれたのである。

ウンマの成立

ヤスリブのオアシスの南の端にあるクバーに二人が辿りついたのは、六二二年の九月二十四日だったというが、この日附には異説もある。

アブー＝バクルの娘アーイシャは、すでにこのとき預言者の妻となる約束ができていた。しかしまだ数えで九歳の童女であった。彼女には腹ちがいの姉があり、名をアスマーといった。姉娘はなかなか気性の勝った娘で、早くからイスラムに帰依し、父親が預言者と共にヤスリブに行こうとしたさいは、かいがいしくこれを助け、おのが帯を二つに裂いて、その一方を二人の食糧袋と水を入れた革袋とを運ぶのにつかい、あとの半分を自分の腰に巻いたともいうし、預言者と父親がかくれていたサウル山の洞窟に食糧や水をおろすのにつかったともいわれている。

彼女が後に教団の人たちから「二本帯のお姉ちゃん」（ダートン‐ニターカイン）という敬意をこめた仇名で呼ばれたのは、このことのためだったという。これらの人々は預言者よりもおくれて、ヤスリブに旅立ったのである。

こうして、故里を棄てて、教えのために新天地に移っていったムハージルーン（ヒジュラを行なった人々）と、ヤスリブの民で、同じ教えに結ばれて、これに協力した人たち（アンサール）とは、これからのち、従来の部族組織を乗り越え、アッラーの教えのもとに団結して、一つの共同体を結成することになった。これがイスラムの「ウンマ」であるが、これは教団であるとともに、やがて一つの国家に発展し、アラビア半島を統一したのみでなく、さらに半島外にもひろがっていくのである。

メディナに最初の礼拝所をつくっているマホメットの教友たち

ウンマという言葉は、本来は「集団」とか「共同体」などを意味するが、ここではとくにマホメットという預言者に率いられ、相倚《よ》り相扶《たす》けて、アッラーの示したもう正しい道を辿り、やがてもろともに最後の審判を受けて、来世において永遠の至福をわかち合おうとしている人々の集団を指すのである。

マホメットはいまや、自分を指導者と仰ぎ、自分たちのウンマのためには火に入り水をくぐり、命を棄ててあえて悔いないほどの男女数百人に囲まれることになった。

3 剣をふるう預言者

残された歳月

ヤスリブは、これからのちアル＝マディーナ（メディナ）と呼ばれるようになった。この名は「都市」「町」などを意味し、ここに住みついていたユダヤ教徒が、彼らの言葉でメディーンタ（町）と呼んでいたことから出ているが、ヒジュラ以後は「預言者の町」と呼ばれるようになり、これがさらに簡略化されたのであろうという。

彼にはなお十年の寿命が残されていた。この十年を彼は宗教家としてのみでなく、稀有の天分をもつ政治家・軍略家として十分に活用した。たびたび剣をふるって戦場を馳駆《ちく》もしたのである。

メッカの生命線を脅かす

タバリーの史書の伝えるところによると、ヒジュラから預言者の死のときまでに、イスラム教徒は大小六一回（一説には七四回）の合戦を行なったとある。そのうち預言者の命によって行なわれたガズウ（襲撃）は二七回で、残りはいろいろな事情で起こったものであった。

第一回のガズウはヒジュラののち八ヵ月して行なわれた。マホメットの叔父ハムザが、メッカから移ってきた信徒（ムハージルーン）三〇人を率いて紅海岸の隊商路に待伏せ、メッカから海岸づたいにシリアに向かう三〇〇人の一行を襲おうとしたものである。メッカの商隊を率いたのはアブー＝ジャハルであったから、ムスリム隊の士気は大いにあがったらしいが、仲裁がはいって戦闘にはならずにすんだ。このときはマホメットは、手ずからハムザの槍の先に、白い旗を結びつけて励ましたという。

メディナから紅海岸まで約一三〇キロであるが、メッカ市民がもっとも重視し、その繁栄のための大動脈ともしているシリア貿易のためには、どうしても、この地域を往復しなければならぬ。一方、メディナに移ったムハージルーンたちは、土地もなければ、格別の生業もなく、もっぱらメディナの協力者たちの世話で生きていくほかなかった。そのうえに彼らは長年、迫害と屈辱とを耐えしのんできただけに、復讐心も激しく、今に見よ、メッカにかえり、カーバをアッラーの神殿にしてみせるからと、そのことを悲願としていたのである。

ヒジュラから十八ヵ月のあいだにこのような出撃は七回も行なわれたが、その人数は多いときで六〇人ほど、少ないときは一〇人たらずのばあいもあった。これに対し、メッカ側は、ムスリムたちの襲撃に備えて、警護の戦士たちを、ヒジュラ以前の二倍以上にもして対抗した。

当時の隊商の規模は、年によって差はあったであろうが、だいたいにおいてラクダ二〇〇〇頭ほどをつらね、一回に運ぶ貨物の価格は金貨で五万ディーナールほどにも達したといわれている。これを現在の円貨に換算することは困難だが、一億円を楽に越すのであろう。

新天地メディナを基地として、この重要な通商路に出撃するというのは妙策にちがいないが、最初はそのための十分な兵力がなかった。わずかに数十人のムハージルーンだけしか動かせないからである。メディナ衆もアカバの誓いで、彼を護ることを誓約したが、それは他から攻撃を受けたばあいにということであって、マホメットのほうからしかけていく合戦に協力をしようということではなかった。

しかしメディナ衆の中からも、進んで協力したものが出てきたものと見えて、六二三年の後半にはいると、預言者は二〇〇人あまりを率いて出撃することができるようになっていた。

バドルの泉地で

六二四年三月、ガザを出発した大規模なメッカのキャラヴァンが、ウマイヤ家のアブー＝スフヤーンを総宰領として、紅海岸寄りに南下してくるとの情報がはいった。マホメットは信徒を集めて、「いざ、出撃だ。これこそアッラーが賜うた獲物であろう！」と激励した。

このことは、アブー＝スフヤーンの耳にもいち早くとどいたので、急使をメッカに出して、クライシュ族に、「われらの財宝を守れ！」と呼びかけさせた。

メッカの主な人々は勇躍して立ち上がった。さすがにマホメットの伯父アブー＝ラハブは出征軍に加わらず、代理人を出しただけであった。メッカからの救援軍は九五〇名ほどとなり、気負いたって北上した。

一方、マホメットが率いたのはムハージルーンが八六名、これにアンサール（メディナの協力者たち）が二三八名で、合計三二四名であった。メッカから援軍が来るということは知らずに、メディナの南西、紅海岸から一日行程の所にあるバドルの泉地に向かった。北と東に険しい丘陵をめぐらした谷間で、南方には低い岩山が、西方には砂丘が起伏していた。東方の高地からの細い水流が谷間の地下をくぐっているので、そちこちに泉が湧き出し、旅人にとっては有り難い憩いの場所となっていた。また毎年一回、市《いち》の開かれる所でもあった。

メッカのキャラヴァンはきっとバドルを通過するものと睨《にら》んでいたのだが、敵もさるもの、いち早く情報をつかみ、わざとバドルを避けてもっと海岸寄りの間道づたいに南下し、安全圏に出てしまった。

すでにキャラヴァンが無事であれば、メッカからの援軍は、なにもしいてムスリム勢と事をかまえる必要はなかった。引きあげようという意見が出たのだが、アブー＝ジャハルらの強攻説がこれを押しきってしまった。

マホメットのほうは、メディナ出発のとき七〇頭のラクダをつれており、三人ないし四人で、それぞれ一頭にかわるがわる乗って進んだ。そうして、バドルの泉地の東方の山かげに近づくと、数人の斥候を出して様子を探らせた。

この斥候隊が、メッカ軍の水運搬のラクダと、それにつきそっていた男たちを捕えて来た。これらを尋問することによって、メッカからの援軍がすでにバドルに来ていることを知った。

「人数はどれほどか？」ときいたが「大勢だ」というだけで、数は教えなかった。「一日に食糧のラクダを何頭位殺すか？」ときくと、「九頭か一〇頭だ」と答えた。これによってマホメットは、敵の数を九〇〇から一〇〇〇のあいだだなと判断したが、さらに身分の高い人たちは誰と誰かと尋ねたところ、一五人ほどの名をあげた。それによって、メッカの名士たちがほとんどあげて出動して来ていることがわかったのである。味方の衆のところに戻っていった預言者が、そのときいった言葉がおもしろい。

「見よ、メッカがそなたたちに、おのれの肝をくだいて投げ出しおったわ！」

その意味は秘蔵っ子どもを投げ出してよこしたということであった。

頼もしい男たち

バドルの泉地は長さ八キロ、幅約四キロほどの平原で、前文にしるしたごとく四囲をかなり険しい丘陵や砂丘がとり囲んでいる。この平原の中をヤルヤルというワーディー（涸谷《かれだに》）がほぼ東西に走っていて、湧水池はこの涸谷の北岸のほうに集まっていた。メッカ衆はこの水場から離れて平地の南寄り、アカンカルという丘のかげに陣どっていた。

これに対し、ムスリムたちは夜暗に乗じてバドルに接近したというから、いち早くメッカ軍の所在を探知していたのであろう。メッカ軍の陣地では歌い女《うため》たちが鼓を打ち、戦いの歌をうたいながら乱舞していたというような伝えもある。それは三月十二日の夜ともいうし、十四日説、十六日説などもあってはっきりしない。

マホメットの戦術は敵の虚をついて、いち早く水源地をおさえてしまい、メッカ軍の水の補給を断っておいてから決戦に移ろうというのであった。

しかし、そのまえに彼が心配したのは、アンサールが、本気で、三倍近い大敵と戦ってくれるだろうかということであった。ムハージルーンたちが自分と生死を共にする決意でいることはよくわかっているが、アンサールたちの心はどうであろうか？

それで、ここまで来る途中で、それとなくアンサールたちの意向をさぐったところ、サアド＝ブヌ＝ムアードという主だった人物がつぎのようにいったそうである。

「私たちはあなたを信じている。おっしゃることこそ真実の理だと思っています。私たちは、すでにあなたに誓いを立て、服従することを約束したのです。それゆえにアッラーの御使者よ、どこへでも御心のままに進んで下さい。私たちはついて行くばかりです。真理とともに、あなたをお遣わしになったお方（アッラー）にかけて申しますが、もし、あなたが私たちに、この海を渡れとおっしゃって、御自分も海中に身を投じなさるようなことがあれば、私たちも一緒にとびこんでゆくつもりでおります。ひとりとして、遅れることはありませぬ」

この言葉にマホメットは、勇気づけられた。ウンマ（教団）の結束がもはやゆるぎのないものになっていることがわかったからである。

戦いが果てたとき

まだ夜の明けぬうちに、水場に殺到し、すべての泉をおさえてしまい、ただ一つ敵陣に一番近いところにあるのだけを残しておいて、味方をその附近に配置した。そこにヤシの枝で柵をつくり砂を積んで池をつくらせたともある。

水源を断たれたメッカ衆は、アカンカルの丘から平原に下りてきて決戦を挑んだ。そのころのアラブ人は戦場において相まみえると、双方から勇士たちが名乗り出て一騎打ちの勝負を行ない、これを繰り返すうちに、敵味方入り乱れての乱戦となるのが常であった。

このばあいもやはりそのとおりであったが、ムスリム軍は寡兵ながらよく戦い、メッカ側の七〇人ほどを斃し、七〇人ほどを捕虜とした。しかも、ムスリム側の戦死は一四人にすぎなかったという。ただし、この数には異説もある。メッカ軍の主将アブー＝ジャハルも死者のうちにはいっていた。

この一戦によって、メッカ側は大きな屈辱を味わい、名声をおとすことは甚大であった。これに反し、マホメットをはじめ、イスラム教団の声望は隆々とあがった。バドルの戦いに加わったムスリムたちは、バドリーユーン（バドルの衆）と呼ばれ、イスラム社会で最高の名誉をになったが、それは彼らの子々孫々にまでもちつづけられた。

オホド山麓の苦戦

メッカは不名誉な敗北の苦汁を嘗《な》めたばかりでなく、生命線たるシリアへの通商路を断たれようとする危機に臨んだ。全力をあげてイスラム教団を倒すか、自滅するか、どちらかを選ばなければならぬ。

六二五年の三月には、メッカ側は三〇〇〇人にのぼる武装十分な軍隊を編成した。ラクダ三〇〇〇頭、馬二〇〇頭、アブー＝スフヤーンを主将として、メディナにせまり、市街を迂廻して、北郊のオホド（またはウフド）山麓に陣をはった。マホメットは軍をひきいて出撃し、激突した。

乱戦のうちに面部や足に負傷しながらも、みずから槍をふるって肉迫したメッカ戦士を突き殺したりした。「預言者が殺された！」という叫びが戦場を走り、ムスリム軍は大混乱におちいった。しかし、それは虚報で、預言者はやっと血路をひらいて、山の中腹に上って味方を呼び集め、隊形をたて直した。

けっきょく、戦いは引きわけとなり、一年後にバドルで会おうぞと叫びかわしたのち、メッカ軍は引きあげた。この戦いにマホメットは七〇名にのぼる教友を失い、その中には叔父ハムザもあった。

心臓がのどもとに上るとき

翌年四月、マホメットは兵一五〇〇、馬一〇頭をもってバドルにおし出し、アブー＝スフヤーンも兵二〇〇〇、馬五〇頭をもって出動し、両軍相対して気勢をあげたが、戦機熟せず、衝突は回避された。

しかし、そのつぎの年（六二七年）三月末、メッカ側は兵一万、馬六〇〇頭の大軍を三隊に分けて、メディナを包囲した。これに対してマホメットはメディナ市街の周囲に塹壕《ざんごう》（ハンダク）を掘りめぐらして、その内側にたてこもり、敵騎兵隊の突撃に備えた。塹壕を掘ることは、アラビアでは新戦術だったが、ペルシア人サルマーンの献策にしたがったのだという。この時の激闘がいかにスリルに富んだものであったかをコーラン（第三三、味方の章一〇～一一節）は伝えて「なんじらの上よりも、また下よりも、敵兵おしよせ、目はくらみ、心臓ののどもとに上りくるとき……」といっている。

しかし包囲二週間ののち、メッカ軍は空しく退却しなければならなかった。

この戦いを境としてメッカとメディナとは攻守ところをかえて、前者は防禦に、後者が攻撃側にまわることになった。

メッカの征服

マホメットは天賦の才能を縦横に発揮して、いまやメッカを圧倒しただけでなく、アラビア第一の実力者になろうとしていた。そうなるとあの谷間の町に帰り、カーバ神殿に詣でようという念願の実現を一刻も早くと思うのであった。

六二八年三月には一四〇〇ないし一六〇〇人のムスリムを率い、上下二枚の白布に身を包んで、粛々《しゅくしゅく》とメッカの聖域に近づいて行った。聖域のはずれにあるフダイビーヤで、メッカ側との交渉がまとまり、今回はこのまま引きかえすが、来年の同じ月には、メッカ市民は三日間、その町を立ち退き、ムスリムたちが自由に巡礼の儀式を行なうことを認めること、今後、十年間は戦争をやめて、互いに相手の安全を冒さぬこと、その他の約束が結ばれた。

メッカのクライシュ族が相ついで、イスラムに帰依しはじめたのは、これ以後で、オホドの戦いやハンダク（塹壕）の役で、騎兵隊をひきいて勇戦し、ムスリム軍を苦しめたハーリド＝ブヌル＝ワリードや、のちにエジプト征服軍の主将となったアムル＝ブヌル＝アースなどもイスラムに帰依し、マホメットの指揮のもとで戦うようになった。ハーリドはのちにイスラムのために目覚ましい功を立て、預言者から「アッラーの剣」という美称をあたえられた。

フダイビーヤの和約から一年ののち、マホメットは約束のごとく、長剣のみをおびた男たち二〇〇〇人を率いてメッカに近づくとメッカの人々も近くの丘陵に退いて見守っていた。預言者はカーバ神殿を七周して、ウムラ（小巡礼）の儀式を終わってから、三日間、市内にとどまった。

その後、マホメットと結んでいる遊牧のフザーア族を、メッカ側と親しいバクル族が、クライシュ族の援兵を得て夜襲するというような事件が起こって、形勢は険悪となった。

メッカの眺望　前面にカーバ神殿を中心とするハラム－モスクが見える。

六三〇年の一月一日、マホメットは約一万の大軍をひきいて南にむかった。これに対し、メッカ側はほとんど抵抗らしいこともできずに降伏した。こうしてほとんど無血で聖市の征服が成就した。

一月十一日、マホメットはいつも愛用している白ラクダのアル＝カスワにまたがって、カーバ神殿に近づき、まず黒石に敬意をはらってから、神殿を七周し、そこに立ちならぶ三六〇におよぶ偶像をひとつひとつ杖でさし示しつつ、「打ち倒せ」と命じた。フバル神（カーバの多くの偶像神中の最高神）の巨像が地ひびきたてて倒れたとき、「真理がきて、虚偽なるものは去った！」と叫んだというが、この言葉はコーラン（第一七章八三節）にしるされている。

それからマホメットはなお二年半ほど生きていた。この間にもメッカから三、四日行程にあるフナインの谷で、雄族ハワージンの衆を中心とする大軍と戦って九死に一生を得たり、ターイフを攻めて苦戦したりしている。

しかし、アラビア各地に割拠する諸部族は続々と使節をメディナに送って和交を求めたり、イスラムの教えを受け入れたりした。ヒジュラ後第九年（西暦六三〇年四月〜六三一年四月）を「遣使の年」と呼ぶのはそのためである。

マホメットはイスラムに帰依する部族には、代理者を送りこんで指導に当たらせ、ユダヤ教やキリスト教などを奉じていて、それを守っていこうとする部族には、信教の自由をあたえ、そのかわりに年貢を納めさせた。イスラムに帰依したものからもウシュル（一〇分の一税）という宗教税を出させた。

こうしてイスラムのウンマ（教団）はアラビア全体をつつむ国家の形を整えはじめた。これはかの地の歴史上、未曾有の変化だった。そして、このウンマの中ではすべての人は平等と認められ、預言者とて例外ではなかった。

メディナの聖廟　円屋根の下にマホメットの墓がある。

告別の巡礼

六三二年二月のメッカ大祭には、マホメットは四万を下らぬ大衆を率いてメディナを出発し、親しく大祭の総指揮にあたった。アラファートの高原でウクーフ（佇立《ちょりつ》）の行事が終わったあと、ミナーの谷間に下り、アル＝カスワ（ラクダの名）の背上から大衆に呼びかけた。

「皆の衆よ、わが言葉を聞きたまえ。この年ののち、ふたたびここであなたたちと相まみえることが出来るか否かわからぬが故に。あなたたちの血と財産とは、あなたたちがこの世の主（アッラー）と相まみえるときまで神聖で犯すべからざるものである。それは今月という月、今日という日が神聖であるが如くにである……」

と説きおこし、妻をいたわり、奴隷を虐げることなかれなどと、温かい心で世に処すべきことを訓し、最後に、

「皆の衆よ、すべてのムスリムは他のすべてのムスリムの兄弟である。御身らはすべて等しいものである。……」

と力説し、両手をあげて、人さし指を重ね、万人平等の意を示して見せた。そうしてさらに「あなたたちはすべて兄弟の仲である」とつけ加えた。これを告別の巡礼と呼ぶのは、ふたたびその姿がメッカに現われることはなかったからである。

メディナに戻ったのち、急速にその健康は衰えた。そして、その年六月八日（月曜日）には、激しい頭痛におそわれた。愛妻アーイシャがうしろから抱きかかえるようにして、おのが胸で預言者の頭を支えていた。日の出から正午までのある時刻に、英魂は天がけり去ったと伝えられている。遺骸はその夜のうちに、女婿アリーほか、わずかな人々が、臨終の部屋の床を掘って埋めた。

三　メディナのカリフたち

1　アル＝リッダ（背教）

カリフ制のはじまり

預言者の死は、まずメディナを、ひいてアラビア全土を狼狽《ろうばい》と混乱に陥れた。従来、アラビアでは、どの団体でも、もっとも有能で、皆の上に立って信頼を寄せられるだけの人格や手腕をもったものが、指導者に選ばれるのが常であった。こうして選出された首長は、みんなの合意のうえで指導権を行使するだけのことであるから、これを自分の子孫や、愛顧者に伝えたりするようなことは考えもしないし、できもしなかった。ムハンマド（マホメット）が、自分が創立したウンマ（教団）の指導をだれにひきつがせるか、未定のままで世を去ったのも、古来からのアラビアの伝統により、おのずからそういう成行きとなったものであろうという解釈が行なわれている。

しかし、後に残された教団の人々は途方に暮れた。けっきょく預言者からもっとも親愛されていた長老のひとりアブー＝バクルを預言者の後継者に選んだ。このさい、もっとも積極

メッカの市場街　アブー＝バクルもこの辺で店を開いていた。

的に行動したのはオマル＝ブヌル＝ハッターブであった。

アブー＝バクルがメッカの市民中、率先してイスラムに帰依し、ほとんど私財を使いつくしてマホメットを助けたのに対し、オマルのほうははじめはイスラムを憎み、迫害する側に立って活動していた。けれどその妹と妹の夫とは早くからマホメットの説くところに心を傾けていた。一夜、ふとしたことで妹夫婦が、マホメットから伝えられたアッラーの教えを誦えているのに耳を傾けているうち、心機一転して、熱烈なムスリムとなった。

彼がイスラムに帰依したのは、ヒジュラの四年まえのことで、二十六歳だったという伝えがある。アブー＝バクルはマホメットより三歳若かっただけというから、オマルはこの二人より二十年またはそれ以上の後輩であった。

アブー＝バクルは、こうして「ハリーファト‐ラスール‐ル‐ラーヒ」（アッラーの使者の後継者）とみんなから呼ばれることになり、忠誠の誓いを受けた。ハリーファは西欧ではカリフと訛《なま》って発音されたが、二十世紀の二〇年代までつづいたカリフ制度はこうして始まった。

後継者といっても、マホメットの預言者としての活動をひきつぐわけではなく、イスラム教団をアッラーの聖法にしたがって率いるだけのことである。マホメットは最後の預言者であり、預言者たちの系列の締めくくりなのであった。

大征服の原因

アブー＝バクルはのちにアッ＝シッディークという敬意のこもった異名で呼ばれるようになったが、その意味は「誠実な男」「律儀もの」である。

一説によるとマホメットが一夜の夢に天馬に跨《また》がり、エルサレムに飛行し、そこから第七天に上ってアッラーを拝したということを皆に話したところ、容易に信ずるものはなかった。しかしアブー＝バクルだけは、聞くやいなや、それが実際に起こったことであると信じて疑わなかった。そこで「真《ま》に受ける人」「信用する人」という意味でアッ＝シッディークと呼ばれるようになったともいう。とにかく、きわめて実直で、生真面目な人柄であったに違いない。カリフの位につくと、マホメットの方針をあくまでも忠実に踏襲しようとこれに命をかけた。

その一つがシリアへの遠征軍の派遣である。社会経済史学の立場から、イスラム時代前後のアラビアの歴史を研究している学者たちの説によると、それまでは国内的な商業都市にすぎなかったメッカが、サーサーン朝のペルシアや、ビザンツ帝国、アビシニア王国などから通商権を得て、国際的商業都市へと躍進したのは、六世紀前半ころからで、その功労者はマホメットの曾祖父のハーシムであった。

ハーシムは、メッカの商隊をシリアやイラク、ヤマンその他の地域へ往来させるにあたり、沿道のアラブ諸部族にも渡りをつけ、人命や財貨の安全保障をとりつけることに成功した。この渡りをつける方法は、相手の部族の品物を無料で預ってシリアその他に運んで売りさばいてやり、その収入額を相手の部族に渡すかわりに、彼らの勢力地域をメッカの商隊が安全に往来できる保障(イーラーフ)をもらうのであった。これによってメッカは急速に発展していったというのである。

このハーシムが旅先のシリアのガザで病死したあと、子孫はじり貧となり、曾孫マホメットの生まれたころは、別の家系のウマイヤ家やマハズーム家などが、もっとも繁栄していた。したがってイスラムに対する反対の中心もこれらの富裕家系の人々であった。

マホメットはヒジュラののち、メッカ勢力と争い、相手の通商組織をうち破ってしまう結果となった。曾祖父がつくりあげたメッカ繁栄の体制はその曾孫によって破壊されてしまったことになる。

しかし、メッカは降伏し、他の諸部族もイスラムのウンマに加わると、こんどは、また以前のような通商組織を立て直して、メッカ市民をはじめ、関係諸部族の生活がたつようにしてやる責任がマホメットの身にかかってきた。

アラブ族の大征服の直接の動機はこの点にあって、イスラムの教えを異民族にもひろめるためというわけではなかったという解釈が有力になってきている。

奴隷の若者ザイド

マホメットの妻ハディージャの甥のひとりが、シリアに旅したとき、賢げな奴隷の若者を買い、メッカに連れもどって、叔母に贈った。ハディージャはさらにこれを夫に贈ったが、そのころマホメットはまだ預言者としての活動をしていなかったというから、おそらく三十歳代だったであろう。

この奴隷は名をザイドといい、この新しい持主から可愛がられ、自分もまたこの主人を敬愛した。シリアから実父が訪ねてきて、ザイドを買い戻し、故郷に連れ戻そうとしたが、息子のほうは、父親よりもマホメットのほうを慕っていて、離れ去ろうとしなかった。マホメットはこの若者を自由の身分にしてやり、養子ということにして、商用で旅するときなどはいつも連れあるいた。

ザイドはマホメットより十歳ほど若く、早くからのイスラムの信者であった。ヒジュラののちは、たびたびの合戦にマホメットを護って勇猛果敢に闘ってきた。

ムウタの戦い

マホメットが、エジプトやシリア、イラクなどへ友好と通商を求める使者を送りはじめたのは、六二八年三月に、メッカ市民と十年間の和平条約を結んでからのちのことである。

ムウタの戦いも、そのために起こったもので、イスラム教団にとっては苦渋の経験だった。シリアの南部、今のヨルダン王国の地域にはそのころアラブ人のガッサーン王国があって、ビザンツ帝国の保護下にあった。ガッサーン族はもと南アラビアから移動して行った人たちで、四九〇年ころに建国し、キリスト教に帰依し、ビザンツ皇帝に忠勤をはげむかわりに、毎年、補助金をもらっていた。

マホメットがシリアに出した使者は、まずガッサーンの当路者と交渉する使命を帯びていたのであるが、その領内にはいると、捕えられ、殺された。

激怒した預言者は、遠征軍を出すことを決意し、三〇〇〇の兵を集め、その主将にザイドを登用した。この最初の外征に、マホメットは慎重で、ザイドが斃《たお》れたならば誰、その人も斃れたならば誰がと二人まで副将を指名しておいた。

九月初旬、遠征軍が出発した日には、預言者は親しくメディナ北郊の「別れの丘」（サニーヤトル‐ワダー）まで見送った。時の東ローマ皇帝は雄才に富むヘラクリウスであった。そのパレスチナ総督は、イスラムを憎んでいるメッカ市民からの報告で、いち早くこの動きを知ると、所在の軍を召集した。ガッサーン王国でもまた大軍を動員して、これに合流させた。

ザイドの率いる三〇〇〇のムスリム軍は、死海の東南方のムウタという村のほとりで、そのような大軍と衝突したのである。

主将ザイドは軍旗をかざして先頭にたっていたが、まず殉教の死をとげた。副将ジャアフアルが、かわって軍旗を拾いとり指揮に当たった。

この人は預言者の従兄弟の一人で、父はアブー＝ターリブ、のちにカリフとなったアリーの兄であった。一族中、もっとも預言者に似た風貌の持主で、きわめて心の優しい人だったという。その最期は壮烈をきわめ、軍旗を持った右手を敵に切り落されると、左手に持ちかえて戦い、左手もまた切断されると、両腕で旗を抱いて屈せず、ついに五十傷ほどをうけて絶命したが、みんな向こう傷ばかりだったというのである。もう一人の副将がかわって指揮をとったが、これもまもなく乱刃のうちに切り伏せられた。

すでにムスリム軍に加わっていたハーリド＝ブヌル＝ワリードが、軍旗を拾い、残兵を励まして血路を開き、メディナに引きあげてきた。預言者がこの武将に「アッラーの剣」という美称をあたえたのは、この働きに感激してだったという。

ジャアファルの無残な遺骸がメディナに運ばれてくると、預言者は、

「みなの衆よ、ジャアファルのために、そう泣かないでいてほしい。両手を失ったかわりに、アッラーから二つの翼をあたえられたからである。これからは、天使たちにまじって、自由に天国を翔《めぐ》り歩《ある》けるようになったのだ！」

といった。これから人々はジャアファルのことを「両翼の主《ぬし》」（ドゥー＝ジャナーハイン）と呼ぶようになった。

ウサーマの復讐行《ふくしゅう》

ウサーマはザイドの遺児である。母親はもと奴隷の身分で、アビシニア生まれだった。その血を受けてウサーマは色が黒く、ひしゃげたような鼻をしていたが、マホメットはこの少年をひどく不憫《ふびん》がった。マホメットは死の前月に、シリア方面に二度目の遠征軍を送ることにした。弱冠のウサーマを主将に抜擢し、軍旗を授けて「お前の父の斃れた場所で手柄を立ててこよ！」と励ました。

この遠征軍がメディナを門出して、まもなく、預言者の死の報が伝わった。シリア遠征の挙はそれで中止になったかというと、けっしてそうではなかった。

預言者の後継者として選ばれたアブー＝バクルのその大方針は、すべて預言者の意志を忠実に踏襲していくという点にあった。それゆえに、まず第一に実行したのは、ウサーマの率いるシリア遠征軍に再出発命令を出すことだった。

これに対して、異議を申し出たのはオマルで、「預言者の死の報が伝わったため各地のアラブ諸族が動揺し、不穏の動きがある。このさい、遠征のことは延期とするがよいと思う」というのであった。しかし、アブー＝バクルは「きかん気のおやじ」だったから、頑として応じなかった。

「預言者の御命令じゃ」というだけである。

「どうあっても遠征を実行するとおっしゃるなら、せめて主将には、ウサーマのような若者

メディナの町　向かって右にマホメットの廟が見える。1853年にリチャード＝バートンが訪れ、えがいた写生画。

ではなく、老練な人物を選んで頂きたい」とオマルがいうと、アブー＝バクルは立ちあがると、相手のあごひげをつかみ、

「ハッターブのせがれが何をいう！　貴公はわしに預言者が任命された主将をやめさせよというのか？」

と叫び、みずから、遠征軍の集結地に急いで、出動を命じた。そのさい、アブー＝バクルが将兵を戒めた言葉が、初期イスラム教徒の心情をよく伝えるものとして語り伝えられている。

「しばらく足をとめて、わしのいうところをお聞きあれ。皆の衆よ、勇ましく、忠実に戦って下されよ。敵に対して卑怯な振舞いはせぬようにな。降参したものの手足を切ったりしてはなりませぬぞ。老人や子供、女たちを殺《あや》めなさるな。ナツメヤシの木を切り倒したり、収穫物を焼き払ってはならぬ。果樹を切り払ってはならぬし、皆の衆の食糧にあてる以外に、家畜を屠《ほふ》ったりせぬようにな。孤独と瞑想のうちに生き、主なる神にひたすら仕えている人たちを進軍の途中で見かけるであろうが、けっして手荒な振舞い

をしてはならぬ」

ウサーマとその軍はシリアに進み入った。そして、ウサーマの父たちが命を棄てたムウタに近いウブナという村を襲い、勝利を得た。大きな戦果とはけっしていえなかったが、すでにメディナは、アラビアを蔽う離反の暗雲の下にあったので、この捷報《しょうほう》に励まされ、勇気づけられた。

自称預言者の輩出

アブー＝バクルのカリフ在任は短く、満二年三ヵ月半にすぎなかったが、まことに多事だった。就任のとき、イスラムのウンマはほぼアラビア全土を包んでいたとはいうものの、きわめて不安定であった。

すでにマホメットの生存中から、みずから預言者と称して、信徒を集め、独自の教団をつくろうとするものがそちこちに現われていた。それに宗教税を納めることをいやがる人々が多かった。リッダ（背教）がはじまり、ひろがって、イスラムのウンマは今にも崩壊するかと思われるほどになった。

自称預言者たちはそれぞれ天啓をうけたと称し、イスラムの教えに似かよった教義を説いていた。

トゥライハ（本名タルハ）という者はメディナの東北方の高原に住むアサド族の人だったが、豪勇で、一人でよく一〇〇〇人に当たると称せられた。ある日、同族の人々と共に熱砂の荒野で渇きに苦しんだとき、ある地点を指さし、この下に水があるといった。皆で掘ってみると果たしてそのとおりだったので、神のお告げを受けたのだといいはやされ、ますます尊崇を受けるようになったという。

現在、サウディ＝アラビア王国の首都リヤードのあるあたりは、昔はヤマーマと呼ばれ、ワーディー＝ハニーファという河谷の一部にあたっている。ナジド（ネジド）高原ではもっとも重要な河谷の一つで、古代から独特の文化がひらけていた。「ヤマーマの白いもの」と呼ばれた小麦は、とくに名高く、アッバース朝時代にはバグダードまで運ばれ、カリフはじめ貴人たちの食べるパンになった。また美女の産地としてきこえ、ヤマーマ美人といえば高い評価を受けていた。

このヤマーマ地方に現われたのは、偽預言者といわれた人たちの中ではもっとも大物で、一般にはムサイリマという卑小形で呼ばれているが、本当はマスラマといい、雄族ハニーファの出であった。醜い顔立の小男であったが、才智と弁舌に長けていたという。万を数える男女が彼と共に死んでいったところから見ても、尋常の人物ではなかったにちがいない。

その教義は、教団と共にほとんど滅び去ったが、イスラムによく似た一神教で、現世で善行を積んで、来世に天国に送られるべき道を説いた。彼の説教は、メッカ時代のマホメットのごとく、短く激しく、格調の高い言葉によったもので、信徒には毎日三回の礼拝を命じ、禁欲主義を讃美し、飲酒を禁じていたという。

また南方のヤマン地方にはアル＝アスワドという自称預言者がいた。巨富を蓄え、鋭い洞察力や雄弁の持主であった。幻術をつかい、天界の精霊とつきあいがあると称して民衆をあざむいていたともいう。

女預言者の没落

もう一人、自称預言者の中に紅一点の変わり種がいた。名をサジャーハといい、タミーム族のひとりだった。タミーム族はナジド高原のほぼ中央部にひろがり住んでいた雄族で、その地域はハニーファ族の本拠ヤマーマの北方にあたる。ただし、サジャーハの母親は、イラク南部に住み、クリスチャンの多いタグリブ族の人だったから、サジャーハもそちらで育ち、もとはキリスト教の信者だったという。

情熱的な女で、弁舌に長け、高壇の上から韻をふんだ言葉で説教すると、聴衆は思わず引きこまれてしまうのだった。多数の崇拝者に囲まれるようになると、アラビアにはいってきて、タミームの衆を引き入れ、それに成功したならば西に進んでメディナを攻め、イスラムのウンマ（教団）をつぶしてしまおうと考えていた。

しかしタミームは大部族で、そう簡単にはしたがわなかった。一部は信徒になったが、反抗するものも少なくなかった。そこで、サジャーハは、西に進むかわりに、南のかたヤマーマにむかった。

ヤマーマにはムサイリマがいた。その本拠はハジュルという町だったが、今のリヤードの北東郊の遺跡群のあるあたりが、そのあとだろうと思われる。サジャーハの率いた大軍がハジュルの北郊まで迫ってきたとき、ムサイリマは手厚い贈物をとどけさせ、親しく話し合いがしたいと申しこんだ。サジャーハが承諾すると、寄手の陣地とハジュルの町との中間に豪華な天幕を張り、内部には香を焚きこめ、美酒佳肴《かこう》を支度させておいた。二人の自称預言者は、護衛兵を外で待たせておいて、天幕の中にはいり、長時間語りあった。大歴史家タバリーの伝えたところでは、ムサイリマはサジャーハに結婚を申しこみ、その場でちぎりを結んだ。そのあとは会議はすらすらとまとまり、互いに宗教上の主張を認めあい、二人の教義を統一し、これからは、万事、利害を共にしていこうということになったとしてある。

これからサジャーハがにわかに精彩を失って、ほとんど目だたぬ存在となってしまったことは事実である。ムサイリマの妻として、夫の死のときまで一緒に暮したという説もあれば、巨額の金をもらって、同棲わずか三日ののち、おとなしくイラクに帰っていったともいう。晩年はイスラムに改宗し、バスラでひっそりと世を去ったといわれている。

樹園の虐殺

アブー＝バクルは、このような難局にあたってもすこしもたじろぐことはなかった。驍将《ぎょうしょう》ハーリド＝ブヌル＝ワリードを第一線に立てて、まずトゥライハの軍を破った。もっとも苦しんだのは、ムサイリマとの戦いであった。アブー＝バクルが派遣した討伐軍は二回まで敗北した。そこで三回目はまたも「アッラーの剣」ことハーリドを主将とし、ムサイリマの四万の軍勢と決戦を試みた。この戦いはハジュル近郊のアクラバーで行なわれた。

両軍は死力をつくし、猛烈な白兵戦となった。はじめはムサイリマ軍が優勢で、一時はハーリドの天幕にまで切りこんだという。しかし、ムスリム側もよく持ちこたえて、しだいに敵をおしかえし、ついに総反撃に出たので、ムサイリマ軍は潰走した。

その途中、四方を厚い土塀で囲み、一ヵ所だけに頑丈な門をつけた樹園があった。こういうものをハディーカと呼ぶが、ムサイリマ軍の一将が「ハディーカへ、ハディーカへ！」と絶叫して、味方をその樹園に誘導した。そうして、一つだけの門扉を閉ざしたのだが、ハーリドはまっ先に立って、急追し、人梯子をつくって塀の上に登らせ、そこから矢を乱射させた。勇敢なものは内側にころげおちて、門扉に走り寄ろうとした。ついに門が内側から開かれ、イスラム軍兵士たちはどっと園内に突入した。ムサイリマとその一党は逃げようにも、その途はない。凄惨な死闘のうちに、ムサイリマも斃《たお》れた。

こうして抵抗は弱まったが、イスラム側は敵の降伏を許さず、最後の一人を切り伏せるまで虐殺の刃をふるった。ハニーファ族の戦死者は一万（一説に二万）人に達し、イスラム側も一二〇〇（一説に一八〇〇）人を失った。その中には、直接マホメットから教えを受けた名ある教友たちも多くいたのである。この悲劇の行なわれたのは六三三年五月十二日だったという。

ヤマン地方やハドラマウトは、アル＝ムハージルという将軍が平定したし、あと二つのリッダの中心地だったアラビアの中部東海岸（当時のアル＝バハライン）とオマーンもそれぞれ別の将軍に鎮撫され、さしもゆゆしく見えたリッダは終わり、アラビアは、こんどこそメディナ政府の支配下に統一された。アブー＝バクルは帰順の人々に対して寛容の態度をもって臨んだ。こうして、アラビア国内の統一が成ると、マホメットが着手しただけで世を去ってしまった通商路の再開の大事業に本格的にとりくむことになった。

アブー＝バクルの死

まずイラク方面に「アッラーの剣」ことハーリドその他を送り出すと共に、三軍を組織してシリアに攻め入らせた。これに対して敏速に反撃して来たのはビザンツ帝国のほうで、大軍を南下させた。ムスリム軍は、六三四年七月末、これをエルサレムとガザの中間にあたるアル＝アジュナーダインで迎え撃ち、大勝を得た。

この戦いのまえに、アブー＝バクルは、「アッラーの剣」ハーリドが、イラクに攻め入り、ラハム王国の都ヒーラを陥れ、さらに戦果をあげつつあったのを引き抜いて、シリアに急行させている。そのときのカリフの書状には「三〇〇〇騎を率いて、そなたの兄弟たちを救うために進発せよ。急げ、急げ！　アッラーにかけて、シリアの一村を占領することは、イラクの広大な一州の征服よりも、私には重要に思われる」とあったそうである。

ハーリドは精兵をすぐり、シリア砂漠を横断して、ダマスクスの東方に現われた。アジュナーダインの戦いの翌月（六三四年八月）二十三日に、初代カリフ、アブー＝バクルはメディナで病死した。

2　大征服

孤独なのっぽ男

アブー＝バクルは死のまえに、後任のカリフとして、オマル＝ブヌル＝ハッターブを指名した。オマルは就任すると「アッラーの使者の後継者の後継者」と称したが、長すぎてわずらわしいので、もっぱら「アミール＝ル＝ムウミニーン」（イスラム信徒の統率者）という呼称を用いるようになったという。

マホメットは死のまえに「アラビアに二つの宗教をあらしめるな」といい残したという伝承がある。アブー＝バクルの短い在任中にはこの遺嘱を果たすことはできなかったが、いまやオマルの大方針となった。

またイラクとシリアでの征服事業に取りくんだことはもちろんである。アブー＝バクルは、外征に参加できるのは、メディナとメッカ、ターイフなどの衆と、メディナ政権に一貫して味方してきた諸部族とに限るとし、リッダによって、一度、背叛した衆はすべて除外することにしていた。これに対し、オマルは、一度、叛いた部族であっても、ことごとく外征に参加してかまわぬといい、これを奨励したので、士気は大いにふるい、アラビアはひとつという考え方が湧き上がってきた。

これから、シリアに、イラクに、イランにエジプトに、世界史上の決定的瞬間ともいうべきものが、つぎつぎに起こったが、それらはみなメディナで簡素な生活にあまんじている一人の孤独な人物につながっていた。その人は並はずれた長身で、時にはメディナの礼拝堂で、みんなに交って午睡をしたりしていた。粗衣をまとい、一本の鞭をもって、真夜中でもメディナ市内を歩きまわり、非道を働くものを見つけると容赦なくうちこらした。「オマルの鞭は剣よりこわい」といわれていたほどであった。

六三四年には、サーサーン朝もビザンツ帝国も、アラビア高原の民の異常な動きに驚き、ともに大動員を行なった。

舟橋の戦い

まずイラクにむかったアラブ軍はアブー＝ウバイド＝ウッ＝サカフィー（ターイフのサキーフ族の人）に率いられて、現在のクーファの町の近くのユーフラテス西岸に進出した。ペルシア軍はその対岸に陣を張ったが、そこには小舟をつらね、上に板をはった舟橋《しゅうきょう》がかかっていた。このような橋をジスルと呼ぶので、この戦いもジスルの役と呼ばれることになった。

ペルシア軍は、前線に象を出していた。アブー＝ウバイドは先頭に立ち、橋を渡って敵軍にせまったが、象の咆哮《ほうこう》や、巨大な姿にアラブ軍の馬は脅えてしりごみしてしまった。象の泣きどころはその鼻だと聞かされたアブー＝ウバイドは一頭の白象に切りかかったが、鼻に巻かれてたたきつけられ、前脚で踏み殺された。彼が持っていた軍旗はその弟がうけ取ったが、これも切り死にすると、こんどはアブー＝ウバイドの息子が取りあげた。この若者もまた斃れるにおよんで、アラブ軍は潰走しそうになった。そのとき一人のサキーフ族の戦士が、舟橋を切りはなって味方の退路を断ってしまった。

シャイバーン族の首長ムサンナーは、歴戦の老将で、決死の覚悟で敵を食いとめた。そのあいだにアラブ軍は土着人の協力で、橋を修理し、かろうじて退却することができた。六三四年十一月末のことで、アラブ軍の死者は四〇〇〇に達し、ムサンナーその人も、この時にうけた負傷がもとで死んだ。

ヤルムーク川のほとり

シリア方面では、六三六年の八月二十日にヤルムーク川の決戦が行なわれている。この川は、今のヨルダン王国とシリア共和国の境を西に流れ、チベリアス湖の南方でヨルダン川に合流している。

ビザンツ皇帝ヘラクリウスが集め得た軍は、ギリシア兵、シリア兵、メソポタミア兵、アルメニア兵、アラブ兵などあわせて二〇万（一説に五万）に達したとある。この大軍の南下を知ると、イスラム側は、すでに占領したダマスクスをはじめ、各地に分散していた友軍を退却させ、ヤルムーク川のほとりに集結して、反撃に出た。

兵力はビザンツ軍の半分にもならぬほどだったが、もしこの戦いで敗れたなら、よくてアラビアへ総退却、下手をすれば全滅となるかもしれなかった。

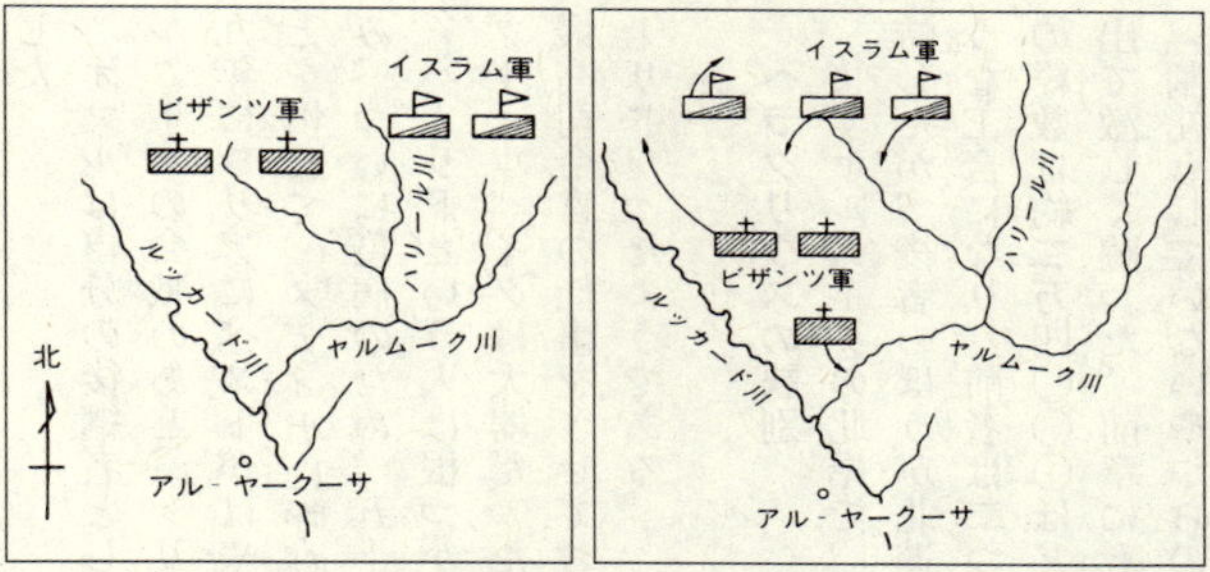

ヤルムーク川の戦い　（第１戦局）　（第２戦局）

戦闘は苛烈であった。ビザンツ側は司祭たちが陣頭に出て、「イエス＝キリストの教えのために奮起せよ。異教徒ばらのため荒廃に帰そうとしている国土を護りぬけ」と激励した。それまで士気の萎えていた兵たちも、勇躍して進みはじめた。互いに身体を鎖で結び合わせていたとも記録にある。

戦場になったのは、東北のほうからルッカード川が流れてきて、ヤルムーク川に合流するあたりで、この二つの川に挟まれた川中島とでもよぶべきところであった。

ハーリド＝ブヌル＝ワリードはダマスクスを攻めおとしたあと、新カリフ、オマルによって軍司令官の地位を奪われていた。これはオマルがこの名将軍に対し許し難い感情を抱いていたためで、アブー＝バクルの在位中は、我慢していたのだが、自分がカリフに就任すると、重大なさいにもかかわらず、あえてこの処置に出たのである。

そして、アブー＝ウバイダ＝ブヌッ＝ジャルラーハという教団の最長老のひとりを、シリア派遣軍の総師に任じた。

オマルは自分の後継者としてこのアブー＝ウバイダを考えていたとさえいわれている。ヤルムークの会戦のあと、シリア、パレスチナの征服を完遂した中心人物は彼であった。六三九年にシリアにペストがはやり、無数の犠牲者を出したとき、オマルはこの人材をも失うことを惧《おそ》れて、メディナに呼びもどそうとしたが、アブー＝ウバイダは任地を去ることを拒み、ついに疫病のため、五十八歳で世を去った。

ハーリドという人は根っからの武人で、戦争するために生まれてきたような男だった。アブー＝ウバイダは大器だったから、シリアに着任すると、よくこの闘将を用い、相変わらず最高司令官の仕事をさせておいた。ヤルムークの決戦でも、実際上、総指揮をとったのはハーリドだったようである。

ヘラクリウスの訣別

まずヤルムークの北岸で、ビザンツ軍が北方にムスリム軍が南方にという位置をとって対峙したが、後者のほうが北進するにつれて、ビザンツ軍が西に、ムスリム軍が東にまわるような工合になり、前者は二つの川の三角洲に追いつめられたような形となった。ムスリム軍の総数は約二万四〇〇〇ほどであったというが、その中には女人も若干交っており、前線に出て激しく闘った。前章にもしるしたアブー＝スフヤーンの妻ヒンドもその一人で、

「割礼もしていないやつらの腕をたたき切ってしまえ！」——

と絶叫して、味方を励ましていたという。

酷暑の日だった。熱風をついて、両軍はここを先途と戦うこと終日におよんだが、ついにガッサーン王国などのキリスト教を奉ずるアラブ軍をひきいて、ビザンツ軍に加わっていたジャルジャという将軍とその軍がまず潰走した。ムスリム軍はわざと陣列を開いて、これを逃がしてやり、そのあと総攻撃に出て敵をヤルムークの北岸に追いつめながら、鏖殺《おうさつ》戦を展開した。

ビザンツ側の史料では、戦士四万を失ったとあり、イスラム側の史家は、敵の主将で、皇帝の弟テオドールスをはじめ一二万人を斃したが、この中にはヤルムークの水に溺れたり、断崖から落ちて死んだものも多数あったとある。イスラム側も三〇〇〇人を失った。

ビザンツ皇帝ヘラクリウスは、ヤルムークの敗報をアンティオキアで受け取ると、いそいで退却に移った。シリアとアナトリアをへだてるタウルス山脈を越えるとき、峠道で南方をふりかえりながら、

「ああシリアよ、平安あれ！　そなたは敵にとってなんという美《うま》し国であろうか！」

と長歎したという。

そのあとは、六三八年にエルサレムが、六四〇年には最後まで残った港町カイサリアが、ムスリム軍の手におち、もはやシリアにはビザンツ軍の姿は見えなくなった。

バビロニアの広野で

シリアにおけるヤルムークの決戦に比すべき、イラク平原のカーディシーヤの戦いは、その翌年の夏に起こった。カリフ、オマルはシリアでの戦勝ののち、遠征軍の一部をイラクに転進させると共に、アラビアの諸部族にも呼びかけて兵を募った。カリフ自身が親しく軍を率いて遠征するつもりだったが、長老たちの諫《いさ》めを入れて、思いとどまり、サアド＝ブヌ＝アビー＝ワッカースをイラク遠征軍の主将に任じた。生粋のメッカ育ち、十七歳でイスラムに帰依し、もっとも早いムスリムの一人として預言者から可愛がられた。

一方、ペルシア側では、ルスタムを主将に起用した。双方の兵力については、いろいろの説があって確かなことはわからない。アルメニアの史家セベオスの伝えたところでは、ペルシア軍が八万、イスラム軍が九〇〇〇だったが、戦闘も終わりに近づいたころ、シリアからのムスリム軍六〇〇〇が駆けつけたとしてあり、そこらが実際に近いのではないかと見られている。またペルシア軍は三〇頭の戦象をつれていたという。

戦場となったカーディシーヤというところは、今のクーファの近くであろうというだけではっきりしたことはわからなかった。しかし、一九一二年になって、チェコスロヴァキアのアロイス＝ムージル（一八八六〜一九四四）によって、この町の遺跡が発見された。ナジャフの真南、クーファからは三〇キロ半ほど南西にあたり、ユーフラテスがその東方を流れている。

世紀の大戦でありながら、その時日についても諸説があるが、酷熱の中での戦いだったといわれるので、六三七年六月もなかに行なわれたというのが事実に合っているのであろう。決戦のはじまったころ、サアドは太股と腰の腫物が悪化して、馬にも乗れず、立っていることさえもかなわなかった。それで城楼の上にねころがったままで指揮にあたった。はじめの二日間は、昼間は戦い、夜間は互いに退いて、味方の死骸を埋めたり、敵の負傷者に止めを刺し歩いたりしていた。三日目は昼も夜も戦いつづけた。アラブ軍は旗色が悪かったが、二日目から三日目にかけて、シリアからの援軍が馳せ加わるにしたがい、盛りかえした。四日目が明けようとするころには、ペルシア軍は退却しはじめ、やがて総崩れになった。

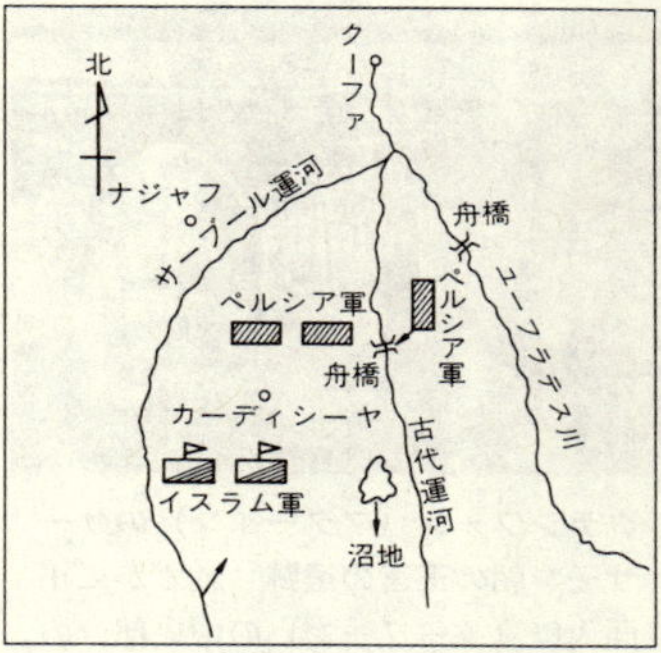

カーディシーヤの戦い

これまで互いに身体を鎖でつなぎ合わせ、アラブ軍の猛襲に耐えてきたペルシア兵が、ついに鎖を断って逃げはしり、背後の運河にはまって死傷算なく、追撃するアラブ戦士は、敵の死屍を橋として渡ったという。

敵の主将ルスタムも乱軍のうちで打ちとられた。満身に刀傷や槍傷を受けており、誰の手にかかったのか、ついにわからなかった。

この大勝によってサワード地方（黒い土地の義。イラク南部の沃野は緑に蔽われているためそう呼ばれ

クテシフォン（マダーイン）のサーサーン朝の王宮の遺跡　わずかに正面入口（イーワーン）の中央部分のみが残り、往時のこの都や国土の繁栄を偲ばせている。

た）はアラブ軍に制圧され、土着の農民たちは、これらを解放者として迎えた。

サアドは追撃の手をゆるめず、バビロンの遺跡をへて、サーサーン朝の冬季の都だったクテシフォン（マダーイン）に迫った。ヤズディガルド帝は、ムスリム軍が一日行程のところまで来たとき、この都を棄て、イラン高原に逃げて行った。アラブ軍がチグリスを渡って、市街に突入してみると、ほとんど無人の町と化していた。サアドは亡国の帝王の壮麗な宮殿のほとりに立ち、

　庭園と噴泉、地味よき畑、けだかき邸宅
　そのうちに営まれし世の栄えなど
　いかに多くが棄て去られしか！

とつづられるアル-クルアーン（コーラン）第四四、煙の章を朗誦し、八たび大地にひれ伏してアッラーに祈りを献げたと伝えられている。

ヤズディガルドはイラン高原を奔走して軍を進めた。そうして遠く長安まで使を出して、唐朝の援軍をも求めたと中国の史書にしるしてある。六四一年にはハマダーンの近くのニハーワンドで、イラン高原におし上がってきたアラブ軍に対し、最後の大反撃を加えたが、

散々の敗北に終わった。それから十年ののち、ホラーサーン地方のオアシスの町マルウ近郊の水車小屋で土民のため殺された。

これをもってサーサーン王朝の終わりとするのであるが、その子ピールーズは拝火教の聖火をもって長安に亡命し、そこで世を終わった。

オマルの旅

ヨルダンやパレスチナなどを含めた広義のシリア地方は、きわめて古くからアラブ族が移住したところである。イスラムのもとに団結し、新しい支配者としてこの地方にはいって来たアラブ族は、そのような古参のアラブ族と共に暮すことになった。

征服によって多くの土地が放棄され、村落や都会までが見棄てられたところも少なくなかった。シリアにはまた古い伝統を誇り、シリア（アラム）語を持ち伝える人々もいた。これらをどのように統治し、また新しく入りこんだアラブ人たちをどのようにして安住させるか、さまざまの難問題が山積していた。エルサレムの陥落のあと、カリフ、オマルは、これらの善後策を解決する目的をもって親しくシリアに赴いた。

伝えによれば一僕とともに、粗衣をまとい、一頭のラクダにかわるがわる乗ってひょうひょうと旅をしたという。

こうして、今のヨルダン領を越え、ヤルムーク川の北のジャービヤまで行った。そこはゴラン高原の上にあって、当時シリア遠征軍の本営のあるところだった。

エルサレムの岩のドームの中にある巨岩　マホメットは天使に導かれ、ここから天に昇ってアッラーを拝したという。

ジャービヤで、首脳会議が行なわれ、統治の大方針について討議が行なわれた。

そのあと、オマルはとくにエルサレムを訪れ、キリスト教の総大主教などと親しく語りあった。やがて祈りの時刻が来ると、その辺の巨岩を清めさせ、礼拝を行なった。それはかつて預言者マホメットが夢に昇天したという場所であり、現在は岩の円蓋殿（クッバトッ‐サフラ）の内部にある巨岩である。

エジプト征服

オマルがシリアにいるあいだにアムル＝ブヌル＝アースが、エジプト遠征を行ないたいと申し出た。

アムルはメッカのクライシュ族のうち、谷底に住むサハム家の出だというから、家柄は立派である。ハーリド＝ブヌル＝ワリードのような生粋の武人ではなく、聡明で権謀に長け、老獪《ろうかい》で、いわば煮ても焼いても食えぬおやじであった。

若いころ、しばしば隊商の一員として、エジプトに旅し、よくその地の事情にも通じていた。このアムルにエジプト遠征の許可を求められたが、慎重なオマルは即答を渋った。シリアから、エジプト遠征に十分な兵力を割くのは、無理だと思ったからであった。アムルは、そんなに大軍はいらない、三五〇〇ないし四〇〇〇人もあれば大丈夫だと説いたが、オマルはよろしいとはいわず、いずれ相談しておこうといっただけであった。

ある説によれば、カリフの許可を得られなかったアムルは、カイサリア攻略の任務が残っていたので、その地に戻っていったところ、追いかけるようにオマルの使が来て、内密のうちにエジプトに向かってよいという旨を伝えた。

アムルは勇躍して南下し、エジプト領のアル‐アリーシュの一駅手前まで来た。すると後からカリフの使者が駈けつけてきた。そのもたらした書状は、まだパレスチナ領にいるならば遠征を思いとどまって引きかえせ。しかし、もうエジプト領にはいってしまったのなら仕方がない。敵を前に退却するのはムスリムとして恥辱であるから前進せよ。そのばあいはそなたの勝利を祈り、援軍も送るつもりであるという趣旨であった。

アムルはこの手紙をわざとすぐには読まず、アル‐アリーシュ附近の小さな谷に達したところで、はじめて開いて読んだ。そして「ここはまだシリアか。それともエジプト領か?」と尋ねた。「エジプトである」

アムルがフスタート（古カイロ）に建てたモスク　アラビア以外の地に建てられた最古の礼拝堂で、円柱にはローマ時代の建物のものをつかった。

という返事がかえってくると「カリフの命により、このまま前進する」と宣言したというのである。

この話は後世のムスリム史家が伝えたところで、よくできすぎている。作為的にすぎるなどという批判も出ているが、オマルが慎重にかまえて、容易に断を下さず、アムルがそれをおしきるようにして出動してしまったという事情には変わりはないであろう。こうしてアル＝アリーシュに到着したアムルたちは、六三九年十二月十二日に、そこで犠牲祭を行なった。

エジプトに攻め入ったアラブ軍はオマルが送り出した約八〇〇〇の援軍をも加えて六四一年にはバビロン城（今のカイロの南部、フスタートの地）を陥れ、そのつぎの年には、ビザンツ帝国のエジプト統治の首府であったアレクサンドリアをとり、同じ年のうちに、トリポリタニア（リビアの東部）のバルカを襲うまでになった。

3　納税か剣か

オマルの契約

短時日のあいだに征服してしまった広大な土地と多数の住民を、どうして統治していくかはオマルたちがまず直面した問題であった。「コーランか、剣か」と叫んで、イスラムの教えを受け入れればよし、さもなくば剣をもって成敗するというような、仮借のない態度で異教徒に臨んだのでなかったことは、すでに周知の事実となっている。

イスラムの教えを信ぜよと呼びかけて、これに応じてくる人々は、「人類のうちに現われた最良の教団（イスラムのウンマ）」（コーラン第三章一一〇節）に入れられる。この人々は、従来のムスリムたちと同じ権利や義務を持つことができる。

しかし、イスラムへの改宗がいやだと拒否したならば、ユダヤ教徒、キリスト教徒、拝火教徒など「聖典の民」は他の異教徒よりも特別の待遇をうけ、イスラム教団と保護契約（ディンマ）を結び、信仰・生命・財産などの保全を認めてもらうことができた。そのかわりには人頭税（ジズヤ）などを納め、ムスリムよりも低い身分に甘んじなければならないのであった。「聖典の民」以外の多神教徒などに対しては、問題はおのずと別になるべきであった。

「保護契約の民」をディンミーと呼び、オマルはこれらに課すいくつかの身分上の制限を定めたといい伝えられている。「オマルの契約」などと呼ぶもので、例えば、キリスト教徒は腰にズンナール（帯）を巻いて、ムスリムとは一見して区別がつくようにしているべきこと。ムスリムに会ったら立ち上がって敬意を表わすべきこと。ムスリムたちの家よりも高い家をつくらぬこと。市街地やムスリムの土地を歩くときは武器を携帯しないこと。コーランを学んだり、子供たちに教えたりしてはならぬ。ムスリムをなぐってはならぬ。もとムスリムが所有していた奴隷を買ってはいけないなどなど、かなり窮屈なものであった。クリスチャンやユダヤ教徒の家に、ムスリムの旅人が来て宿を求めたら、三日間はもてなしてやらねばならぬという一条もあった。これらは、シリア征服のさいのものだというが、他の地域でもそう違わなかったであろう。

人頭税は原則としてディンミーの成年男子に課すもので、老人、幼年者、および大部分の聖職者は免除される。額は年に二ディーナールが普通であったが、一ディーナール、三ディーナール、四ディーナールなどというばあいもあった。一ディーナールの金貨は、はじめはビザンツ帝国のソルドスと同じで、重さ四・五五グラムほどで、純度はきわめて高かった。当時としては年に二ディーナールというのは、相当の負担であり、征服が進むにしたがい、メディナには莫大な富が流れこんで来るようになった。

年金（アター）の支給法

アラビアの旧慣では、戦いや掠奪行によって得た戦利品（ガニーマ）の四分の一または五分の一は首長に納め、あとは戦士たちが分配することになっていた。マホメットはこの旧慣に従い、バドルの戦いののち、戦利品のうち五分の一は、アッラーと、その使者（マホメット）と、（マホメットの）近親たち、孤児たち、貧者たち、旅にある人々のものとすることにした。このことはコーラン第八、戦利品の章（第四一節）に明記してある。

大征服がはじまってからも、従軍する人々の得る報酬といえば、はじめのうちは戦利品の分け前だけであった。しかし、征服地が拡大し、動産となく、不動産となく、莫大なものが手に入るようになると、その分配をどうするかは、じつに複雑な問題となってきた。

これに対処するため、シリア旅行から戻ったオマルは、財務などのことを扱うディーワー

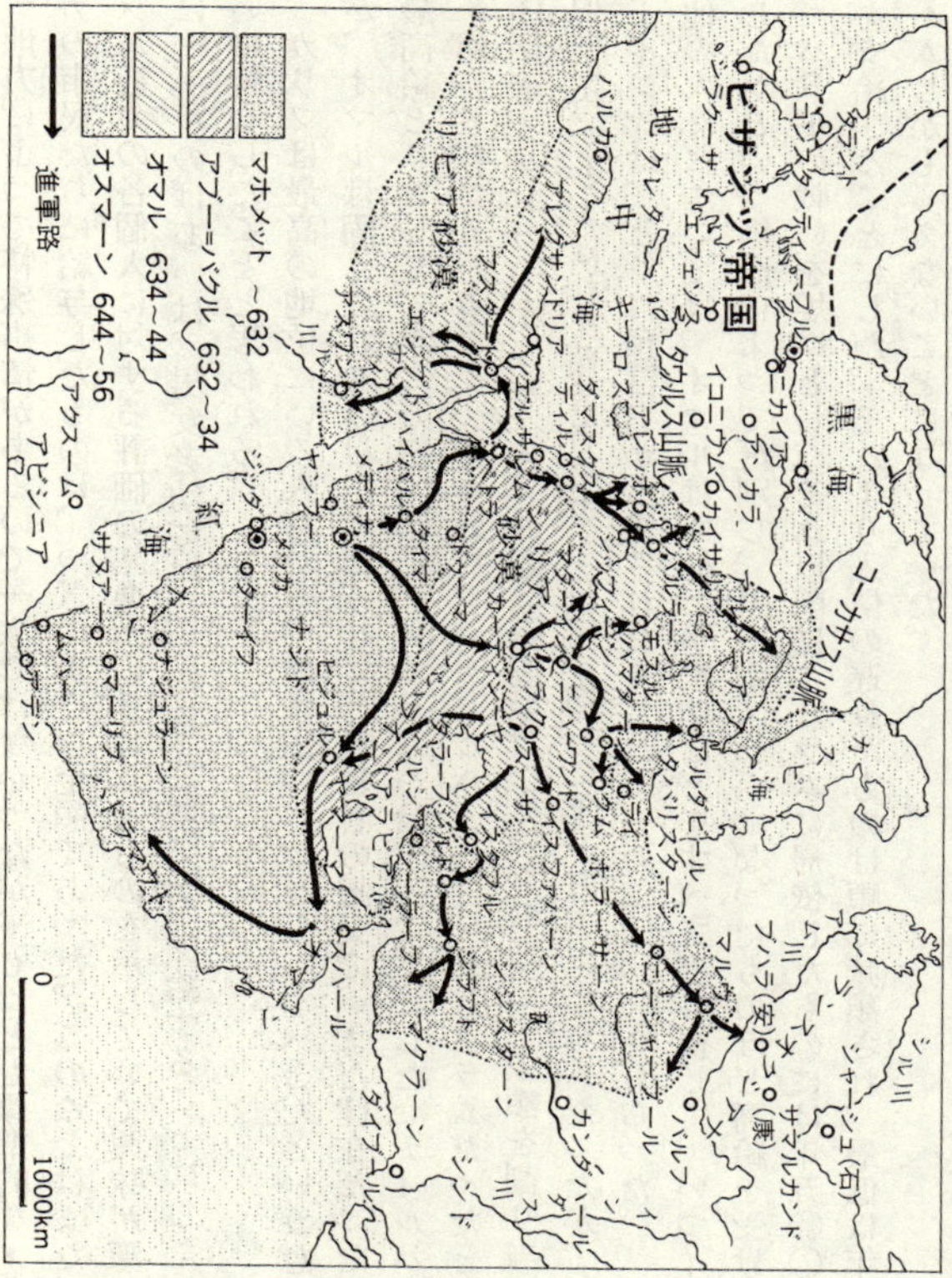

大征服地図

ンと呼ぶ役所を設けた。またムスリムに対するアターという年金を支給することも始めた。これは、地方によって特殊事情があるので一様ではなかったが、もっとも標準的なメッカやメディナの市民たちに給与したものは、つぎのような金額であった。このことはまた、当時のイスラム社会の各個人に対する評価の基準というようなものを示していて興味が深い。

ことにオマルのばあいは、男女老幼に対し、総花式に年金を支給することにしたのだから、大いに苦心したことと思われる。

まず、カリフは最高の地位にいる人だから、最多額の年金をもらうべきだという意見が強かったが、オマルは固くこれを斥けた。そうして、預言者の叔父で、まだ健在だったアッバースを最高給とりとして、年二万四〇〇〇ディルハムを給することにした（ディルハムはサーサーン朝のドラフム銀貨に従ったもので、一ディルハムは三・九八グラムだったという）。

つぎはマホメットの一族の人々で、血縁が預言者に近いものほど、多額を割り当てられた。「信徒の母」とよばれた預言者の妻たちは、均一に年一万ディルハムだったが、例外としてアーイシャは、とくに預言者から愛された人として一万二〇〇〇をもらった。

その他の人々については、オマルは家柄とか勲功などをすべて度外視して、いつイスラムに入信したかという経歴によって区別し、早くムスリムになったものほど高給を受けるようにした。バドルの戦いを規準とし、それ以前にイスラムに帰依したものには年五〇〇〇ディルハムを支給することにした。それより入信の遅れたものは順に減額され、最低は年二〇〇ディルハムしかもらえないことになっていた。

女人のばあいは、男子の一〇分の一が目安で、第一級が五〇〇ディルハム、第二級が四〇〇ディルハム、以下順に少なくなった。幼年者は一人ごとに年一〇〇ディルハムであった。

巨星落ちて

六四四年十一月三日の早朝、メディナの礼拝堂で暁の祈りを献げていたカリフ、オマルは短剣で刺され、致命傷を負った。凶漢はアブー＝ルウルウアという奴隷身分のクリスチャンだった。絶命のまえに、自分を刺したものが異教徒だったことを告げられ、殉教の死をとげることができると満足気だったという。享年五十三歳だった。

暗殺の動機はというと、一般の伝えでは、かの奴隷が税の重いことを訴えたが、オマルが聞き流して取りあげなかったのを恨んだためということになっている。その奴隷は当時、クーファの知事だったアル＝ムギーラ＝ブヌ＝シュウバの持ちものだった。

ムギーラは一癖も二癖もある人物で、多くの妻を離婚し、その数が三〇〇人に達したという説もあれば七〇〇人説、一〇〇〇人説さえある。ターイフの町のサキーフ族のうち、神職の家柄に生まれたが、旅行中、眠っている同行者たちを殺害して、所持品を奪ったという凶状もちだった。故郷をのがれて、メディナに行き、マホメットに頼った。

独眼で、前歯がなく、巨頭で、とんがり口、赤い頭髪を黒く染め、それが四本の角《つの》のように突っ立っているという異相の持主、大兵《たいひょう》で腕力が強く、詩才もあった。処世術にも長《た》けていて、立身出世のためには策を選ばぬというあくどさをもっていた。

オマルでさえも、この男を、新たに建設したバスラ市の知事に登用した。しかし、まもなく姦通したという醜聞によって免職された。ところが、六四二年には、同じく新しく建設されたクーファの知事に返り咲いた。そのうち、彼の奴隷アブー＝ルウルウアがとんでもないことをしでかしたので、さすがのムギーラも引退して郷里にひきこんでしまった。

4　ラクダの戦い

血染めのコーラン

オマルのあと、第三代のカリフとなったのはオスマーン＝ブヌ＝アッファーンであった。ウマイヤ家の一人で、同族のものがイスラムを迫害する側の中心となっていたのに、彼はヒジュラの数年まえに早くもムスリムとなった。

家は富み、絶世の美男子をもって聞こえていた。マホメットがまだアッラーの教えを説きはじめぬうち、オスマーンはその娘ルカイヤを妻に迎えた。しかし、この妻はヒジュラののち、まもなく病死した。預言者はルカイヤの妹ウンム＝クルスームを後ぞえとしてオスマーンにとつがせたが、この婦人も父マホメットより先に世を去った。

預言者の娘の二人までを妻とし、必ず天国にいく人々として折紙をつけられた一〇人のうちの一人であり、預言者が死のまぎわに、もっとも満足していたという六人のうちの一人でもあった。中肉中背で、彼ほど美しい歯並びのものは他に見当たらなかったが、その立派な歯に黄金の糸を巻きつけていたということである。おしゃれの一種であったろう。

性格はやや弱く、芯の軟らかい人柄だった。剛毅《ごうき》なオマルでさえ、苦労に苦労しなければ支えきれなかった大屋台なのである。善良で誠実だというだけでは、荷がかちすぎたであろう。それにカリフとなったときはすでに七十歳に達していた。

彼の施政に不満なやからは、クーファやバスラ、フスタート（古カイロ）などから徒党を組んでメディナに集まり不穏の言動をかさねていたが、六五六年六月十七日には、ついにオスマーンの豪奢な邸宅に乱入し、八十二歳の老カリフを乱刃のもとに斬殺《ざんさつ》し、これをかばおうとした夫人ナーイラの指を切り落とすなどして重傷をあたえた。

さすがにこの危急に臨んでオスマーンは神色自若《しんしょくじじゃく》として騒がず、コーランを読誦していた。深手を負い、蹴倒されても、なお聖典を抱いて離さなかったので、鮮血はその開かれたページを染めた。

羊皮紙に書かれたコーラン　7世紀末か8世紀はじめころのものとされ、現存する最古のものの一つ。

コーランの結集は、通説によれば、ムサイリマ討伐の戦いで、これを暗記している教友たちが多数戦死したのをなげき、オマルがときのカリフ、アブー＝バクルに建議して、まず第一回のものが行なわれた。しかし、その解釈や読み方に、地方によって異同が生じたので、オスマーンが、現行のものを確定したのだといわれている。

彼の時代にも、大征服は東へ、西へとひろがりつつあった。中国の記録によると、唐の高宗の永徽《えいき》二年（六五一）の末に、大食国の王、噉密莫末膩（アミール＝ル＝ムウミニーンのこと。カリフの呼称）が長安に使を遣わして、貢物を贈ったとしてある。このカリフはたしかに、オスマーンのことにちがいない。

虹色の轎に乗って

オスマーンのあと、第四代のカリフとなったのは、マホメットにとって恩義の深い伯父アブー＝ターリブの忘れ形見であったアリーであった。アブー＝バクルからアリーまで、メディナで就任した四人のカリフを「正しい道を歩いた人々」（ラーシドゥーン。正統カリフとも訳す）と呼ぶのは、教団の総意によって選び出され、人々から忠誠の誓いを受けたカリフたちという意味である。けれども、アリーが就任したころには、すでに教団は分裂し、内戦時代がはじまろうとしていた。

預言者の遷《うつ》り（ヒジュラ）のあと、アリーもメディナに走り、数ヵ月後、預言者の娘のファーティマを妻に迎えた。預言者の血統は、この夫妻のあいだに生まれたアル＝ハサンとアル＝フサインとの二人によって伝わった。

アリーは勇敢な戦士で、マホメットの在世中は、ほとんどすべての合戦に参加し、旗手として、また指揮者として東奔西走し、各地で殊勲をたてた。剣をふるって格闘し、あまたの敵を斃したこともあれば、重い扉を楯にして強敵を食いとめたこともあった。

しかし、預言者の死後は、一度も合戦に加わらず、メディナで暮していた。その理由は健康が許さなかったためであろうというが、六十代に近い老境にはいり、カリフの重職に身をおきながら、六五六年十二月四日にはバスラ近郊で行なわれた「ラクダの戦い」で、預言者の最愛の妻といわれたアーイシャ、および長年の苦楽を共にしてきた教友タルハとアッ＝ズバイルなどが率いる二万の軍と戦って勝ち、翌年の七月末にはユーフラテス川の上流の右岸に近いシッフィーンの野で、ウマイヤ家のムアーウィヤや、エジプト征服の老将アムル＝ブヌル＝アースなどと戦っている。

ラクダの戦いでは、虹色の轎《かご》を快足ラクダの背に乗せ、その中に坐って味方を激励していたアーイシャが、彼我の戦士たちの入り交った渦の中心になった。彼女を護って戦い、討死した名のある人々のみで七〇人を数えたという。

けっきょく、アリー側の戦士が、その脚の腱を切るにおよんで、ラクダは地に倒れ、アーイシャも地に落ち、捕えられた。かの轎には矢が多数突きささり、ハリネズミのようになっていたが、アーイシャその人は無事だった。十九歳の若さで寡婦となったアーイシャも、すでにこのときは四十五歳になっていた。

アリーはこの義母を鄭重にあつかい、メディナに送りかえして、安穏に余生が送れるようにした。また、この戦いでタルハは射殺され、アッ＝ズバイルも傷つき、逃れるところを追跡され、斬り殺された。

異端派の刺客

シッフィーンの戦いでは双方とも数万の軍をくり出し、春から夏まで滞陣すること三ヵ月におよんだ。七月二十九日になって、はじめて決戦に移ると、アリーは陣頭に立ってよく戦い、敵を圧倒したが、アムルの謀略にかかって、全面的勝利にはいたらなかった。けっきょく、これから六ヵ月ののち、双方から代表者を出し、話しあいで解決をしようということで停戦が成立した。しかし、アリー軍中の約一万二〇〇〇人ほど（総軍は約五万）のタカ派は、この停戦にいたく不満だった。アリーが正統のカリフでありながら、アッラーの決裁を仰がず、和議などという勝手な処置で、重大事に結末をつけたのは、とうてい許すことができないという主張によるものであった。

このタカ派の人々は、アリーの本軍から離脱して、クーファに近い一村落にたてこもってしまった。この派はハーリジュ（離脱）派（複数形はハワーリジュ）とよばれ、イスラム教団の最初の異端派でもあった。やがて独自の神学体系をもつ強力な一派となった。

アリーその人も六六一年の二月、この派の刺客、イブン＝ムルジャムのため、クーファの礼拝堂で、猛毒を塗った短剣で、頭と脇腹を深く突かれ、殉教の最期をとげた。六十歳だった。

四　ウマイヤ家の人々

1　創業の英主

ヒルムの美徳

メッカのクライシュ族にアブド゠マナーフという人があり、その子にハーシムやアブド゠シャムスなどがあった。前者が預言者ムハンマド（マホメット）や第四代カリフのアリーなどの現われたハーシム家の祖であり、後者がウマイヤ家の祖である。つまり、アブド゠シャムスの子ウマイヤの孫アブー゠スフヤーンが、かなり後までイスラム教団をいじめる敵役の中心となったのである。そのため六二四年のバドルの戦いで、息子のハンザラは戦死し、もう一人の子のアムルは捕虜となった。

アブー゠スフヤーンはそれからもメディナ攻略のために肝胆《かんたん》を砕いたけれども、十分な戦果を挙げることはできなかった。やがて六二九年には、メディナに出かけて、マホメットと会見し、なにかの妥協ができたという。もっとも、その前年にはマホメットはこの人の娘ラムラを妻としている。これが、この人の心を和らげたらしい。

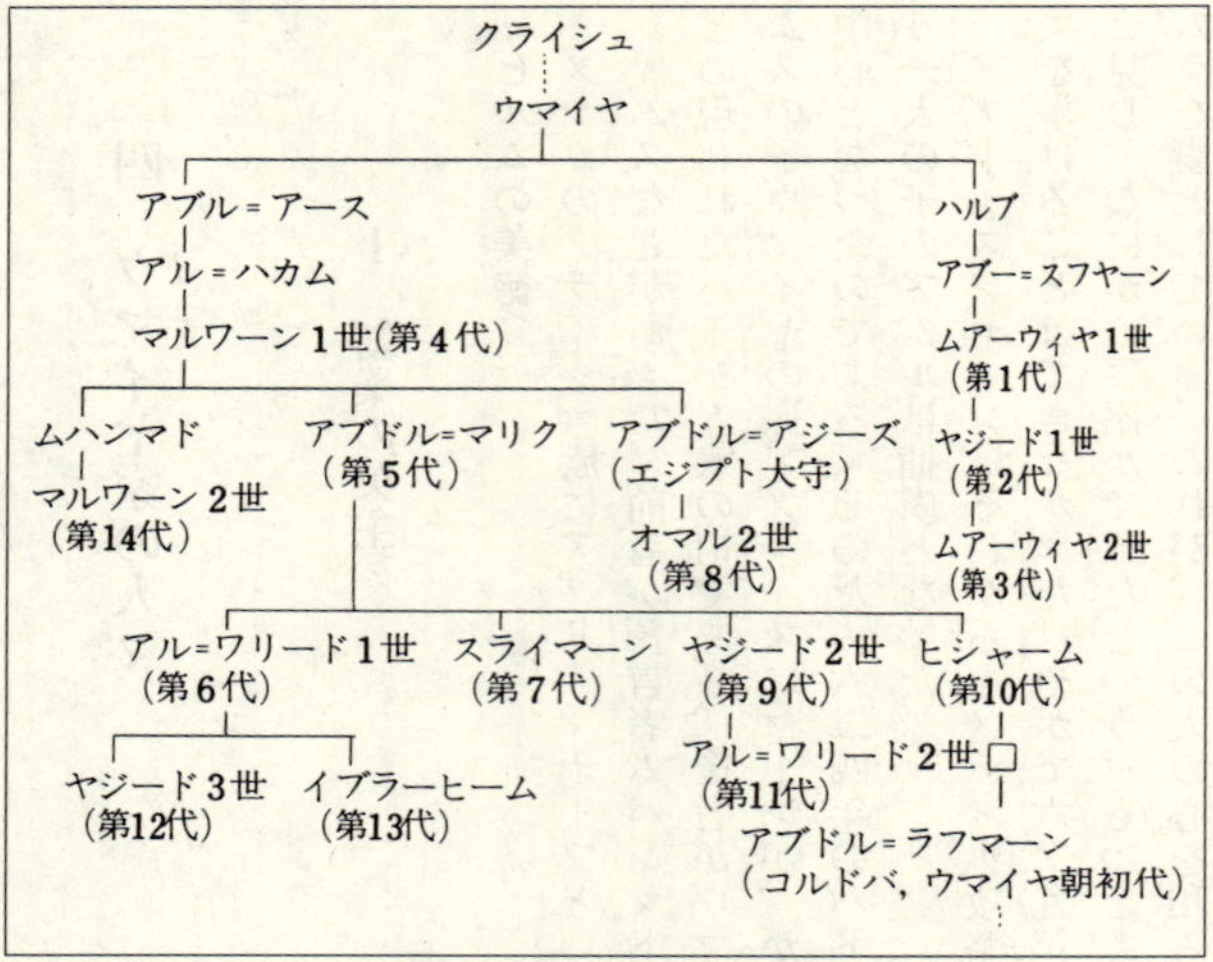

ウマイヤ朝系図

六三〇年のはじめ、マホメットがいよいよメッカ征服の軍を進めたとき、アブー＝スフヤーンは一族とともに町を出て投降し、イスラムに帰依した。預言者はこの人をよく遇した。ヤルムークの会戦にも七十歳の老体をもって従軍し、八十八歳の長寿を保って六五三年ころに世を去った。一〇人ほどの子の名が知られているが、史上でもっともよく知られているのはヤジードとムアーウィヤとである。

ヤジードはアブー＝バクルがシリアへ三軍を送り出したとき、一軍の主将であった。オマルのときパレスチナ（フィリスティーン）の総督となった。

やがてかの地に疫病がはやり、遠

征軍の総師アブー゠ウバイダが斃れ、これにかわったムアードもまたその犠牲になると、ヤジードが、シリアを統治することになった。しかし、まもなくこの人も同じ疫病で世を去ったので、弟ムアーウィヤにお鉢がまわってきた。それは六四〇年の末のことだった。

この人は、父アブー゠スフヤーンと共にイスラムに帰依し、マホメットからも可愛がられ、その秘書のひとりとなった。兄ヤジードの軍の旗手としてシリアに赴いた。

第一線に現われて武勇を示すというような闘将型ではなくて、謀《はかりごと》を帷幕《いばく》のうちにめぐらすという謀将型の大器であった。

アラブ社会で美徳とされているものの中にムルッワやカラムなどと並んでヒルムというものがある。ムルッワは「おとこ気」「俠気」「雄々しさ」などの言葉がみなあてはまる言葉で、カラムは「太っ腹」「寛仁さ」「気前のよさ」などがあてはまる。ヒルムはその中でももっとも説明し難い言葉であるが、聡明でよく大局を見抜き、忍び難きを忍び、許し難きをも許す大度量をもつことである。その反対の頑迷で、根性が狭いことをジャハルという言葉で表わしている。

おのれをよく制し、高い矜持《きょうじ》をもち、怒りにまかせて行動することのない人物をヒルムを持つ人、すなわちハリームと呼ぶのである。

大物の懐柔法

シリアの民は難治をもって知られていたが、ムアーウィヤは総督としての二十年間に、よ

昔のダマスクス（16世紀の絵図。上方が南、向かって左方が東方にあたる）

くそこの民心を得た。彼の治下にシリアはよく治まり、その軍隊は精強をもって鳴っていた。

　こういう相手にじりじりとしめあげられては、生一本で純情なアリーは時がたつにつれて不利に追いこまれるだけであった。六六一年にアリーが、クーファで刺客の手に斃れてから、正式にカリフとなったが、実際はそれ以前から、部下の軍隊からカリフにおし立てられていた。

　エルサレムで正式にカリフに就任し、ダマスクスを都として二十年間も活動することができた。分裂していたイスラム世界は彼の統治のもとにまた一つにまとまったので、その年はジャマー（統一）の年と呼ばれるようになった。

　当時のもっとも大型の政治家はというとアムル＝ブヌル＝アース、アル＝ムギーラ＝ブヌ＝シュウバ、ジヤード＝ブヌ＝アビーヒなどであったが、こういう一筋縄ではいかぬ豪傑どもを、けっきょく心服させ、おのれの忠実な味方としてしまったところにムアーウィヤの大器量があった。

　ジヤード＝ブヌ＝アビーヒの母はスマイヤという名で、もとターイフの町の奴隷身分の遊女だった。ジヤードは父なし子として育ちながら、バスラの町で異常な立身出世ぶりだったから、世間ではイブン＝アビーヒ（彼のおやじどのの子）というような皮肉な名で呼んだのである。

幼時に近親のひとりにつれられて、新開地たるバスラに移り住んだが、素性のみすぼらしさにかかわらず、聡明で、じつに役立つので、しだいに頭角を現わし、その地の総督の秘書にまでなった。そして、中央部にまで知られ、オマル以後、歴代のカリフに重く用いられ栄達の途を登っていった。そしてアリーのときにはイランの南西部ファールス地方と南部のキルマーン地方の総督となった。

ムアーウィヤは、アリー側に立っていたこの英才を自分のほうへ寝がえらせ、政敵の足もとから崩していこうと考えた。しかし、はじめは、すこし甘く見ていた嫌いがあった。密使をジヤードのもとにやって、こちらの味方になれ、さもなくばいずれ後悔しなくてはならんぞ。それに貴公はじつはわしと兄弟の仲ではないかと片方では脅迫し、片方では情にからめておとそうとした。

この兄弟だという言い分は、ジヤードの父親が誰なのかはっきりしないのに乗じて、ムアーウィヤがつくり出した架空の話だったのか、それとも根拠のあることだったのか、今では永遠の謎になってしまったが、とにかく、ムアーウィヤの父アブー＝スフヤーンが、かつてターイフの遊女だったスマイヤのもとに通い、生ませた子がジヤードだという主張なのである。ほんとうの父はウバイドという人だったという説もあるくらいで、真相はわからない。

たびたびの脅迫に屈しなかったジャードの心も、情にからませたこの手ではじめて融けた。当代のカリフが、父なし子とさげすまれてきたこの身を、じつの弟とまでいって和解を求めている。これには答えなくてはなるまいというのが、その本音であったであろう。

このとき、彼がムアーウィヤに送った返書というものが伝わっているが、その中には、「私はひとの温情を忘れる人間ではない。もしあなたの手紙が真情から書かれたものならば、私の心に友情の種をまかれたのである。しかし、もし謀略からで、裏に悪計がひそんでいるようならば、あなたが私を害そうと思っても、けっしてそうはさせないつもりである」

こうして、二人の和解は成立し、ムアーウィヤはジャードをバスラの総督に任命した。そしてこの名総督のもとに、ウマイヤ朝の東方領土は安定した。

黒星のない人物だった

ムアーウィヤの主な事業を簡単にあげていくと、第一にイスラム史上、最初の地中海艦隊をつくり、キプロスやロードス諸島を占領し、その子ヤジードをして二回まで、コンスタンティノープルを包囲させている。

こうして大帝国の支配者となると、こんどは、その地位をその子ヤジードに伝えようと考えた。カリフの世襲など前例のないことだったから、難事業だったが、ムアーウィヤは縦横の機略をもって、うるさ型たちを説いたり、威したり、買収したりして、けっきょく、その子を後継者ということにすることができた。

六八〇年四月、八十歳ほどでダマスクスで大往生をとげたが、その後半の四十年間が公人としての活動時代で、これといった挫折や、失敗はなかった。戦えば勝ち、計れば成るという珍しい経歴の持主であった。

2　正統と異端

イスラムの過激派

ムアーウィヤの評価は定まったといってよいが、当時としては彼に対し鋭い批判を下し、「許せぬ奴」としている者も多数いた。その一つのグループはハーリジュ（複数形でハワーリジュ）派であり、もう一つはシーアである。

ハーリジュ派の起こりについては、すでにしるしたが、このイスラム最初の分派といわれている人々は、カリフ制度についての考え方が、まったく独特のものであったから、ムアーウィヤの権威をも認めず、絶えず反抗し、騒擾を起こしていた。したがってハーリジュ派の歴史は、反乱に始まり、反乱に終わった歴史でもあって、時代の流れにしたがい、平和的に共存するということは最後までなかった。

ハーリジュ派に加わったものには、アラブ人のうち、もと中央アラビアに住んでいたタミーム部族のものが多かった。「ラー・フクマ・イッラー・リッラーヒ！」（アッラーのほかに裁きたもうものなし）と叫びながら、シッフィーンでムアーウィヤと和議を約したアリーのやり方を怒り、その軍から離脱し、クーファの近くのハルーラー村に集結したのが、そもそものはじめだった。それで、「ハルーラー衆」とも呼ばれた。

そのころ、アリーの本拠はクーファだったが、この人がしだいに落目になるにおよんで、その軍隊を離脱して、ハルーラー村に走るものがいよいよ増加した。最初に、この派の首領に立てられたのはイブン＝ワハブという一兵卒であった。

やがて、本拠をチグリスの東岸のジューハーという所に移した。今のバグダードの北寄りの部分にあたり、そのころは、まだ小村落であった。

彼らはまたシュラー（売り子）ともよばれ、自分たちもそう称したということであるが、これは霊魂をアッラーに売りわたした連中という意味であった。自分たち以外は、たとえムスリムと称しても実際は不信の徒であるから、みな殺してしまえという主張をもっていた。

この過激派に対して、最初の弾圧を加えたのはアリーで、六五八年七月、チグリスの左岸で、ハワーリジュの多数を殺し、首領イブン＝ワハブをも斬った。これをナハラワーンの戦いというが、ハワーリジュはひるまず、つぎつぎと蜂起した。

ユーフラテス川の下流、クーファの南からチグリスとの合流点までのあいだに広大な沼沢地帯が展開している。中世にはバティーハまたは複数形でバターイフと呼ばれたところで、現在も沼沢アラブと呼ばれる特殊の生活形態をもつ数部族のアラブ人が住んでいる。この水郷が、ハワーリジュたちの根拠地の一つであった。

もう一つは今のバグダード附近の、チグリスの左岸で、ここなら形勢が悪くなると、山岳重畳するイラン高原に逃避することができるのであった。

アフル-ル-バイト（お家の人びと）

ウマイヤ朝のほうは、ムアーウィヤのあと、その子ヤジード（在位六八〇～六八三）がついだ。けっして凡庸な人物ではなかったのだが、イスラム史上では許すべからざる極悪人ということにされてしまっている。

母はシリア砂漠の遊牧アラブ、カルブ族の大首長の娘マイスーン。政略結婚のいけにえとなって、ムアーウィヤの妻となったが、夫を愛さず、ダマスクスの宮殿住まいがいやで、ひたすら砂漠の風や光を恋い慕っていた。そういう望郷の思いをいくつかの詩に歌いこめたりしたともいう。

ヤジードは幼年時代、この母につれられて砂漠にゆき、何年かを過したことがあった。その影響もあって、詩を愛し、音楽を好み、詩人や楽人の保護者でもあった。生活は簡素で、彼に仕えた人々からは心から敬愛されたし、その施政も人情味に富んでいて、親しみのもてる人柄だった。

それがかえって、彼を不幸にしたともいえる。父ムアーウィヤの在世中は、じっと我慢していた不平不満の徒が、その死を聞くと、それっとばかりに騒ぎだした。

ムアーウィヤが臨終のまえに、ヤジードを枕頭に呼び、自分の亡きあとは、とくにつぎの三人にたいし警戒せよと戒めた。前のカリフ、アリーの次男アル＝フサイン、同じく前カリフ、オマルの子アブドッラー、それからアッ＝ズバイルの子アブドッラーの三人であった。アッ＝ズバイルも預言者の教友中の重要人物で、アブー＝バクルの娘アスマーをめとった。ヒジュラのあと、メッカからメディナに移ってきた信徒のうちで、最初に誕生したのがこの夫婦のあいだに生まれたアブドッラーだったという。

ムアーウィヤは臨終にあたり、右の三人の名をあげ、「アル＝フサインはいまに乱を好む衆にかつぎ出されるだろうが、その勢いを挫《くじ》いたうえは、よく遇してやれよ。尊い血をうけたおひとだからな。オマルの子のアブドッラーは敬神の好人物ゆえ、そっとしておけばよろしい。ただ一番気にかかるのはアッ＝ズバイルの子のアブドッラーである。あれは獅子のように猛々しく、キツネのようにずる賢い。ああいう男は根もとから滅ぼさねばならぬ」と教えたということである。

フサインはシーアの人々のいわばホープであった。よく「シーア派」という言葉がつかわれるがシーアというのが、「派」「党」などを意味する言葉で、本来は「アリーのシーア」「アリー派」というべきだが、やがてイスラムのもっとも重大な別派となり、たんにシーアと呼ばれるのが普通となった。

シーアはさらに多くの支派にわかれているが、共通の主張は、預言者の死後、正統のカリフと認められるのは、アリーだけであるとしていることである。またこのアリーと預言者の娘ファーティマとの結婚によって伝わった血統の人々つまりアフル＝ル＝バイト（お家の人たち）でなければ、イスラム教徒の教主（イマーム）となることを認めないともしている。この点、純正のムスリムならば、人種や身分をとわず誰でもカリフになれるとしているハワーリジュとは根本的にちがう立場をとっている。

正統派（スンニー）は「クライシュ族の人々がカリフとなる資格をもっている」という主張であるから、アブー＝バクル、オマル、オスマーンをはじめ、ウマイヤ家の人々もみな正統のカリフであると認めるのである。

ヤジードの二大罪

ヤジードは後世の史家からは、預言者の孫を殺し、メッカのカーバ神殿を焼くという二大罪を犯したことだけで、地獄におちるべき人間とされている。

ヤジードがその殺害の責任を負わされている預言者の孫とは、いうまでもなく、アリーの子で、アル＝ハサンの弟のアル＝フサインのことである。シーアの人々のアル＝フサインに対する思慕の強さは、その父アリーに対するものとどちらがまさるともわからぬほどである。

フサインは六二六年一月にメディナで生まれ、六八〇年十月十日（イスラム暦ではヒジュラの後六一年ムハルラム月〈イスラム暦の第一月〉の十日）にイラクのカルバラーで殉教の最期をとげた。

ムアーウィヤは、カリフ時代にフサインに巨額の年金を与える一方では、メディナの総督で、ウマイヤ家の一門であるマルワーンに命じて監視を怠らぬようにさせておいた。シーアの人々の中に、フサインを担いで反乱を起こさせようとするものもあったらしいが、「あの人（ムアーウィヤ）が生きているかぎり、手も足も出ない……」という返事だったと、史家は伝えている。

アラビア語でバイアというのは、忠誠の誓いを意味する。新しいカリフに対し、これをすることを拒めば重大事となる。ヤジードが即位したあと、当時のメディナ総督で、やはりウマイヤ家のアル＝ワリードがフサインと、アッ＝ズバイルの子アブドッラーを突然に自邸に招いた。

まさしく新カリフへのバイアを強請するつもりとみて、アブドッラーはその夜のうちにメッカに逃げてしまった。フサインのほうは支持者たちに護られて、総督の官邸に赴いた。そしていずれ公開の場で、忠誠の誓いをするといいのがれ、二日間の猶予を求めてその場を脱し、夜暗に乗じてメッカに去ってしまった。アル＝ワリードはそのため責任を負って、メディナ総督の任を解かれている。

カルバラーの悲劇

メッカの衆はこの二人の名門の子たちを支持した。ムアーウィヤの死を知ったクーファのシーア衆は、使者や書簡をつぎつぎとメッカに送って、フサインを招いた。クーファの市民は圧倒的にシーアで占められていて、フサインをカリフに頂き、ウマイヤ朝を倒すのが彼らの悲願であった。

フサインは慎重にかまえて、まず従兄弟の一人をクーファに送りこんだところ、忠誠を誓うものがたちまちに数千人にのぼった。しかし、このことは諜者《ちょうじゃ》によって、ダマスクスに知らされたから、ヤジードは、例のジャード＝ブヌ＝アビーヒの子で、当時バスラ総督の任にあったウバイドッラーをクーファに送りこんだ。ウバイドッラーは変装してクーファにはいり、陰謀派の連中を弾圧した。

フサインの従兄弟（名はムスリム）はそのため、捕えられて殺された。しかし、当時のことて、そういう悲報はまだフサインのところにとどかずに、まず数千人の連判状や、形勢はすこぶるよいという知らせのほうがきた。それに勇気づけられたフサインは、メッカ大祭でごったがえしているのを幸いと聖市を抜け出した。それは六八〇年九月十日のことであった。

一行は騎士三〇人、歩卒四〇人、ほかは女子供たちで、すべてで約二〇〇人だったという。旅程を重ねて、クーファへと近づいていくと、いろいろの情報がはいってきた。

従兄弟の死や、クーファの市民が、自分たちを見棄てたことをも知らされた。しかし、もはや後へ退くことはできなかった。やがて、ウバイドッラー麾下《きか》の騎兵隊と接触した。その隊長はアル＝フッルという人だったが、はじめは双方の感情はそんなに緊張したものではなかった。むこうから一緒にクーファに行こうと誘ったという。これは、危害を加えることなく、フサインたちを連行してこいという命令を受けていたからである。フサインはこの申し出をしりぞけ、方向を転じて、クーファの西方を迂廻して北にむかった。そのうちに、またクーファから新しい部隊がきて、アル＝フッルの隊と合流し、たてこもる場所も、飲水もない砂漠へ一行を追いこめという総督の指令を伝えた。こうしてユーフラテスの西岸、いまのカルバラーの地につれこまれた。

カルバラーに野営したのが、十月二日だったが、やがてクーファからさらに四〇〇〇人の新手の兵が到着した。この部隊はフサインの一行とユーフラテス川との連絡を断ち、カリフ、ヤジードに忠誠の誓いをするまでは、いかなる妥協案にも応じないという態度だった。フサインとその一行は三日のあいだ、ひどい渇きに苦しんだ。

深夜、敵将とフサインとは、人を遠ざけて会見し、後者のほうから三つの条件を示したということである。「一兵士として、国境の戦線に赴いて、異教徒と戦わしてくれぬか、さもなくばヤジードと会わしてくれぬか、そうすれば親しく忠誠の誓いをしよう。そのどれもがだめならば、このままメッカに帰らしてくれ」というのであった。どの妥協案も許されなかった。

九日の晩、ウマイヤ朝の軍勢がおし寄せた。フサインはテントの前に坐り、剣にもたれてうとうとと眠っていたが、妹ザイナブにゆり起こされた。敵勢がこちらにくるというのである。弟アル＝アッバースが走っていき、敵の意図を尋ねて戻って来た。そこでフサインは、今宵一夜だけの猶予をくれと交渉したところ、相手は承諾した。皆を呼び集め、夜闇に乗じて落ちのびよといい渡したが、ごくわずかのものを除いては、立ち退いたものはなかった。

このとき助かったものの中に、フサインの子アリー（アリー＝アル＝アスガル、またはザイン＝アル＝アービディーン）もいたが、この人は病気で臥《ふ》していたため、からくも虐殺を免かれ、七一一年（または七一二年）に病没するまで天寿を保つことができた。フサインの血脈はこの人を通じて後世に伝わった。十二イマーム派（イランの国教）、ザイド派、イスマーイール派など、後世のシーアのもっとも重要なセクトの教主たちは、みなこの人の子孫である。

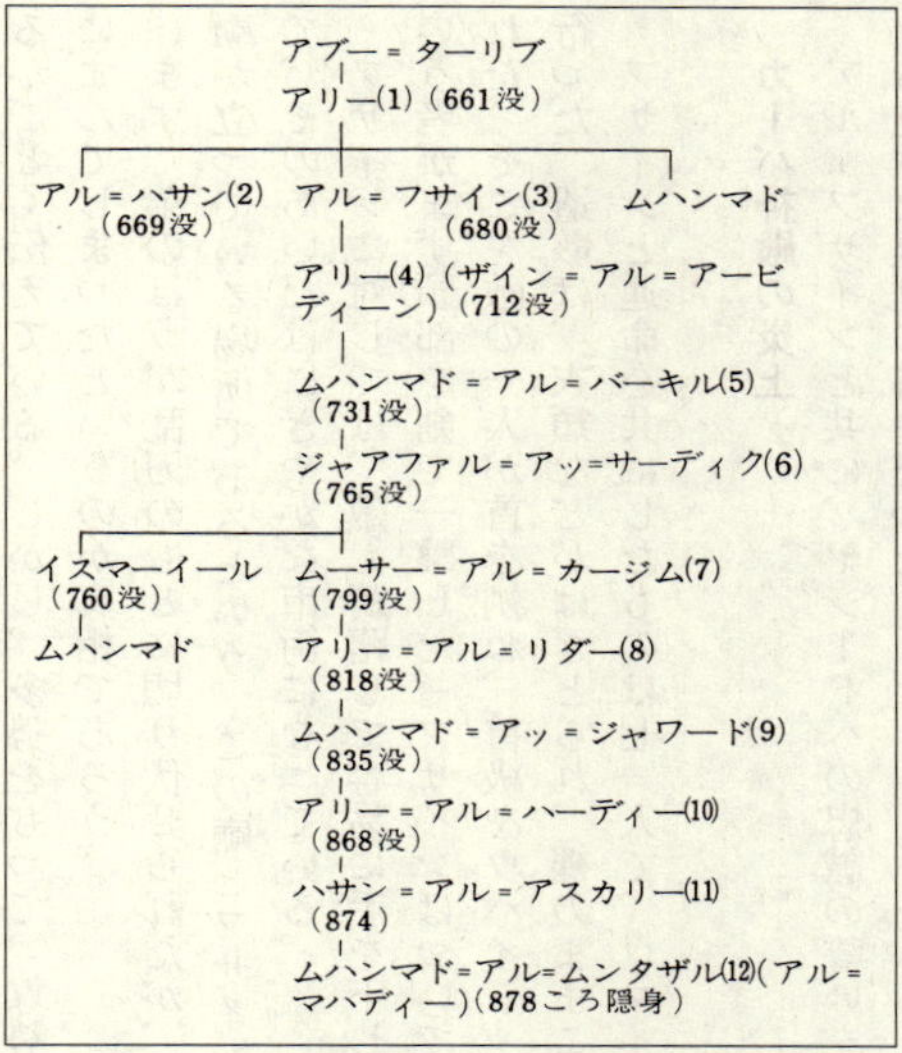

アリーの子孫の一部（シーア派のイマームの系統）

さて、十月十日にカルバラーの惨劇《さんげき》が起こった。一説によれば戦闘は早暁にはじまり、夕刻にフサインとその味方の全滅によって終わったとある。

また、別説では「ただ一合戦があっただけ。一時間ほどですべては終わった」ともある。後世の史家は、このときの乱闘をこと細かに、あたかも目前に見るがごとく伝えている。しかし、多勢をもって、寡勢をおしつつみ、あれよあれよというまにすんでしまったというのが真相であろう。

まず、弟のほうが乱刃のもとに切り伏せられたが、その場所が現在、アル＝アッバースの廟が立っている場所であるという。この廟とフサインの廟との距離は二五〇メートルほどで、そのあいだはにぎやかな市街になっている。

フサインに対しては、敵も躊躇して容易に手を下し得なかったが、キンダ族のマーリクという者がまず頭部を剣で一撃した。フサインはついで手と肩を切られて、うつ伏せに地に倒れた。そこを敵の一人が首を刎《は》ね、首級をウバイドッラー＝ブヌ＝ジヤードのもとに持って行った。遺骸は、衣類などがはぎとられ、裸のままころがされてあったという。

フサインと運命を共にしたものは七一人で、ウマイヤ朝側も八八名を失ったという。

カーバ神殿の炎上

アル＝フサインと共に、ヤジードへの忠誠の誓いを拒んだアッ＝ズバイルの子アブドッラーも立派な経歴の持主だった。

十五歳ほどで父と共にヤルムーク戦に参加し、アムルの軍に加わってエジプトに遠征、さらにその西方にも転戦して殊勲を立てている。第三代カリフ、オスマーンが聖典アル＝クルアーン（コーラン）を統一したときは、その委員の一人となった。六五六年十二月のラクダの役には、父と共にアーイシャの味方となって、カリフ、アリーと戦った。父はそのさいに討死をとげたけれど、彼は助かって、アーイシャとともにメディナに生還した。

カルバラーでフサインが死んだことを聞くと、いよいよわが時がきたと考えたらしい。徒党をつのって、六八一年に公然とウマイヤ朝に対する反旗をかかげた。彼はクライシュ族のアブドル＝ウッザ家の出であったが、ここにいたって、イスラム教国はダマスクスに拠るウマイヤ家の政権と、メッカを本拠とするアブドル＝ウッザ家の政権と、この二つに分裂したのである。

メッカの独立を聞くと、メディナでもまたアブドッラー＝ブヌ＝ハンザラという人物をおしたてて独立を宣言した。そのころ、この町にはウマイヤ一門の人々のみで一〇〇〇人もいたが、独立派の連中は気勢をあげ、ウマイヤ家の人たちの邸宅を襲撃しようと騒いだ。それで同家の人たちは、長老マルワーンの屋敷にたてこもってこれに備えた。

マルワーンはダマスクスへ急使を出して救援を依頼するとともに、どうにか流血を避け得て、一族をまとめてメディナを退去することに成功した。この一行はシリアに向かう途中で、ヤジードが派遣した老将ムスリム＝ブヌ＝ウクバのひきいる援軍と出会った。

この軍はメディナ郊外の熔岩砂漠（ハルラ）で反軍と対峙すること三日間、すさまじい戦いののち、イブン＝ハンザラを討ち取って、この町を奪回した。六八三年八月のことであったが、そのあと、さらに南進した。主将ムスリムはその途中で死んだけれども部下たちはひるまず、アッ＝ズバイルの子アブドッラーらの立て籠ったメッカに迫った。包囲はその年九月二十四日にはじまり、十月三十一日にはカーバ神殿が炎上した。

メディナ附近に多いハルラ（熔岩の荒地）

シリア軍の包囲は六十四日間もつづいたが、たまたまヤジードの訃報《ふほう》がとどいたため、戦意を失い、囲みを解いて去った。

追放人の子の追放人、別名クモの糸

そのあと、息子のムアーウィヤ二世がついだが、病弱で、在位三ヵ月で世を去った。一説にはわずか四十日だけだったという。一回も公式の席に出ることなく、二十一歳の生涯を終えた。

このように、ウマイヤ朝が悲運に見舞われたのに乗じ、メッカではアッ＝ズバイルの子アブドッラーがカリフの位に就いた。アラビアをはじめ、各地方の反ウマイヤ派の連中は、これに呼応してたちあがった。そういう形勢は、イラクやエジプトばかりでなく、シリアにも波及し、都のダマスクスでさえも、反ウマイヤ派の支配下にはいってしまった。

この危急のときに、事態を収拾したのは老マルワーンであった。マルワーンはウマイヤ家の人ではあるが、ムアーウィヤとは系統がちがっていた。つまりムアーウィヤの祖父のハルブにアブル＝アースという兄があり、マルワーンはその人の孫で

あった。父親がなにかの事情でメッカを追放され、ターイフにいたときに生まれたという。「タリード＝ブヌッ＝タリード」という異名で呼ばれたが、「追放された人の子の追放された人」という意味だった。

やがて従兄弟にあたる第三代カリフ、オスマーンの秘書となった。このカリフが暴徒に殺されたときは、マルワーンも重傷を負った。ラクダの役では、もちろんアーイシャに味方して戦い、またしても重傷を負った。これらがたたって終生、身体の不調に苦しんだという。ウマイヤ朝が起こると、メディナの総督を命じられ、同王朝のアラビア鎮台として、尋常でない手腕を示すことになった。これがたたって、ムアーウィヤから警戒されて失脚するとひっそりとメディナで暮していた。

この人がまた世に出なくてはならぬことになったのは、ムアーウィヤの死後に、前記のような反乱が起こったさいである。なんとか一族をまとめて、この町を脱出したが、メディナの情勢をけっして他には知らさないという約束のもとでであった。

だから途中で、シリアからの援軍に出会っても、なんにも報告することができなかった。援軍の主将はそういう事情は知らないから、けしからぬことと殺気だった。このとき、マルワーンのそばにいた若者が、じつに適切明快な情報を伝えて、その場の危急を解いたのみでなく、すっかり気にいられてしまった。この若者は、マルワーンの子息で、のちに父のあとをついでウマイヤ朝のカリフとなり、明君の名を残したアブドル＝マリクそのひとだった。

そのさいは、マルワーンは援軍とともにメディナにひきかえした。しかし、ヤジードの死後にふたたびその地を亡命しなければならなくなり、ダマスクスの宮廷に身を寄せていた。しかし、アッ＝ズバイルの子アブドッラーの勢力がひろがってくるにつれてここも安住の地ではなくなった。

そのとき、形勢は意外なほうに変わって来て、シリア砂漠のカルブ部族をはじめ、ウマイヤ家に心を寄せる人たちが、ゴラン高原のジャービヤに集まって、この人をカリフに奉戴した。

そして六八四年七月、マルワーンの軍と、反対派とのあいだにマルジュ-ラーヒトの決戦が行なわれた。敵軍の主力は、カルブ族の宿敵カイス族の男《おのこ》らから成り、約三万といわれたが、味方は八〇〇〇ないし一万ほどでかなり劣勢だった。まず二十日間ほどかかってしだいにゴラン高原方面から敵軍を北へ北へと押しあげておいて、ダマスクスの東北の鷲《わし》（アル-ウカーブ）の峠の麓に追いつめた。この峠の手前に展開している荒涼たる原野がラーヒトのマルジュ（原）である。敵の死者は三〇〇〇に達し、累々として野辺につらなった。

マルワーンのカリフ時代はごく短く、六八五年五月七日にダマスクスで死んだ。まえのカリフ、ヤジードの遺妻を、マルジュ-ラーヒトの戦いのあと彼がめとったが、その女人のため就眠中を窒息死させられたという噂も立った。在位は八ヵ月とも、十一ヵ月ともいわれてはっきりせず、享年も六十一歳から八十一歳のあいだとされていて、諸説にわかれている。

しかし、その短い在位中に、エジプトを回復して、そこへ、弟の息子のアブドル＝アジーズを総督として赴任させた。カリフ後継者にも最初はヤジード一世の子のハーリドを指名したが、とり消して、おのれの息子アブドル＝マリクに変えることに成功した。もっとも、彼がその妻に殺されたというのもこれが直接の原因で、その婦人が生みの子ハーリドが廃されたのを恨んでの所行だったという。

彼は長身で、やせっぽち、顔には深いしわが刻まれていた。ハイト＝バーティルという異名でも呼ばれたが、その意味は「クモの糸」である。しかし、この「クモの糸」があったからこそ、ウマイヤ朝の命脈はつながり得たのである。

3　東へも西へも

空前絶後の大帝国の実現

アブドル＝マリク（在位六八五〜七〇五）は六四六年ころの生まれで、十歳のとき、時のカリフ、オスマーンの邸宅が暴徒に襲われるさまを目のあたりに見た。四十歳ちかくで、父マルワーンのあとをうけて、ウマイヤ朝第五代のカリフとなったが、そのころでも同王朝のもとに確保されていたのは、シリアの大部分とエジプトとにすぎなかった。

イラク以東もアラビアも、対抗カリフたるアッ＝ズバイルの子アブドッラーの支配下にあったし、ビザンツ帝国軍は北境を圧し、六八八年にはアンティオキアを占領している。

このカリフはまずビザンツ皇帝と十年間の休戦条約を結んでおいてから、全力をイラク地方の回復にそそぎ、それが一段落すると、六九一年十月に、アル＝ハッジャージ＝ブヌ＝ユ

エルサレムの岩の円蓋殿（クッバトッ‐サフラ）　691年ころウマイヤ朝のカリフ、アブドル＝マリクの時完成。

ースフに、シリアの精兵二〇〇〇をあたえて、クーファ方面からアラビアに突入させた。アル＝ハッジャージはときに三十一歳、ナジド高原を斜断して、自分の故郷ターイフを占領した。

人材輩出したウマイヤ朝の治下でも、アル＝ハッジャージほどに興味の深い人物は少ないであろう。アラビアン‐ナイトにも数回登場するが、おおむね意地悪の悪総督としてえがかれている。しかし、ジャード＝ブヌ＝アビーヒとならぶ卓越した名総督だったことは否定すべくもない。

アム川以北の中央アジアは彼が抜擢したクタイバ＝ブヌ＝ムスリムによって、インダス川にのぞむインドの西北部は同じく彼の部将のムハンマド＝ブヌル＝カーシムによって征服されたのである。東へ、また西へと、アラブ族の大征服は、この時期に大躍進をとげた。

史上空前の大版図をもつカリフ帝国が実現した。東はパミール高原、西はピレネー山脈に達するという雄大さで首都ダマスクスには、このあいだにひろがる各地からの財貨が集中した。

ターイフの犬小僧

アル＝ハッジャージはメッカの東南のターイフの生まれで、そこでもっとも有力なサキーフ族の出であったが、彼の家はごく貧しく、先祖以来、石を担いだり、井戸を掘ったりする労役にしたがっていた。

幼時は、きわめて醜く、不格好な子で、手のつけられぬほどの暴れん坊であり、世間ではクライブ（小犬）などと呼ばれていたという。成人してからは、父親とともに寺小屋の師匠となり、幼童たちに読み書きや、コーランなどを教えてほそぼそと暮しをたてていた。のちに軍隊にはいって六八三年のメディナ郊外ハルラの戦いに、父と共に従軍し、その父が危くなったのを、見棄てて逃げ出したということである。

ハルラの日、なるほどおれは逃げ出した。
けれどまた　とってかえして　つぐなった
ますらおも　たまには逃げる　こともあるのだ。

というのはそのときの彼の作詩だと、アブル＝ファラジの『歌謡書』にある。

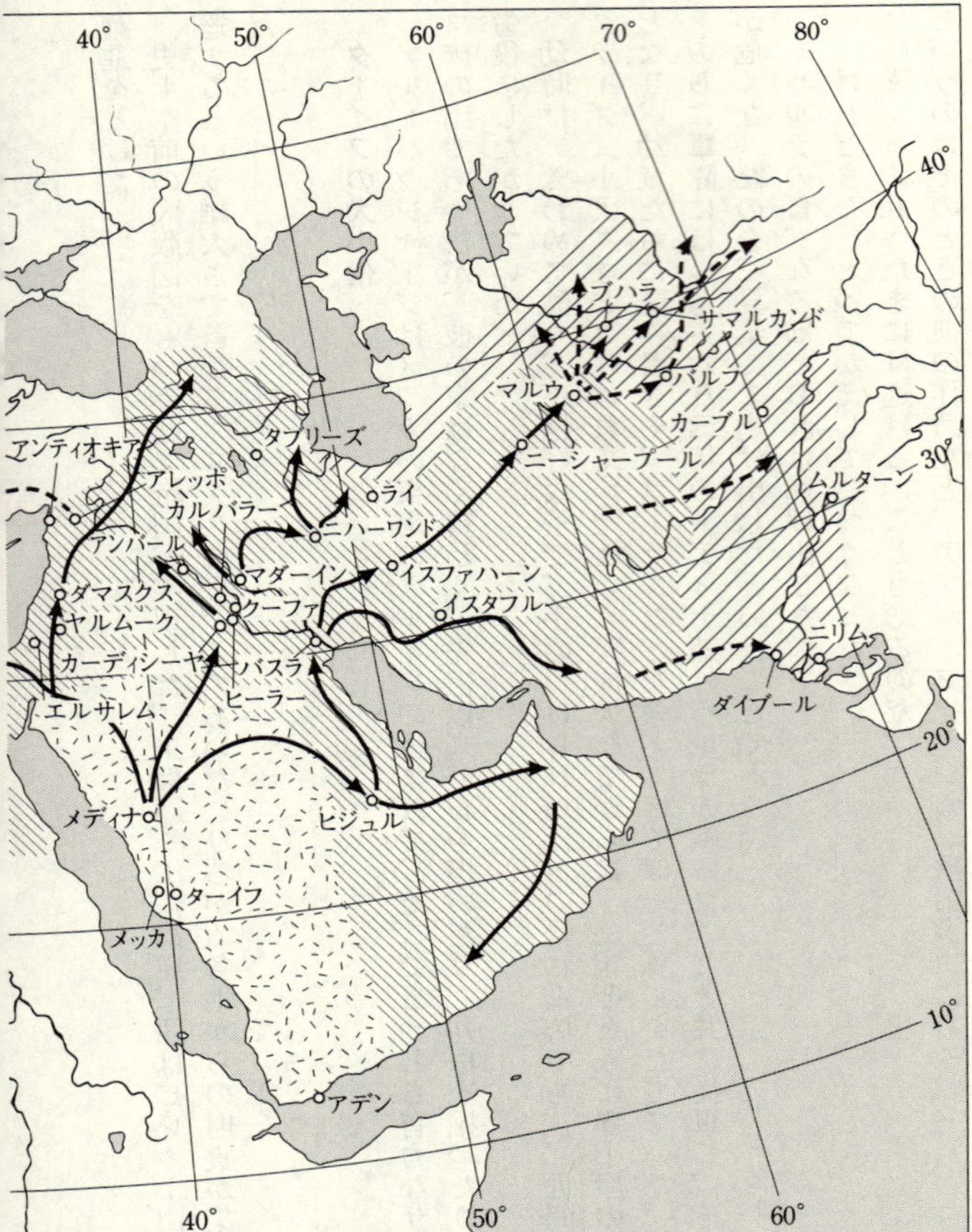
40°
50°
60°
70°
80°
40°
30°
20°
10°
40°
50°
60°
ブハラ
サマルカンド
バルフ
マルウ
カーブル
ニーシャープール
タブリーズ
ライ
アンティオキア
アレッポ
カルバラー
ニハーワンド
アンバール
マダーイン
イスファハーン
ダマスクス
クーファ
イスタフル
ヤルムーク
カーディシーヤ
バスラ
ヒーラー
エルサレム
ムルターン
ニリム
ダイブール
メディナ
ヒジュル
ターイフ
メッカ
アデン
0
1000km

ポアティエー
サラゴッサ
コルドバ
ジブラルタル
セウタ
ローマ
コンスタンティノープル
カイラワーン
ビスクラ
トリポリ
バルカ
アレクサンドリア
フスタート
アスワン
マホメット時代
~632
正統カリフ時代
632~661
ウマイヤ朝時代
661~750
遠征進路

イスラムの大征服時代

ウマイヤ朝の英主アブドル＝マリクの金貨　彼はアラビア語を公用語とし、従来流通していたビザンツ貨幣を改鋳した。これは同カリフが頭に遊牧民風の頭布をまとい、手に剣をとって立っている姿を鋳出してある。

しかし、彼の敵前逃亡はこのいっぺんだけではなかった。そのつぎの年にはラバダという所の戦いで、シリア軍がアッ＝ズバイルの子アブドッラーに破られたとき、ハッジャージは持っていた軍旗を敵に奪われ、自分は父親と一緒に命からがら逃げ走ったという。

その後、紅海岸平地にあるタバーラの町長となったが、たいへんな僻地だったので、今度はその任務から逃げ出してしまった。

こうして逃亡を重ね、人生の途に躓《つまず》きながら、ダマスクスに出て、つてによって、シュルタ（警察隊）に採用された。これが、出世の糸口となり、時のカリフ、アブドル＝マリクに認められることになった。このカリフがイラクに親征したとき、彼は各地で殊勲を立てた結果、破格の抜擢《ばってき》を受けてアラビア遠征軍の主将となった。

カリフからの命令は、第一には交渉によって敵を降伏させよ。そのばあいは相手を咎《とが》めなしということにしてやってよろしい。それを承知しなかったなら、包囲して食糧のつきるを待て。どんなことがあっても、聖市メッカを血で汚すようなことは避けよ、というのであった。

しかし交渉は失敗した。そこでハッジャージは強襲をかけて、決着をつけたいと思い、カリフに援軍と、最後の強硬手段をとる許可とを求めた。カリフは援軍五〇〇〇人を送るとともに、強襲の許可をもあたえた。ハッジャージはメッカの東郊アブー＝クバイス山の上に本陣を置いて、聖地を一望のもとにおさめた。

六九二年四月二十四日になるとメッカ大祭がはじまり、多数の巡礼が集まって来ていた。ハッジャージもそれに参加したいと申しこんだが拒絶された。それを機に、山上から弩砲をもって、石塊をカーバとその周囲の群衆にあびせかけた。

これから包囲は七ヵ月もつづいた。籠城軍は食糧がつき、シリア軍が弩砲で犬を打ち込むと争って貪り食うほどになった。やがて一万の兵が投降し、その中にアッ＝ズバイルの子アブドッラーの息子が二人も交っていた。しかし、アラビアのカリフはさすがに屈せず、末子とともに最後まで戦い、十月一日、カーバを背に乱刃のもとに雄々しく死んだ。七十二歳だったという。大破したカーバは、ハッジャージが、戦功によってヒジャーズとヤマンの総督に任ぜられると、もとのとおりに復興したとのことである。

カリフ、アブドル＝マリクはこうして最大の対抗相手を斃《たお》し、イスラム教国の統一をとりもどした。

そうして六九四年の末には、ハッジャージをイラク総督として、メディナからクーファに移らせた。三十三歳の新総督はわずか一二名の従者とともに、快足ラクダでアラビア高原をクーファへと急いだ。翌年の一月の某日、クーファの市民たちは、黙々として市の中心部にある大礼拝堂にはいってきた赤いターバンで上半面をかくした怪人物に召集をかけられた。それがハッジャージで、説教壇の上で、まずアラビアの古詩を吟じたのちに、覆面をとり、威嚇とも、挨拶ともわからぬような言葉で呼びかけた。

ワーシトの繁栄

ハッジャージの事業のうち、とくにしるさなければならぬことはハワーリジュの徒に大弾圧を加えたこと、七〇二年ころからチグリス川の岸辺にワーシトという新都市を建設し、そこに総督府を移したことなどである。ワーシトとは「まん中」という意味だが、今のバグダードとバスラとの中間の平野部の中央に当たっていた。

彼のウマイヤ朝に忠実な剛強政治は、イラクの人民から恐れきらわれる原因となった。それで、新都市をつくり、周囲に城壁をめぐらし、シリア人からなる軍隊を常駐させておいた。こうして、これまでムカーティラと呼ばれるアラブ義勇兵の本拠であったバスラとクーファとを骨抜きにしてしまった。

ワーシトはチグリスの西岸に建設されたが、対岸にはすでにカスカルという町があって、実際上は、チグリスをまん中にして両岸にひろがった市街となった。ハッジャージは西岸の町の中心に緑の円蓋を頂いた自分の宮殿をつくり、アル＝クッバトル＝ハドラー（緑の円蓋殿）と呼んだ。のちに、アッバース朝のアル＝マンスールが真似て、同名の宮殿をバグダードにつくっている。

ウマイヤ朝時代には、ワーシトはイラク地方の首府として繁栄をつづけたのであるが、上流に位置するバグダードがアッバース朝の都として大発展をとげてからは、しだいにさびれていった。ことに、チグリスの河床がもっと東方に移ると、水利を奪われ、十五世紀以後は急速な衰微の途をたどり、やがて砂漠の底に埋没して、その位置さえも定かではなくなってしまった。考古学者たちが、苦心してその位置をつきとめ、このバグダードの先駆ともいうべき中世都市の遺跡の発掘などを行なうようになったのは二十世紀にはいってからのことである。

アブドル＝マリクの改革

徴税その他の組織はアブドル＝マリクの時代までは、ビザンツ帝国やサーサーン朝ペルシアのそれを温存していたのであるが、このカリフはまず第一歩として、財政関係の役所の公用語をギリシア語やペルシア語からアラビア語に変えた。そして地方によって、それぞれの差があった租税制度を統一することに努めた。

したがって、これまで使用していたビザンツ帝国のデナリウス金貨を改鋳して、ローマ皇帝の肖像のかわりに、コーランの聖句を鋳出した。

ハッジャージは二十年間の鉄と血の東方統治ののち、七一四年六月、五十四歳でワーシトで世を去り、そこに葬られた。彼の訃報《ふほう》が伝わると、安堵の声が一斉にあがり、アッラーに感謝の祈りをささげるものが無数だったという。

ダマスクスのウマイヤ－モスクの中庭　このモスクは705年にカリフ、アル＝ワリードが建立。

その死より十年も早く、彼を登用したカリフ、アブドル＝マリクが死に、その子ワリード一世がついでいた。この人は、よく先代の登用した人々を安堵して活動させ、その治下に東西への征服事業は目覚しい発展をとげた。

けれど、このカリフもハッジャージより一年おくれて四十歳ほどの若さで世を去り、弟のスライマーンがついだ。

暴君の復讐

スライマーンはハッジャージに対して、深い怨恨《えんこん》を抱いていたから、先代ワリードの生存中にハッジャージが世を終わったのは、かえって倖せだった。

つまり、アブドル＝マリクが在世中に、アル＝ワリードがカリフの位をつぎ、そのあとはスライマーンがつぐようにときめておいたのだが、アル＝ワリードは晩年になって、ハッジャージや、中央アジアの征服者クタイバ＝ブヌ＝ムスリムなどと相談し、弟スライマーンをカリフ継承の順位から外し、自分の子を継承者としようとした。しかし、その手順がまだ整わぬうちに、死んでしまった。兄の死を任地パレスチナで知ったスライマーンは迅速に行動して、即日、カリフの位につき、反対派、とくにハッジャージの党派に容赦ない弾圧の手をのばしたのである。

メッカ知事のなにがしは、ハッジャージが死んだとき、大衆の前で、故人を褒め称える言葉を述べたというので、新カリフから、あらためて故人を呪う言葉を述べよと命令された。

中央アジアの鎮台のクタイバ゠ブヌ゠ムスリムはいち早く反旗をかかげた。しかし、部下の軍隊がしたがわず、フェルガーナで殺され、彼とその近親たちの首級はダマスクスまで送られた。

インド西北部の征服者ムハンマド゠ブヌル゠カーシムは、任所のムルターンから鎖につながれて護送され、ワーシトの獄に投じられ、ハッジャージの一族とともに拷問にかけられた。彼とハッジャージとは従兄弟同士だったからである。そうして、けっきょく、死に処せられた。生々しい牛の皮につつまれ、皮が乾くにつれ窒息死したという伝説もある。

4　繁栄から没落へ

意外な人物がカリフに

ウマイヤ朝軍が、ビザンツ帝国の都を囲んだことは三回あって、はじめの二回はムアーウィヤ一世の時であったが、第三回目は、スライマーンの軍によるものであった。「コンスタンティノープルは、ひとりの預言者の名をもつ王者によって征服されるであろう」というマホメットの言葉があるという説を信じたこのカリフは、自分の名がスライマーン（ソロモン）であることから、まさにその当人であると信じこんでしまった。

弟マスラマを主将に、シリアの陸軍、エジプトの海軍をもって、海陸から包囲した。戦いは七一六年八月にはじまり、その冬を越してなおつづいていたが、七一七年初秋に、カリフがシリア北部のダービクの行営で病死し、その従兄弟にあたるオマル二世が、つぎのカリフとなると、さっそくに帰還の命を出した。

スライマーンのような酒食におぼれた暴君が、死にあたり、謹厳実直で、敬神の念あくまでも厚いオマルを後継者に選んだのには、驚かぬものはなかったらしい。

これはスライマーンの側近にラジャー＝ブヌ＝ハイワという有力な神学者がいて、絶命の直前にこの人の勧告を容れたのだといわれている。ラジャーはすでに息絶えたカリフをまだ生きているごとくよそおい、重臣たちを集めて、オマルのカリフ就任のことを承知させたという説もある。

オマル二世は、六八三年ころ、マルワーンの子アブドル＝アジーズの子として生まれた。母方の祖父が、かの偉大な第二代カリフのオマルだったので、自分がウマイヤ家に生まれたことよりも、そういう外祖父を持っていることをいたく誇りとしていた。

父アブドル＝アジーズは総督として任地エジプトに赴いたけれども、息子の教育のためには、メディナこそ最適と考えていたので、この子をずっとメディナで暮させた。

アブドル＝マリクは、弟の死んだあと、その忘れ形見のオマルをダマスクスに呼び、おのが娘を妻として与えた。

オマルはカリフとなると、簡素な生活に甘んじながら、統治者として、アッラーに負うところの重大な責任を果たすというその一事に全身全霊をささげた。

カリフとなるまえは、相当の遊び者で、享楽にふけることもあったが、ひとたび責任ある地位に立つとガラリと一変したといわれている。ただし、治世はごく短く二年半にすぎなかった。もともとが平和主義者で、軍事上の華々しい成果などは望まなかったが、アラブ人の征服活動はやまず、彼の治下にピレネーを越え、フランスのナルボンヌを占領したりしている。

理想主義か現実主義か？

税制にも重要な改革を加えた。人頭税は保護契約（ディンマ）を結んだ異教徒に課すもので、イスラム国家の重要な財源だった。

ウマイヤ朝時代には、これまでディンマを結んでいたディンミーたちが、ぞくぞくとイスラムに改宗するようになり、またそのような農民で、耕地を棄ててムスリムとして都会地に集まってくる傾向がいちじるしくなった。こうして征服地の民がイスラム化し、アラブ化していくことは、結構なようではあるが、農地は荒廃し、国庫の収入が減少する一方なのはこまる。これに対してどういう策をとるかは、当路者《とうろ》たちの頭を悩したところだった。

オマル二世は、メディナの学者たちの意見を十分に聞いたうえ、およそムスリムたるものは、たとえ、新改宗者であろうとも、地租などを上納すべき義務はない。ただし、征服によって得た土地は、すべてイスラム教団の共有地であるから、これを分割してムスリムの私有地に変えることはできない。またすべてのムスリムは、地租を納めるべき土地を買入れてはならぬということにした。

七二〇年二月、善良高潔なこのカリフは三十九歳で世を去った。後世の史家が非難をせず、かえって褒めたたえたウマイヤ朝のカリフはこの人だけであり、アレッポの近くにあるその墓も、例外的に後世になってもあばかれることはなかった。

彼の政策の根本は、アラブ至上主義を排し、民族の差を問わずにすべてのムスリムは均等の責任と権利とを持つという考え方にあったといわれる。彼を現実にうとく、ひたすら理想をおった人だと見る説と、彼の進もうとした路線こそ正しかった、鋭敏に社会の進もうとする方向をかぎわけていた人だとする説とがある。

この後のほうの見解によれば、そのころ人民のあいだには、アラブと異民族との同化と平和とへの願望が、ようやく抗し難い勢力として盛りあがりつつあることを、彼は衆に先んじて理解していたのだ。

のちに、アッバース朝が中心となった革命は、じつはオマルの考えていたのとほぼ同じような路線を実現しようとしたものだったと、きわめて高く評価するのである。

父は長安に、娘はカリフの母に

オマル二世の死後、ウマイヤ朝の命脈は三十年しかなかった。そのあと、カリフの位には、アブドル＝マリクの子ヤジード二世がついだ。二人の歌姫を熱愛し、そのロマンスをうたわれつつ在位四年で死んだあと、弟のヒシャームがつぎ、七四三年まで十八年間も在位した。

　ヒシャームはこの王朝の末期を飾った明君であった。ダマスクスを嫌い、シリア砂漠の北辺のルサーファで暮すことが多く、そこで死んでいる。スペインのウマイヤ王朝はこの人の孫が建設したものである。

　あとをついだのは、兄ヤジード二世の子のアル＝ワリード二世だった。美男で、力あくまで強く才気もあったけれども、救うべからざる享楽児で、シリア砂漠中の離宮で、悪友どもに取り巻かれて遊楽にふけりながら、叔父ヒシャームの死を待っていた。その時がくると、前カリフの全財産を没収し、その近親や側近の臣たちを迫害した。

ルサーファの北門　５世紀末か６世紀はじめにビザンツ帝国の工匠がつくったもので、軒や柱頭のぶどうやアカンサスの彫刻紋様などビザンツ美術の代表的なものとされている。

　ついに第六代ワリード一世の子ヤジード三世がダマスクスでカリフに擁立され、二〇〇〇騎を討手として、遊蕩のカリフをその離宮に攻めさせた。さすがに大力無双のアル＝ワリード二世のこととて、寄手を迎えうち、勇猛に戦ったが、味方にまで見放され、離宮の一室に退き、コーランを読んでいるところを踏みこんだ軍兵のため斬殺された。それは六四四年四月十七日のことであった。

ヤジード三世の在位は百六十二日間にすぎなかった。仇名でナーキス（減らす人）と呼ばれたのは軍隊の給与をナカサ（減額）したからであった。この人の生母は名をシャーファランドといい、サーサーン朝最後の帝王ヤズディガルドの子ピールーズの娘だったという。十世紀のアラブ史家アル＝マスウーディーの『黄金の牧場』によると、ヤズディガルド帝には二男三女があり、兄をバハラーム、弟をピールーズといったとある。唐書の西域伝の波斯国（サーサーン朝ペルシア）のところに「伊嗣俟（ヤズディガルド）がアラブ軍に敗れて中央アジアのトカラ（アム川の南北にひろがっていた）に走ろうとして途中で殺されたあと、その子卑路斯（ピールーズ）はトカラにはいって死を免れた。そして使者を長安に送って、唐の高宗に訴え、援兵を求めたが、高宗はあまりにも遠路だからといって断った」とある。

六七五年にはついに長安に来て、右武衛将軍という官職を授けられた。六七七年には同地に波斯《ペルシア》寺という拝火教の寺を建てたりしたが、まもなく死んだ。このピールーズの娘がヤジード三世の妻だったというから、父は遠く長安の土となり、その娘はダマスクスでカリフの后となるという不思議な縁であった。

ヤジード三世の死後、弟イブラーヒームがついだが、在位七十日で、位を追われた。そうしてこの王朝最後のカリフ、マルワーン二世が登場する。

カルブ族とカイス族

マルワーン二世はヒマール（ロバ）という異名で呼ばれた。不撓不屈《ふとうふくつ》の戦士で、よく戦場の困苦に堪えて、疲れを知らぬ人のことを昔からアラブ人はロバのようだと褒めるならわしがあったためという。またシャクヤクの花を愛したが、この花が「ロバのバラ」と呼ばれていたためという説や、時代の変わり目をヒマールと呼んだためともいっていて、諸説にわかれている。しかし第一説に賛成する人がもっとも多いようである。

アルメニアやアゼルバイジャンなどの総督として、強悍なカフカーズ人と戦いながら、十二年間をすごし、戦術の大家となった。

砂漠の驕児《きょうじ》ワリード二世が、一族のヤジード三世に攻め殺されると、ウマイヤ朝は混乱に陥った。マルワーンは、このさいに、自分の創案になる新式の軍隊をひきいて西にすすみ、ユーフラテス川を渡って、シリアにはいった。すると雄族カイスの人々がこれを支持した。

ウマイヤ朝最後のカリフ、マルワーン２世の遺品といわれる青銅のイブリーク（水瓶）　エジプトのファイユーム出土。

ウマイヤ朝時代に、シリア地方でもっとも勢力のあったアラブの部族はカイスとカルブとであり、前者は北アラビア系、後者は南アラビア系であった。南北アラブの対立と抗争とはイスラム以前からのもので、きわめて根深く、おそらく人種的相違にもとづくものだったろうといわれている。ウマイヤ朝の歴史は、アラブの部族間の対立のことを度外視しては理解し難く、ことにカルブ族とカイス族の対立が重要である。

戦術家カリフの最期

マルワーン二世はカリフにはなったものの、各地に反乱が起こり、その鎮圧に席の温まる間もなかった。カイス族にたより、都までメソポタミアのハルラーンに移してしまったので、シリアの民が各地で反乱を起こした。

やっとおさえると、イラクの南部が騒いだ。そちらに兵を送りはじめると、シリア砂漠の北端のルサーファでウマイヤ一族が反旗をかかげ、カルブ部族などをはじめ七万もの大軍がこれに応じた。

しかしマルワーンは屈しなかった。卓越した戦術家の本領を発揮してルサーファの反軍を破り、そのうち三万ほどを殺したという。反徒を追って、シリア、パレスチナの各地を転戦し、ヒムス、バールベク、ダマスクス、エルサレムなどの城壁を破壊してしまった。

ウマイヤ朝は、シリアの民の協力を得て創建されたものであるのに、いまや自壊作用をおこし、その諸名邑が荒廃した。こうして、シリアの民心を失ってしまっては、ロバのマルワーンよ、どこに行くか、である。それでも、七四八年までに西はエジプト、東はイラク、南はアラビアまでが、彼の威令にしたがうようになった。

こうして、ウマイヤ朝は立ち直ったかと見受けられたが、このときすでにイランの東部ホラーサーン地方を蔽っていた黒雲はおそるべき速力で西にひろがりつつあった。アブー＝ムスリムの友軍のかかげるアッバース家の黒旗はやがて、イラン高原を下って、イラクの平原にひろがり、七四九年九月にはクーファを占領した。

その年十一月二十八日には、アッバース家のアブル＝アッバースがクーファでカリフの位についた。

マルワーン二世はハルラーンから、チグリスの東岸に出て、モスルの南方大ザーブ川のほとりで、新興のアッバース朝軍と決戦を行なった。しかし、その大軍は士気あがらず、寡勢のホラーサーン軍のために粉砕された。シリアに走ったが、支持するものがなかった。ついにエジプトに逃げこんだが、敵の追撃は急で、ブーシールという村で、最後の抵抗を試み、男らしく戦って斃れた。

ブーシールという村はブシリスともいい、少なくも四ヵ所あるという。マルワーンの最後の地はそのうちのファイユームの一部落とする説が有力のようだが、はっきりしない。クーファに送られた彼の首級の舌は、途中で猫が食べてしまったという余話まである。

五　バグダードの黄金時代

1　アッバース朝の性格

アッバース家のおこりとマウラーたち

ウマイヤ朝の打倒に成功したアッバース朝は預言者ムハンマド（マホメット）の伯父のひとりアル＝アッバースの子孫たちの王朝であった。

アル＝アッバースの孫にアリーという人があり、六八七年ころに、死海の南のフマイマ村に移り住んだ。そこは今のヨルダン国のマアン市の西南五〇キロほどのところ、ペトラから紅海岸のアイラ（イスラエルのエイラート）港にいたる途中で、現在は荒廃しているが昔の建物の跡などがあるという。

アッバース家の人たちはそこへ城砦づくりの屋敷を建て、表面的にはウマイヤ朝に忠誠をつくしているように見せかけながら、裏では、この王朝を打倒する地下運動をしていた。

アッバース家の党派をハーシミーヤ（ハーシム党）と呼ぶが、もとは、同家がメッカのクライシュ族中のハーシム家の流れだったからであろうといわれていた。しかし、新しい説ではこれは否定され、一部の同志たちからイスラムの教主（イマーム）として、認められていたアブー＝ハーシムという人物が、七一六年にそこに身を寄せ、当時のアッバース家の家長だったムハンマド（アリーの子で、アッバースからは曾孫にあたる）に教主の資格と、自分を支持している革命党「ハーシミーヤ」の領袖たる権利を譲ったためであるとされるようになった。

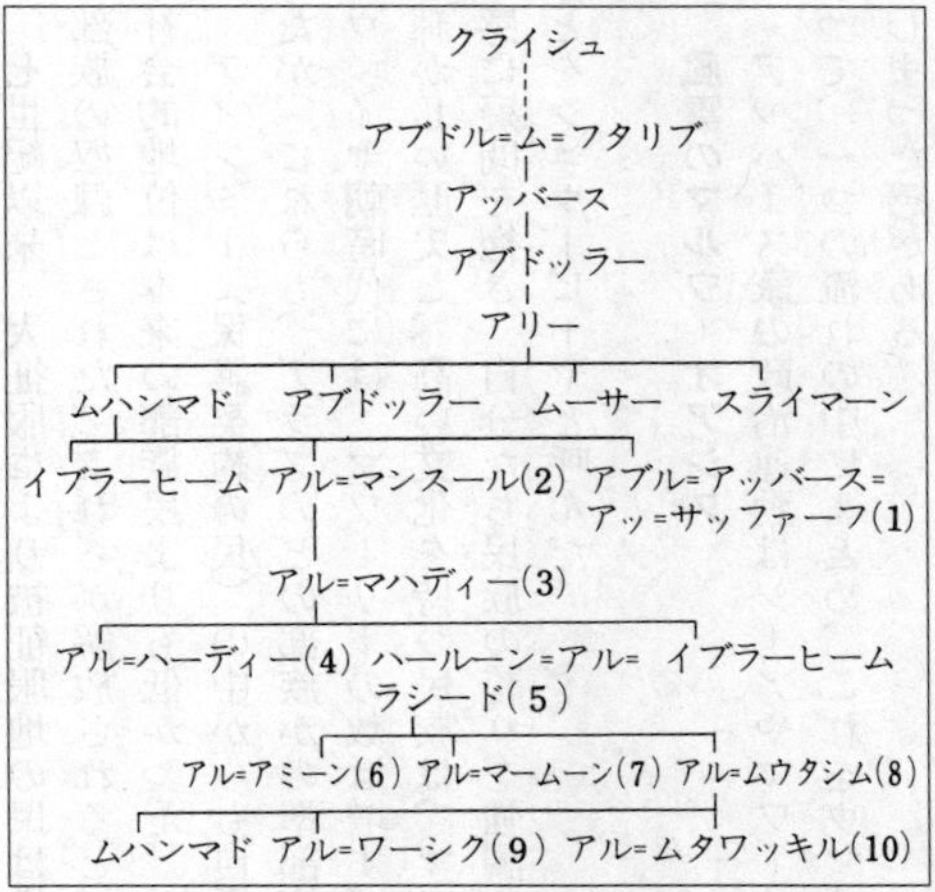

アッバース朝系図（1）

ウマイヤ朝が滅び、アッバース朝が興るという大変動の原動力の一つとしてマワーリーを挙げなくてはならぬ。マワーリーとは、アラビア語マウラーの複数形で、主君、保護者、隷属者、仲間、友人などいろいろの意味をもっている。

もう一つの意味は「解放された奴隷」のことである。アラブ社会は部族をもって単位とするから、奴隷は解放されて自由の身分となっても、どこかの部族に隷属しないと生きて行けなかった。それで、どの部族にも、そういう準部族民とでもいうべきマウラーがいた。

七世紀以来、大征服により被征服地の民は投降や捕虜となることなどによって、アラブ諸部族の奴隷とされた。これらが解放されると、マウラーとなって、準部族民となるが、その社会的地位は本来の部族民よりも低かった。

ディンミー（保護契約の民）の中からも自発的にムスリムとなるものも、しだいに増加したが、これらも、アラブのどの部族かの準部族民となって、マワーリーの仲間にはいった。ウマイヤ朝時代には、マワーリーの数は増すばかりであった。ことにイランの民のように、輝かしい歴史と、高い文化を持つ民族は、マワーリーとはなっても、アラブ族の絶対的優越感に疑問を抱き、自分たち民族の誇りを強調するようになってきた。こういう民族主義のことをシュウービーヤと呼んだ。

風雲のマルウ－オアシス

アッバース家の政治運動はシーアやマワーリーなどの鬱積《うっせき》した不満を巧みな宣伝活動によって、一つの流れの中にまとめ、これをウマイヤ朝体制の破壊への大きなエネルギーにしてしまった感がある。

この政治運動は、アッバースの曾孫ムハンマドが七三六年に、父アリーの死のあとをうけ一族を率いるようになってから始まったといわれているが、この人が、指導権を引きついだ「ハーシミーヤ」という秘密結社は、もとは同志わずかに三〇名ほどにすぎなかった。それらは表向きは商人として、ホラーサーン（イランの東部）、シリア、アラビアのヒジャーズ地方などに往来していた。ムハンマドは、諸地方のうちホラーサーンのマルウ（メルヴ）がもっとも蜂起に有望な土地だと目をつけた。

そこで、フマイマを本拠とするアッバース家の地下工作は、イラクのクーファを中継地として、イランの東部のマルウ‐オアシスへと延びていった。この線によって送りこまれた工作員のことをダーイーといったが、「呼びかける人」、「宣伝する人」という意味である。やがて一二人からなる幹部委員会がつくられ、一人の委員長がこれを率いたという。当時ホラーサーン地方に五八人のダーイーがいて、そのうち四〇人までがマルウに集まっていた。

このような地下組織の中心が、フマイマ村にいるムハンマドであったことは、固い秘密になっていたが、七四三年にその人が死ぬと、息子イブラーヒームがついだ。

七四四年にクーファからひとりの大物の宣伝員が派遣された。そのとき、この大物にしたがって行った若者がアブー＝ムスリムであり、アッバース朝建設の筆頭の功労者となるのである。アブー＝ムスリムは一度はクーファに帰るのであるが、七四六年には、今度は、アッバース家の当主イブラーヒームの代理という資格でマルウに送りこまれ、とうとうアッバース家のために反乱を起こすことに成功した。

黒旗は西に進む

アブー＝ムスリムの前半生は謎《なぞ》に包まれている。血統はイラン系で、もとは奴隷身分だったらしいという。幼少のころから、目から鼻に抜けるような聡明さで、弁舌に長けていた。

アッバース家のイブラーヒームから高く買われ、「あれは地中の巨石だ」とほめられたが、すべてのものを打ち砕く力があるという意味だったという。

後年アッバース朝の明君とうたわれたアル＝マームーンが「この世界でもっとも偉い支配者は三人である。ひとりはアレクサンドロス、もう一人はアルダシール、それとホラーサーンのアブー＝ムスリムだ」といったという逸話がある。

アブー＝ムスリムの努力で、マルウ附近にアッバース家の黒旗が掲げられたのは七四七年六月十五日のことで、まず、南アラビア系（ヤマン系）のアラブ族がこれに応じてたったが、これはそれまでに冷飯を食わされ、不平満々でいたからである。

挙兵後、二日すると、早くもマルウ周辺の六〇の村落から二二〇〇人が馳せ参じ、一月半の後にはこれが七〇〇〇人にふくれ上がった。もちろん、多数のイラン系の土着民も加わっていたにちがいない。もはや、アラブ族が支配階級として、多くの特権を独占する時代は終わり、諸民族同化の時代にはいろうとしていたことの一証であり、このことは新時代を代表するアッバース朝のいちじるしい性格でもあった。

そのころ、ウマイヤ朝のホラーサーン総督の任にあったのはナスル＝ブヌ＝サイヤールであった。中央アジアの各地を転戦してきた老練の武将で、すでに八十歳を越えていた。七四八年二月四日、アブー＝ムスリムは軍をひきいて、ついにマルウ城市に突入し、ナスルは西方に走った。

アブー＝ムスリムの将カハタバは、ウマイヤ朝軍を破りながら西に進み、七四九年にはイラン高原からイラク平原に下りて、クーファに迫った。この軍が九月二日に、この町にはいったときは、すでにカハタバは途中で戦死していたので、その子ハサンの指揮下にあった。

このように戦局が有利に展開しているとき、アブー＝ムスリム自身はマルウにとどまって根拠地固めに忙殺されていた。やがて、ホラーサーン地方における彼の支配はゆるぎないものになったので、アミール＝アール＝ムハンマド（マホメット一家の総帥）という称号を帯びることになった。

アッバース朝のはじまり

いよいよ、アッバース家の統領イブラーヒームが乗り出す時節が到来した。しかし、ホラーサーン地方の反乱が、この人とつながっていることが、ウマイヤ朝当局の探知するところとなったから、捕えられ、その年八～九月ころ、獄中で急死した。革袋に入れた生石灰の中に頭から突きこんでおいて、袋の口を縛ってしまうという手段で殺されたらしい。

弟のアブル＝アッバースやアブー＝ジャアファル、その他アッバース家の人たちはそのころ、続々とクーファに集まって来ていた。その時点では、まだ誰が、カリフになって、革命の仕上げをするかきまっていなかった。けっきょく、実力者アブー＝ムスリムの意向がものをいった。そうして七四九年もつまってからアブル＝アッバースがカリフに奉戴されることになった。

アブル＝アッバースはイスラム紀元一〇四年（西暦七二二～七二三）に、兄アブー＝ジャアファルは同じく一〇一年（西暦七一九～七二〇）に、どちらもフマイマ村で生まれている。弟のほうが、先にカリフに推されたのは生母がアラブ人だったのに対し、兄のほうはベルベル族の女奴隷の腹から生まれたからであろうという。しかし兄のほうが性格も強く、人物の規模も大きかった。そのために、アブー＝ムスリムなどが敬遠して、御し易いと見た弟のほうを選んだのではないかともいわれている。

溅血者《せんけつしゃ》アブル＝アッバース

初代カリフのアブル＝アッバースは普通、「アッ＝サッファーフ」という別称で呼ばれている。

「血を注ぐもの」「人殺し」「虐殺者」などという物騒な意味だが、七四九年十一月二十八日、クーファでカリフの位に就いたさいに、金曜の礼拝に集まった市民に対して、一場の声明を行なった。その末尾に、クーファの衆はよく協力してくれたゆえに「余は諸君たちそれぞれに銀貨一〇〇枚ずつの給与の増額を行なうであろう。期待していてもらいたい。予は『サッファーフ・ル・ムビーフ』であり『サーイル・ル・ムビール』であるが故に！」という言葉をつけ加えた。

サッファーフ・ル・ムビーフは「正当の権利をもって血をそそぐもの」とも「誰からも認められたところの財宝のわかちて」とも訳すことができる。サーイル＝ル＝ムビールのほうは、「破壊力に充ちた報復者」というような意味である。それで、アッ＝サッファーフは血を注ぐものではなくて、財を施すものの意味であろうと弁護するものもあるが、後の句の意味から見るとやはり血を注ぐもののほうらしい。

はたして、そのあと、ウマイヤ朝の一族に対しては、草の根をわけても探し出して虐殺の刃《やいば》をふるうという成行きとなった。このとき、直接に軍を率いてウマイヤ朝の討滅に当たったのは彼の叔父アブドッラーである。

この人は、ウマイヤ朝がすでに崩壊し、その一族の抵抗もようやく終わったころ「もうこれで万事すんだ。これからは仲よくやっていこう」という布告をし、ウマイヤ家の主な人々八〇名ほどを一夕の宴に招いた。そうして酒がまわったころ、かくれていた壮士たちが襲いかかって虐殺した。まだ生きて呻吟《しんぎん》しているものもあるのに、じゅうたんを打ちかけ、その上に坐りこんで酒盛りを続けた。やがて静かになると死体を投げ出して犬に食わしてしまったという。

この事件はシリアの某所で起こったが、同じようなことがクーファ、バスラ、およびアラビアのヒジャーズ地方などでも起こった。さらに、ウマイヤ朝のカリフたちの墓は、オマル二世のものを例外として、他はことごとくあばかれ、枯骨がむちうたれ、十字架につけてさらしものにされた。

そのあとは、アッバース家を支持した功労者たちの粛清が行なわれた。その手は最高の殊勲者アブー＝ムスリムにもおよびつつあったらしいが、そのまえにアブル＝アッバースのほうが天然痘のため、七五四年六月にやっと三十歳になったばかりで世を去った。彼の死所はクーファからユーフラテスをさかのぼった所にあるアンバールで、そこへ死のすこしまえに首都を移していたのである。遺言により、兄アブー＝ジャアファルが後継者ときまった。

2　マンスール時代

新カリフの人となり

アブル＝アッバースが病死したとき、兄のアブー＝ジャアファルはメッカ巡礼に出かけていた。アブー＝ムスリムもこれに同行し、すでに大祭を終わって帰国の途中だった。訃報《ふほう》がとどくと、アブー＝ジャアファルは即日、カリフの位に就いた。

瘦軀《そうく》長身で、細おもて、ひげはまばら、色は浅黒いというのが、新カリフの風貌で、威厳があり、性格は重厚で慎重、教養が高く、文学にも科学にも十分の理解を持っていたというから、好ましい人柄のようだが、敵にまわしたらこれくらい恐い人も少なかったであろう。

アル＝マンスールという名は、カリフになってからの美称で、アッラーの加護により勝利を得る人というような意味である。これから後、アッバース朝のカリフたちはみな彼の血統から出たが、それぞれ、これに類した美称を帯びるのが常となった。

新カリフはイラクまで戻ってくると、叔父アブドッラーが大軍をひきいて、シリアの北部に拠り、やはりカリフ即位の宣言をしたということを知らされた。このさい、マンスールの頼みの綱はアブー＝ムスリムとその率いるホラーサーンの軍隊であった。シリアやイラク出のアラブ軍はほとんどみな、叔父の指揮下にあったからである。

この戦いにアブー＝ムスリムは献身的に働き、アブドッラーの軍を七五四年十一月、ニシビス（ナシービーン）で粉砕した。もしこのとき、アブー＝ムスリムが味方につかなかったなら、マンスールの運命はどうなったであろうか？

アブドッラーはバスラに逃れて、そこにいた弟のもとにかくまわれたが、二年後には捕えられて獄に投ぜられた。獄中生活約七年ののち、許されて一軒の家をあてがわれた。ところが、この家が突然に崩壊し、彼は生埋めとなって五十二年の生涯を終わった。その家はひそかに土台下が掘ってあって、崩れるようにしかけてあったそうである。

ウサギが尽きて猟犬が煮られた

アッバース朝創業にあたり勲功第一はアブー＝ムスリムだったが、それだけに同王朝の存続のためには煙たがられるという結果となった。

アブー＝ムスリムもマンスールの腹の中がかなりのところまで読めたらしく、乱が平らぐと、黙々としてホラーサーンに帰って行こうとしていた。そこに帰ったならばもう手は出せないから、マンスールは焦り立った。たびたびの呼び出しをかけ、脅したり、慰撫《いぶ》したりした。アブー＝ムスリムほどの人物でも、まだ読みに甘さがあったのか、それとも自信が十分すぎたのか、クテシフォン（マダーイン）にいたマンスールのもとに、わずかな手勢だけをつれて訪ねて来た。

史家の伝えたところによれば、アブー＝ムスリムは背が低く、色は黒いが、端麗な容貌をしていた。他人に対しては如才なく、額は秀でて、目は大きく、ひげは濃く、声は優しく、アラビア語もペルシア語もどちらもさわやかに話し、多くの詩を憶えていて、すこぶる事務の才があった。よほどの大事に会っても動揺の色を見せず、激怒したばあいも、自制心を失うことはなかったといわれている。

マンスールは、最初は、きわめて親しげにこの大物を歓迎した。疲れたろうから、ゆっくりと休んでくれとねぎらって引きとらせた。こうして安心させておいて重ねて呼び出しをかけた。

その日はあらかじめ壮士らをかげにかくしておいた。その人がはいってくると、カリフは坐るがよいといい、それから、お前にはこれこれの不都合な振舞いがあった、これこれのこともしでかしたと責めはじめた。

「あれほど力をつくし、お仕えしてきましたのに、さりとは心外なお言葉でございます」

とアブー＝ムスリムがいうと、

「なにをこの売女《ばいた》の伜めが！　貴様の為し得たことは、みなわが一族の幸運に乗ったればこそじゃ。よし女奴隷を貴様のかわりにしようとも、あれ位の仕事は易々としてのけたに違いないわ！」

とカリフは罵《ののし》り、なおも相手の非礼をひとつひとつ実例をあげて責めた。アブー＝ムスリムは、カリフの手に、口づけしながら許しを求めた。しかし、

「いま貴様を殺さなかったら、アッラーはこのわしを殺したもうであろう！」

というだけだった。これが死の宣告であった。

手に手に白刃を抜きつれた壮漢どもが現われ出て、アブー＝ムスリムに肉薄した。最初の一撃を受けて血がとび散ったとき、彼はなお声をふりしぼって、

「わたくしを生かしてお置きなされませ、アミール＝ル＝ムウミニーン（カリフ）よ、あなたの敵どもに備えるために！」

と叫んだ。けれどマームーンは、

「お前以上の敵がどこにいるか！」

というだけだった。ホラーサーンの猛虎は乱刃のもとに切り倒され、死体はじゅうたんに巻きこめられた。

生涯に六〇万もの人命を奪ったというホラーサーンの虎の屍は、そのままチグリス川に投ぜられた。七五五年二月の出来ごとである。

覆面の義士に救われた

アブー＝ムスリムは死んだが、教祖的存在だった彼には無数の崇拝者があって、その多くは彼の死を信じ切ることができず、いつの日か姿を現わして、衆生を救ってくれるにちがいないと信じていた。また彼のために復讐すると称して反乱を起こしたものも多かった。

格別にアブー＝ムスリムの党派ではないが、その死後の混乱に乗じて騒ぎを起こすものも

あった。その一つとしてラーワンド派（ラーワンディーヤ）の騒動をあげることができる。アッバース朝支持派の一つではあったが、ペルシア人がその主力をなし、教主を神として崇拝し、またインドの輪廻思想なども受け入れていたという。

カリフたるマンスールを神としてあがめ、クーファの近郊にあったそのハーシミーヤ宮殿を神殿としておがみ、そのまわりをめぐり歩いたりした。マンスールは七五八年にその指導者たち約二〇〇人を投獄した。残った教徒たちは激昂し、牢を打ち破って仲間を救い出し、さらに宮殿に乱入して、カリフの身辺にせまろうとした。警護の士たちがさえぎったけれども相手は多数で、狂信的な命知らずがそろっている。カリフも身の危険を感じ、みずから戦おうとしたが、その日は馬の用意がなかった。アッバース朝が滅びるまで、門に鞍をおいた馬をつないでおく習慣は、このときの不用意にこりて、始まったという。

誰かが、やっとロバを見つけて来たので、カリフはこれに乗って戦った。しかし重囲のうちに陥って、すでに危うく見受けられたとき、どこからともなく覆面の怪人物が現われ、片手にカリフを乗せたロバの手綱をつかみ、もう一方の手で剣をふるい、縦横無尽に暴れまわった。衛士たちも、これに励まされて、もりかえし、敵を退けた。急を聞いた軍隊が駆けつけ、ラーワンド派の狂信者六〇〇人ほどを殺してやっと騒ぎは収まった。

カリフの危急を救った覆面の怪人物は、ウマイヤ朝の名将として名をとどろかしたマアン＝ブヌ＝ザーイダだった。同王朝が滅びたあと、地下にもぐっていたが、この日、姿を現わしたのである。マンスールの御感にあずかり、ヤマンの総督に返り咲いて、治績をあげた。

二つの反乱

クーファの市民にはうるさ型が多く、反体制派がこの町に集まる傾向が強かった。したがって、マンスールのクーファ市民に対する感情には険しいものがあった。それで新王朝の首府としてふさわしい新都市の建設を考え、みずからチグリス川の流域を丹念に調査したのち、その中流の西岸、バグダードという部落のあるところこそ最適の場所として白羽の矢を立てた。

沼沢地が少なく、蚊が少ない健康地であるうえに、チグリスとユーフラテスとの二河がもっとも接近したところに当たり、双方をつなぐ運河が幾筋も走っていた。このように四通八達の要地であり、大軍を常駐させておくにも便利であった。そこに真ん丸の都城をつくりマディーナト‐ウッ‐サラーム（平安の都城）と名づけたのである。起工は七六二年の初夏だった。

しかし、まもなくアリー家のムハンマドという人が、シーアの人々に擁せられて、メディナで乱を起こすというような事態となった。それがまだ平らがぬうちに、その年十一月には前者の兄イブラーヒームがバスラで反旗をかかげた。マンスールの膝もとのクーファの市民中には、アリー派に心を寄せるものが多く、一触即発の状態であった。いわば懐《ふところ》に火薬をかかえて、二つの大火事を消さなければならぬというような苦しいことになった。しかもそのとき、マンスールの手元には、ごくわずかの兵力しかなかったから、彼は「これからは、少なくも三万ほどの兵力は、必ずそばにおかなければどうもならぬ」と歎いたとのことである。しかしさすがのクーファ市民も、まさか、それほどの手薄でいるとは思わず、蜂起を躊躇していた。このためらいが、マンスールを救った。それにイブラーヒームの性格にも甘さがあって、勝利に酔い、新妻への愛に溺れていた。

その年十二月六日には、マンスールの派遣した精鋭部隊はメディナ市内に突入し、ムハンマドを斬り、その徒党を鎮圧した。この報に接したイブラーヒームは、ゆっくりと腰をあげ、クーファにむかって進撃したが、翌七六三年二月十四日、クーファの南、十六時間行程のところで、マンスールの軍と衝突し、討死をとげた。その首がもたらされたとき、一将が、唾を吐きかけた。マンスールは激怒してこの人物を厳罰に処したとのことである。

大円城の規模

乱が平ぐと、マンスールは新都造営を再開させた。まずその中心となるアル＝ムダッワラ（大円城）が平野の中に雄大な姿を現わしていった。外側を幅二〇メートル余の堀がとりまき、その内側は煉瓦敷きになっていた。そのむこうに基部の厚さ九メートルの外城が円形に築かれていた。これを越えると幅約五七メートルの空地があって、その奥に高さ三四メートル余、基部の厚さ五〇メートル余、上部の厚さ一四メートル余の主城がそびえ立っていた。建築材料は日乾煉瓦であり、全部で一一三を数える円塔が一定の間隔をおいて高々とそびえていた。

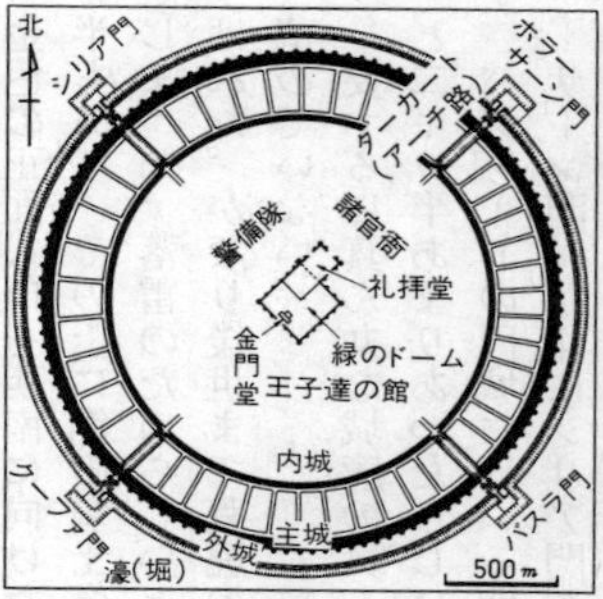

バグダードの大円城（アル－ムダッワラ）　カリフ、アル＝マンスールが建設したバグダードの大円城は現在は姿を消している。これは文献によって当時の規模を復元したもの。

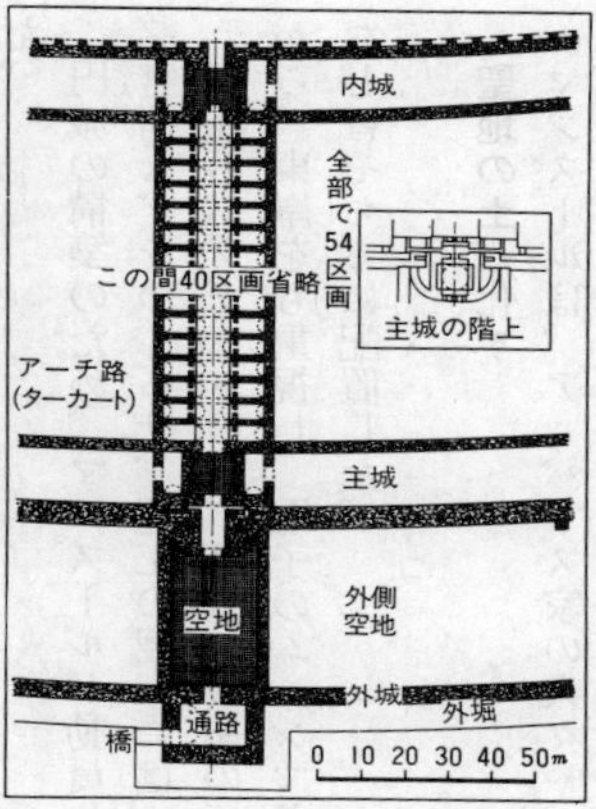

バグダード大円城の城壁

主城の内側には幅一七〇メートル、七〇メートルにおよぶ巨大なリング形の空地があり、当初は商店街に割り当てられていたが、住民がいろいろと問題を起こしたので、後には城外に退去させられ、これに代わって、政府の役人や使用人たちの居住するところとなった。その内側にもう一つ内城がめぐらされたが、これは三重の城壁のうち、もっとも低かった。

　こうしてできた円周の真ん中の広場の中心にあたって、カリフの宮殿と礼拝堂が建てられ、それらをめぐって諸ディーワーン（官庁）が整然と配置され、王子たちの邸宅とか、禁衛隊長、警察隊長たちの官邸などもあった。一般市民たちの居住は許されなかった。

　カリフ宮殿は緑色の大ドームを頂き、

金色の正面入口を西南に向けた壮麗なもので、ドームのてっぺんまでの高さは四八メートル半もあり、その上に銅の騎士像が長槍を構えて立っていたが、九四一年の嵐の夜半に落ちてしまった。落雷のためらしいという。この宮殿はまた金門宮（バーブ＝ウッ＝ザハブ）と呼ばれた。かなり後世まで荒廃の姿をとどめていたが、一二五五年に崩壊し、今では跡かたも留めていない。

要するに真ん丸な城廓の真ん中に、宮殿その他を建てたもので、円の直径は堀まで含めると二キロ半あまりあったらしい。

バグダードの円城にはいる門は西南にあたってクーファ門、東南にバスラ門、東北にホラーサーン門、西北にシリア門が開いているだけであり、門と門との間隔はそれぞれ等しかった。

円城の構築のため、マンスールが動員した工匠や人夫は一〇万人に達した。最初に宮殿や諸官衙《かんが》などをつくらせ、起工の翌年にはカリフは早くもここに居を移した。

現在のバグダードはチグリスの東岸のほうに繁華街がひろがっているが、マンスールの時から、東岸をも重視し、嗣子のムハンマド（後のアル＝マハディー）の宮殿や、軍隊の一部などはそちらに配置した。

聖地の土と化す

マンスールは、アッバース家の人々や、アラブの名門の子弟などにも重要な官職を与えたが、非違があれば容赦なく処罰し、甘えは許さなかった。異民族出身の奴隷あがりの人材を腹心として、高位高官にとりたてて憚《はばか》らなかったから、こういう人々はよくカリフの爪となり牙となった。

全領土にバリード（駅伝制）の網をはりめぐらせ、その役人たちには、隠密の役目をも兼ねさせて、地方官たちの行動に目を光らせていた。こういう隠密役人の報告は飛脚たちによって櫛の歯をひくごとく、円城内のカリフのもとに集まって来たから、いながらにして地方の形勢は巨細を問わず、筒抜けにわかった。

アラビアの西南のはての知事が狩猟にふけり、民治をおろそかにしたというのでクビになったり、イランのどこかの町の市場では小麦粉が高すぎるというので注意を受けたりした。マンスールは、とくに食料品の価格の安定が、治安の維持にとって欠くべからざる条件であるという固い信念をもっていた。

アル＝マンスールのモスクのミフラーグ　大理石に刻してある。高さ2メートル余、幅1メートルほど。大円城内の宮殿のそばにつくられた礼拝堂の中心、礼拝の方向（キブラ）を示すもの。

カリフになっても、彼の生活はきわめて簡素であったが、学問や文学には深い理解を示した。しかし、歌舞や音楽をしりぞけただけでなく、嫌悪の色をさえ示した。

イスラム暦の第十二月はドゥル＝ヒッジャと呼ばれる。「わしはドゥル・ヒッジャ月に生まれ、同じ月に割礼を受け、同じ月にカリフの位をついだ。きっとドゥル・ヒッジャの月に死ぬにちがいない」といっていたが、この予感は適中した。七七五年、メッカ巡礼に出かけたマンスールは、九月の炎暑と旅疲れ、それに水がわりなどで、持病の胃腸障害をおこしてしまった。それでもやっとメッカに近づき、聖域《ハラム》に足を踏み入れたけれども、もはやカーバ神殿のあるところまで行く気力はなく、その手前一時間行程のマイムーンの井戸で十月七日に絶命した。イスラム暦では一五八年ドゥル・ヒッジャ月の六日のことである。

臨終に立ち会ったのは宰相ラビー＝ブヌ＝ユーヌスほか数人の従者だけであった。ラビーはメディナで生まれたもと奴隷身分の人で、才能を認められてワジール（宰相）に抜擢された。マンスールの死後も、その子や孫に仕え、七八六年に世を去った。

マンスールの遺骸は、メッカ近郊の砂漠のどこかに埋められたが、その場所はさだかでない。わざと墓穴を一〇〇ほども掘り、その中のどれかにひそかに安置したからである。

3　ハールーンとマームーン

覆面の聖者

マンスールの跡目は、その子アル＝マハディーがついだ。けっして凡庸の人物ではなかったが、とにかく、父親が大物すぎたから、それに比べられては見劣りの感もするのである。

亡父の残した充実した国庫を受継いだうえに、気前もよく、かなりの浪費家でもあったので、その宮廷は活気に満ち、アッバース朝の黄金時代がはじまった。

ビザンツ帝国との衝突はまだ続いていたが、イスラム側が優勢で、アナトリアの奥深く侵入した。王子ハールーンを総大将とした大軍はついにボスポラス海峡の岸にまで達し、ビザンツ帝国の女帝イレーネをして歳貢を条件に三年間の休戦を請わしめた（七八二年）。マハディーのもとに産業はおこり、学問は奨励されて、バグダードはそれらの大中心となって繁栄した。しかし、そういう明るい面の裏に、奢侈や享楽の気風がおこりつつあった。

父マンスールが死のまえに、この人に垂れた遺訓を史家タバリーが伝えている。

「よくこの町（バグダード）を見るがよい。けっしてほかの町に都を変えようなどと思うな。この中にわしは、お前のために莫大なお金を蓄えておいたから、もし十年間も租税が集まらなかったとしても、軍隊の維持、諸官庁の経費、一族の手当、国境の保全などにはあり余るほどのものがあるはずだ。ようく監視しているのだぞ。金庫さえ、しっかりして、一杯になっていれば、お前の権力はこゆるぎもするものではない。だがなあ……」といってから、「お前はわしのいったとおりにはすまいのう！」と歎いたというのである。

子を見ること父にしかずで、マハディーは、やっぱり父親の教えどおりにはしなかった。それは別として、マハディーは奴隷出の愛妃ハイズラーンによって二人の男児を得た。長子ハーディーのほうを後継者としたが、六年後に次子ハールーンを、ハーディーの後継者に指名した。そのままならよかったが、ハイズラーンは、ハーディーのほうより、次子ハールーンのほうを可愛がっていた。これが悲劇の原因となった。

マハディーもこの妻のすすめに動かされて、継承の順位を逆にし、ハールーンのほうを第一継承者にしようとして、ハーディーに承認を求めたが、拒絶された。それでハーディーが総督として赴任していたジュルジャーン（ゴルガーンともいう。カスピ海の東南岸の地方名）まで赴いて談合することになった。談合とはいっても、実際は父子の武力衝突になる可能性が多分にあった。

その途中、イラン高原への登り口で、事故のため急死した。七八五年八月四日の出来ごとで、まだ四十三歳だった。なんでも狩りに出て馬を疾走させていたとき、廃墟の梁に気付かず、頭部を強打したためだったという。

バルマク家の繁栄

アッバース朝の黄金時代と切っても切れぬ関係を持っていたのはバルマク家の繁栄である。

バルマクという名はサンスクリットで、長老とか管長などを意味する「パルマク」のなまりで、この家の先祖が、中央アジアのバルフ（古代のバクトラ）の西南郊にあった名刹ノーヴァ－ヴィハーラ（新寺）の管長をつとめていたところから出たものである。

唐の高僧玄奘三蔵《げんじょうさんぞう》もインドに赴く途中、この寺に一ヵ月あまり滞在した。後世のアラブ人の記録には、この寺はなまってナウバハールとしてあり、寺領は約一五〇〇平方キロもあって、事実上これが管長家の所領だったという。

玄奘が訪れたころ、バルフには新寺をはじめ、百余の仏寺があり、僧侶は三千余であったというから、まさに仏教楽土であった。したがって七世紀後半になって、アラビア人がこの地域に進撃してくると、土着の民は激しい抵抗を行なった。こういう激動期に広大な土地を擁したバルマク家がどのように危機を切り抜けたか、つまびらかではない。

すでにウマイヤ朝時代に、バルマクと呼ばれる一族の代表者は、ダマスクスに住み、インド流の医術をもって、カリフ家の人たちに重宝がられていたなどという伝えもある。バルマクの子のハーリドのときになると、バスラに邸宅を構えていたことが明らかである。この人は仏教からイスラムへと転身を行なったのみでなく、ウマイヤ朝が滅びてアッバース朝にかわる激動期をも上手に越えて、後者の初代カリフ、アッ＝サッファーフから「軍事および地租省」の長官にとりたてられ、ワジール（宰相）の栄位に上った。

サッファーフが死んだあと、つぎのカリフ、マンスールもけっしてハーリドを粗略にはしなかった。しかし、ある事件のため、中央からは遠ざけ、しばらくファールス地方の総督の任においたのち、二年ほどでまた呼びかえした。

ハーリドは、「マハディーの時代に七十五歳ほどで世を去り、その子ヤフヤーがバルマク家の統領となったが、その時代にこの一門は繁栄の絶頂まで上りつめた。ヤフヤーは、早くマンスールに目をかけられ、若年でアゼルバイジャンなどの総督に任じられた。

美女ハイズラーンの権勢

ハーディーとハールーンとの生母ハイズラーンは、ヤマンからつれてこられ、メッカの市場でせり売りにかけられた女奴隷で、その名が「竹」を意味しているのにふさわしくすんなりとした美女だった。たまたまメッカ巡礼のため来合わせたマンスールが目をとめ、「親類がいるか」と尋ねると「アッラーのほかは誰も身寄りはおりませぬ」と答えた。マンスールの気に入ったらしく、従者を呼んで、

「この女をマハディーのもとに連れて行きなさい。よい子を生みそうだから」

と命じた。

幸運に恵まれたこの女は、やがてマハディーに愛され、生まれ出た二人の男児は、相ついでカリフの栄位につくのである。はじめて、マンスールと言葉を交わしたとき、誰ひとり身寄りはないといったのは嘘で、ハイズラーンには母親と二人の妹、および弟が一人いた。姉妹の出世の恩恵で、これらの人々は極貧の境遇から、にわかに富裕の身となったのみでなく、妹の一人はマハディーの異母弟の妻となり、一男一女を生んだ。

この一女がのちに、ハールーン＝アル＝ラシードの正妃として一代の豪奢を誇ったズバイダであり、バグダードには今もこの人の墓といわれる建物が残っている。ズバイダとはクリームを意味するズブダの愛称で、幼時には色白で、ポチャポチャとして可憐だったので、祖父マンスールからいたく可愛がられ、この名で呼ばれていたのである。またハイズラーンの

弟は、故郷ヤマンの総督に栄達した。

ひがみごころ

マハディーとハイズラーンとのあいだに生まれた二王子のうち、弟ハールーンのほうが両親から可愛がられたことは、すでにしるしたが、そのため兄のムーサー（アル゠ハーディー）がどういう気持でいたかは想像するに難くない。そのほかにも彼には一つのコンプレックスがつきまとった。端麗な容貌ではあったが、上唇が短くて、ひきつり、いつも口もとのしまりがなかった。彼の両親はこれをいやがり、幼年時代には、とくに一人の廷臣をえらび、この王子の口もとに目を光らせているように命じた。それでこの廷臣は、王子の口もとが開いているのを見ると、すぐに「ムーサー、アトビク！」（ムーサーよ、口を閉じなされ）と注意したので、ついにこれが、王子の仇名となってしまったという。

しかし、ムーサー゠アトビクはけっして愚かではなかった。筋骨逞《たくま》しく、長身の青年に育ち、決断に富み、好学で誇り高く、勇気もあれば、社交性も豊かであった。しかし自制心に乏しく、どこか冷たいところがあったらしい。

ハールーンのほうはムーサーより一年おくれて生まれたが、背後にバルマク家がついていたことが、この人の生涯にいろいろの方面から影響をあたえている。

同家の統領ヤフヤーは、母后ハイズラーンの信任篤《あつ》く、その長子ファドルはハールーンと乳兄弟の関係であった。またファドルの弟ジャアファルもハールーンと兄弟のようにして育てられ、長ずるとこの二人は主従とはいえ、無二の親友となった。その間にあって、ともすれば浮き上がりがちなハーディーはひがまざるを得なかったであろう。

そのあげくは、遠地の総督を命ぜられ、カリフの継承権を弟に譲れとまでいわれるようになったのであるが、父の急死により事態は変わった。マハディーの遺骸は事故の現場に近い胡桃《くるみ》の木の下に埋められ、ハールーンとその異母兄弟のアリーが葬儀に立ちあった。ハールーンは兄ハーディーのもとに急使を派して父の死を知らすとともに、カリフの印章を届けさせ、また忠誠を誓う意志であることを伝えさせた。

ハーディーの復讐

一方、ハーディーのほうは、右の知らせを受けると、大急ぎでバグダードに帰って来た。

そうして政権を握ると、しばらくのあいだは、これまでの体制を崩さずにいた。祖父マンスール以来の重臣ラビー＝ブヌ＝ユーヌスを宰相（ワジール）の地位にとどめ、バルマク家のヤフヤーにも枢要の官職をあたえ、母ハイズラーンには相変らず国政に口を出させておき、弟ハールーンはカリフ位の継承者たること、父が定めたとおりだとして、何にもいわなかった。

四ヵ月ほどすると宰相ラビーは、カリフの手から一杯の蜂蜜を渡され、飲ませられたが、その日、帰宅すると悶死した。蜜に毒がはいっていたのである。つぎには母后ハイズラーンに「女人が国政に口を出すのは、はしたない振舞いです。アッラーへのお祈りなどして、殊勝にしていられてはいかがですか」というような言葉をかけた。母とこの息子との関係はこれで決裂した。

つぎにハーディーが厄介ばらいをしたかったのは、弟ハールーンとその守護役のバルマク家のヤフヤーとであった。やがて、ヤフヤーはささいなことが原因で投獄され、死の宣告がいつ下るかわからぬ身となった。

ある日、カリフ、ハーディーは一皿の米飯を母后ハイズラーンのもとに届けさせた。大層おいしかったから、母君にも召上がって頂きたいという口上も伝えられた。それをまず犬にわけ与えたところ、ただちに血を吐いて死んだ。まもなくハーディーの使いがやって来て「母君にはあの御飯がお気に召したろうかとカリフさまよりのお尋ねでございます」と探りを入れた。腹心の侍女が「大層のおよろこびで御賞味なされました」と答えた。

カリフが近々に弟君ハールーンを毒害するであろうという噂が宮中にひろまっていた。そういうさなかに、当のカリフのほうが突然にこの世を去った。

その死因については、諸説があって真相のほどはつかみ難い。ハーディーの発病地は、北方のモスルに近いところにあった彼の樹園であった。そこで、にわかに病が重くなり、バグダードの東方にあたり、彼の宮殿があったイーサーバードまで運ばれた。

そのころ、バルマク家のヤフヤーは獄中にいたが、暗く足をのばす余地もない独房だった。ハーディーは、これを殺せと命じたが、時の宰相が一夜だけの猶予を乞うた。その一夜のうちに、ハーディーが死んで、ヤフヤーは助かった。死因は胃潰瘍で、臨終の直前に母ハ

ハールーン＝アル＝ラシードの銀貨　795年バグダードで鋳造。

イズラーンに非礼をわび、その手をとって、おのが胸の上に置いたのち、絶命したという伝えもある。

ハイズラーンは息子が息をひきとったのを見ると、ただちに人をやってまずヤフヤーを釈放させ、またハールーンに兄の死を知らせるため、人をバグダードに走らせた。事後処置は、この女丈夫とヤフヤーとによって敏速に行なわれ、ハールーンがアッバース朝第五代カリフに奉戴された。ハールーンのもとに兄の訃報《ふほう》をもたらした使者が来て、いくばくもたたぬうちに、第二の使者がはいって来て「ただいまお妃さまには王子さまを御安産でございます」と報告した。このとき生まれたのが、この王朝を飾る明君となったアル＝マームーンであった。一人のカリフが死んで、もう一人のカリフが即位し、さらにもう一人のカリフが生まれた不思議な夜だったと人々はいいはやした。それは七八六年九月十三日の夜のことで、ハーディーは享年二十六歳、在位は一年一ヵ月とすこしにすぎなかった。土壇場まで追いつめられた母后ハイズラーンの必死の反撃による毒殺だったともいうし、女奴隷をつかって圧死させたという説もある。

蕭々として雨の降る日に

ハールーン＝アル＝ラシードの時代（在位七八六〜八〇九）がきた。バグダードの都はひきつづき黄金時代を楽しんだといわれている。

このカリフとほぼ同じ時代に生きて、その時代をえがき伝えたアラブ史家のうち、今もその著作の残っているものだけで少なくも六五人に達するそうである。学者・文人が集まり知識の市場が栄え、英知がもっとも高い評価を受けた時代だったともいわれている。

ハールーンの即位とともに、バルマク家のヤフヤーが、宰相として実権を握った。

「アビー（わが父）よ、わたしが帝位に即《つ》くことになったのも、みなそなたの援助があったればこそだ。思うままに統治に当たってくだされ。そなたがこれはと思う人物を登用し、気に入らぬものは退けてくれたらよいのだ。万事は、そなたの裁量に一任しますぞ」

というような意味の言葉をかけ、カリフの印章まで預けてしまった。

こうして、カリフはチグリスの西岸に近く形勝の地につくられたフルド（永劫）宮で、詩人・歌手・学者などからなる御相伴衆にとりまかれ、美女や美酒を相手に、その日その日を優雅に暮していればよかった。わずらわしい国政のことはヤフヤーに率いられた官僚陣が一切を適切に運ぶという体制ができあがっていた。こういう時期が十七年間も続いた。

母后ハイズラーンにとっても、晩年の栄《は》えの時代で、国政の重要事にはいちいち、相談を受けていた。彼女の収入が年に一億六〇〇〇万ディルハムだったという記録がある。かりに一ディルハムを今の邦貨で二〇〇円と仮定して見ると、三二〇億円という数字になる。これが当時のこの帝国の地租全額のほぼ半分に当たっていたということを聞くと、この女人の権勢の大きさにも驚かずにはいられない。

ハイズラーンの晩年の栄華は四年ほどで終わった。七八九年十一月に、まだ五十歳を越さずに死んだが、錦繍の衣裳だけで一万八〇〇〇着も残されていた。葬儀の日は蕭々《しょうしょう》として、晩秋の雨が降っていた。ハールーンは簡素な喪服にはだしで、ぬかるみの中を遺骸を守って、チグリスの東岸市街の北郊にある奥城《おくつき》まで歩いていった。

賢兄と愚弟と

しかしハールーンはけっして幸福な人とはいえなかった。

広大な領土の東にも西にもいたるところで反乱がおこった。七八八年には今のモロッコからアルジェリア地方にかけてイドリース朝の下に独立王国が出現し、つぎには今のチュニジア地方にあたるイフリーキヤも八〇〇年にはアグラブ家のもとに事実上の独立を達成した。毎年金貨四万枚をカリフに納めるという条件の下にであった。

バグダード以東、中央アジアにいたる形勢は混沌としていた。いたるところで不満の徒が騒乱を企てたり、蜂起したりするという有様だった。

ハールーンが即位した夜、側室の一人が長男アブドッラー（後のアル＝マームーン）を生んだことはすでにしるしたごとくであるが、それから六ヵ月ほどして、今度は正妃ズバイダが次男のムハンマド（のちのアル＝アミーン）を生んだ。

長男の生母はペルシア生まれの奴隷で、このお産で命を失ったのであるが、ズバイダのほうは、マンスールの寵愛の孫娘であった。この点だけでも、二人の王子の勝負は、確定的であるように見えて、実際はそうではなかった。父なるカリフは、生まれるとともに母を失った長男があわれでならなかったし、ズバイダにとっても、おのれが腹を痛めた子と同様にかわいかったらしい。

二人の王子はどちらも容貌が美しく、丈夫だったが、ちがう点は兄のほうは色浅黒く、弟のほうは色白だったことである。知能程度はどちらも高く、理解力といい、記憶力といい、抜群だった。

弟のアミーンのほうが五歳のとき、まずカリフの後継者に指名された。これを寿《ことほ》いで詩人たちは競って頌詩《しょうし》を献じたが、ズバイダは佳作と思われるものの作者たちの口一杯に手ずから真珠を入れて、ねぎらったという。

二人の王子は成育するにつれて、段々に差を示すようになった。マームーンのほうが心もけなげに、知恵の発達にも驚くべきものが見受けられた。このことをいち早く見てとったのは、父なるカリフその人だった。

七九八年には兄王子（アブドッラー）が、弟王子の後継者と定められ、このときから正式にアル＝マームーンと呼ばれるようになり、バルマク家のジャアファルが後見役を命じられた。

ハールーンはさらに帝国を二分して、西半をアミーンに、東半をマームーンの支配下に置くこととした。

カリフの心変わり

八〇二年の暮、大祭を指揮するためハールーンは行列美々しくメッカに向かった。アミーンとマームーン、バルマク家のヤフヤーとその二子ファドルにジャアファル、それから正妃ズバイダもこれに従った。

カリフ位継承について、違反行為にはきびしい処罰を条件とした誓約書をつくり、カーバ神殿の壁に掲げて、八方から集まって来た巡礼たちに披露し、これを津々浦々にいいひろめさせたのはこのさいであった。

メッカ巡礼から帰ったハールーンは、まもなくユーフラテスの左岸にあるアンバールに行った。バグダードからは六二キロほどである。八〇三年一月九日、彼は上機嫌で、バルマク家のジャアファルとむつまじく近郊に狩猟に出かけ、終日を陽気にすごし、夕刻、離宮にもどった。

ジャアファルが暇をこうと、カリフは送って出て、相手が馬に乗るところまで見とどけたのち、自室にもどり椅子に坐った。しばらくして、ヤーシルという名の従者をよび、「これよりただちにジャアファルのもとに赴き、かやつの首をとって来よ」と命じた。まだ血のしたたる寵臣の生首がとどくと、ハールーンは面前に置かせ、長々とその罪状を責めたてた。

そして人を呼んで、こんどはヤーシルの首を刎《は》ねさせ、「ジャアファルを殺した者など見ているに耐えぬ！」といったという。

この挙に出るまでに、ハールーンが熟慮に熟慮を重ねていたことは、ジャアファルの首が落ちた時刻に、すでに、バグダードにあるバルマク一門やその腹心たちの住居は、カリフの軍兵によってひしひしと包囲されており、お互いに連絡をとることもできず、手を束ねて運命に身を任すほかなかったという事でもわかる。

一門の統領ヤフヤーとその長男ファドルは投獄されたが、老幼男女とりまぜて虐殺されたものだけで一二〇〇人におよんだという。莫大な財産はもちろん没収されてしまった。

ハールーンの心変わりは、じつはよほど前から起こっていて、ヤフヤーを「父よ」とあがめ、ジャアファルを無二の親友といつくしんだ心は、いつの間にか深刻な憎悪に変わっていたのである。その原因については、様々の臆説が行なわれている。

妻ズバイダが、おのれの実子アミーンをおいて、その兄マームーンに忠節を尽くすジャアファルを憎み、夫をそそのかしたという説もあれば、バルマク一門の人望があまりに高く、自分を凌いだので、ハールーンの心に嫉妬の炎が燃え立ったのだという説もある。

どれも否定することはできないであろうが、直接の原因として、一見するとあまりにも物語的に見えすぎて、案外に実際に近いと思われることは、ハールーンがとくに可愛がっていた妹のアッバーサとジャアファルの恋物語であろう。

ハールーンは、この妹とジャアファルとの三人で気楽に遊楽にふけるために、二人を名ばかりの夫婦ということにした。まったくの名義だけという約束だったにもかかわらず、当代きっての美男美女とうたわれたジャアファルとアッバーサとはいつか本当の夫婦となって、そのあいだに幾人かの子供も生まれた。カリフの怒りをおそれて、この子たちはメッカ市内の某所に、かくし育てられていた。この秘密を嗅ぎ出して、ハールーンに知らせたのはズバイダだった。ハールーンは半信半疑だったが、八〇二年暮のメッカ巡礼のさいに、それが本当だったことをつきとめたという。

ジャアファルの首は、チグリスの東西両市をつなぐ三つの舟橋のうちの中の橋の袂《たもと》に、胴体は両断して、それぞれ上橋と下橋とにさらされたまま、ハールーンの死のときにまでおよんだという説もある。

八〇五年、ヤフヤーは獄中で世を去り、数年おくれてファドルもやはり獄死した。ハールーンも長く生きのびることは出来ず、ファドルの死より数ヵ月あと、八〇九年三月二十四日、イランの東部トゥースの行営で寂しい死をとげた。四十八歳だった。

独眼竜の出現

バルマク家のジャアファルの遺骸はチグリス河畔に朽ちていっても、怨念はいろいろの形で残ったように思われる。彼の有能な秘書にサハル家のファドルという人物がいた。サハル家はバルマク家と同じくイラン系で、拝火教を信じていた。その家に生まれたファドルもやはり同じ信仰だったが、主人のジャアファルがみじめな死をとげると、これにかわって、王子マームーンの補佐役になり、第一の腹心として重く用いられた。そうなると拝火教徒では工合の悪いことがあったとみえて、八〇六年にイスラムに改宗した旨を発表した。

おもしろいことに王子アミーンの補佐役も、やはりファドルという人物だったが、このほうはアラブ系で、かつてマンスールに重く用いられたラビー＝ブヌ＝ユーヌスの子だった。ハールーンから重く用いられ、バルマク家が没落すると、前の宰相ヤフヤーにかわって、ワジールの栄位に上った。

自然とマームーンの周囲にはイラン系の人材が集まって、シーアに属するものが多く、アミーンの周囲はアラブ系の人たちで固められ、正統派（スンニー）に属するものが多かった。

カリフ、ハールーンが中央アジアに起こった反乱を鎮圧するため、病をおして出征しようとしたときは、宰相のほうのファドルを同行させ、王子たちはあとに置いて行くつもりだった。しかし、イラン人のほうのファドル（ブヌ＝サハル）は主人マームーンにぜひとも父帝に請うて同行なさいとすすめた。これはハールーンの健康がひどく悪く、途中で世を去る可能性も多分にあったので、そうなったさいは、マームーンはバグダードにいたならば生命ほども保証できない。しかし東国はマームーンの領地だし、味方が多いからという深慮からであった。

この予見は適中し、ハールーンは途中で再起不能となった。そのとき、すでにマームーンは先鋒軍をひきいて、もっと東方のマルウの町まで進んでいたのである。

バグダードにとどまっていたアミーンは同王朝第六代のカリフの位についた。

彼の第一処置は、東方遠征軍に帰還命令を発することであった。しかし、ハールーンは、絶命のまえに遺言をもって、全軍はこのまま東に進んで中央アジアの反軍を討滅せよと命じていた。前帝の亡きあと、主力軍をひきいてトゥースにいた宰相ファドル（ラビーの子）は、死んだ人よりも生きた人のほうにしたがうほうが賢明であろうと打算し、前線に出ているマームーンとその軍を置き去りにして、バグダードへ帰って行った。

窮地に立つアル＝マームーン　アル＝アミーンからカリフ継承権を奪うとの宣告をうけその書面を重臣たちに読みきかせているところ。12世紀アラブの細密画。

はたして、アミーンは上機嫌でこれを迎え、宰相の地位に安堵させた。もともと新カリフは享楽児で、政務はあげてこの宰相に任せ、自分は酒色にふけっていた。これにすすめて、マームーンとカーシムの二王子の継承権を御破算にし、アミーン自身の子にこれを与えるようにしたのも、この宰相であった。

マームーンの側にはサハル家のファドルという傑物がいた。こういう成行きになることを早くから見越していて、主人のための地固めに心を砕いていた。一方、カーバ神殿におさめられていたカリフ継承順位の誓書は、バグダードに運ばれ、アミーンその人の手でずたずたに引き裂かれてしまった。こうして、バグダードのアミーンと、マルウのマームーンと、この二人を中心とする二大勢力の対立は険悪となった。

アミーンは、女色家であるとともに男色家でもあった。大詩人アブー＝ヌワースがその保護のもとで縦横自在にその天分を発揮したことなどが、この人の例外的の取柄であったろう。

一方、マルウのマームーンは、ひたすら言行を慎み、善政に専念していた。賢兄と愚弟とのあいだに、ついに武力衝突が起こったのは、八一一年三月であった。まず攻撃に出たのは、愚弟アミーンのほうで、一人の将軍とその四万の軍勢がマルウに向かって出発したが、この将軍は母后ズバイダからもらった銀の鎖を持っていた。これでマームーンを縛っておいでと命じられたのである。しかしその将軍（名はアリー＝ブヌ＝イーサー）は、銀鎖をつかう機会を得るまえに、自分の首をマームーン側の独眼の猛将ターヒルに与えなければならなかった。

この悲報がとどいたとき、アミーンは寵愛の小姓と魚釣りを楽しんでいた。使者が全軍潰滅と報告すると「うるさい！　魚が逃げるじゃないか」と叱ったというのである。

蕩児の最期

アミーンの派遣軍を破ったマームーンは、カリフの位に就いたことを宣言した。アミーンはこれに対し、第二回目の遠征軍を派遣したが、これもターヒルのために、さんざんにやられた。ターヒルは、陣頭に出ると、よく両刀をつかって奮戦したのでドゥル＝ヤミーナインの異名で呼ばれた。「右手が二本ある人」の意であるというが、第一回目の派遣軍の主将アリーをただ一刀で、まっ二つにしたからこの名を得たという説もある。

この二回目の敗報がバグダードに届いたときも、アミーンは呑気なもので、一向に奮発する気配はなかった。これを見てさすがの悪宰相ファドルも、これはほんとうのダメ人間だと見限ってしまった。

第三軍を編成しようとして、ごたごたしているうちに、早くもターヒルの軍はイラン高原を下って一気に首都にせまろうとしていた。そこで、高原への上り口にあるホラーサーン街道の要地ホルワーンで食い止めることにしたが、その軍は、同士討ちを演じただけで、退却してしまうという醜態ぶりだった。

東軍はここで編成替えを行ない、ハルサマが主力を率いてバグダードに進み、ターヒルは南下してアフワーズに迂廻した。

ハルサマはマンスールの時代から歴代のカリフに仕えたアラブ系の老将で、かつて、ハーディーから、弟ハールーンを暗殺せよと命じられたが、母后ハイズラーンに説得されて思いとどまり、こんどはハールーンのために忠勤をはげんだという経歴の持主であった。ターヒルのようにアミーンに対してなんのはばかるところもなかった人とはすこしちがっていた。

八一二年の秋には、まずターヒルの軍がバグダードにせまった。アミーンは密使をマルウに出して、兄マームーンに和解の打診をさせたけれども、黙殺された。アミーン軍の士気は衰え、同士討ちや脱走が相ついだ。バグダードの市民たちも、競ってターヒル側に味方した。市内の治安は失われ、無政府状態に陥った。

八一三年の二月、ターヒルとハルサマは協力して、アミーンの宮殿に総攻撃をかけた。なお数ヵ月は防ぎ戦ったものの、ついに降伏するほかないと観念した。しかし、ターヒルの手に捕えられるよりも、ハルサマの軍門に降ったほうが、まだ一縷《いちる》の活路があると読んだ。一夜、アミーンは寵愛の小姓カウサルほか数人と小舟に乗って、ハルサマの本陣に赴こうとした。その舟がくつがえり、アミーンは泳いで岸に上がったが、ターヒルの部下に発見されて殺された。その首は槍の穂先に刺して、城門にさらされたのち、はるばるとマルウの兄マームーンのもとまで送られた。アミーンの命日は九月二十五日とされている。

マームーンのバグダード帰還

マームーンはいまやイスラム帝国の支配者となったが、東国のマルウから動かなかった。功臣の筆頭はサハル家のファドルで、その権勢の隆々たることは、ハールーンの治世初期のバルマク家のヤフヤーのそれに譲らず、政治・軍事二方面の統領というので「ドゥル＝リヤーサタイン」（二つの部門を統《す》べる人）と敬称された。

マームーンをマンスールとならぶアッバース朝の第一級の英主と評価するのは正しいであろう。

その治世は八三三年まで二十年間続いた。その間八一七年三月には、アリー家の直系で第八代イマームのアリー＝アル＝リダーをおのれの後継者に指名している。もしこの継承が実現したなら、アッバース朝はマームーンで終わり、シーアのアリー朝となったことであろう。また現に、アッバース朝の色である黒衣・黒旗などを、アリー派の緑衣・緑旗に変えたりまでしている。

アッバース家の人々がびっくり仰天したのは当然である。そうしてマームーンを見限って、第三代カリフ、アル＝マハディーの子で、マームーンの叔父のイブラーヒームをカリフに奉戴した。

イブラーヒームは音楽の大家で、天賦の美声の持主だった。その近隣の人たちは、公が外出のとき「こりゃ小者、ラバに鞍をおけ！」と玄関でどなると、その声をきくだけで気が遠くなるほど、うっとりとするのが常だったという逸話が残っている。このイブラーヒームがカリフとなったのは八一七年七月だったが、天才的芸術家が必ずしもすぐれた政治家というわけにはいかず、大いに苦労していた。

イブラーヒームの即位のことは、マームーンにはかくされたままであった。この秘密を告げたのは、彼より十七歳も年長の跡つぎアリー＝アル＝リダーその人だった。

マームーンは驚いて、実状を調べあげると、ただちにバグダードへ帰還を決意した。そうして、彼が父祖の旧都へ戻るまでに、重要人物がつぎつぎと死んでいった。まず「二つの部門を統べる人」ことサハル家のファドルが入浴中を刺殺された。刺客たちがつかまったが、カリフ、マームーンの命令によってやったといいたてた。しかし、マームーンは知らぬぞというだけで、刺客たちを殺させ、なき良宰相の死を深く悼んだ。そしてファドルの弟ハサンを重く用いた。

このハサンには当時八歳の女児があった。二十九歳のマームーンはこの幼女をいいなずけにした。童女が十歳になったとき、この約束は実行された。これが高名なブーラーンで、才色兼備の妃となり、八十歳の長寿を保った。

十八歳に達したとき、その父は婿のマームーンをはじめ、多数の貴顕をチグリスの下流にのぞむファム＝ウッ＝シルフの自邸に招き、四十日（一説に十七日）間にわたる結婚祝賀の盛宴を開いた。このような豪華な結婚披露宴は、アッバース朝五百年を通じて空前絶後のもので、大粒真珠のつかみどりなども余興として行なわれたそうである。婿どののお帰りのさいのお土産は金貨一〇〇〇万枚だったという記録もある。

メシェッドの聖廟　イランの東部、アリー＝アル＝リダーの最期の地にあって、シーア派ムスリムの聖地である。

マームーンはバグダードに進む途中、八一八年九月ころ、父ハールーンの終焉の地トゥースに着き、その墓に詣でた。そこで、カリフ位の継承者アリー＝アル＝リダーが急死した。原因はぶどうの食べ過ぎとなっているが、毒がしこんであったらしいという噂である。ぶどうではなく、ザクロのジュースだったともいう。遺骸はハールーンの墓の近くに埋葬された。現在そこはメシェッド（マシュハド。殉教地の意）と呼ばれ、シーア教徒の霊場として多くの巡礼者をひきつけている。

マームーンはアリーの死を発表し、当時三万三〇〇〇人を数えたというアッバース家一門に服従を求めた。彼の人気は西に進めば進むほどよくなり、それに反比例して、バグダードのカリフ、イブラーヒームは不評判となっていった。

八一九年六月にはイブラーヒームは位を追われて地下にもぐり、数奇な逃避行を続けた。バグダードに入ったマームーンは、この叔父の捜索を続けさせた。とうとう八二二年八月六日、女装して、二人の従者とともにいた叔父イブラーヒームを捕えた。しかし、マームーンはこの叔父を殺すに忍びず、赦すことにした。ただしばらくのあいだ、女の肩掛けだけをはずさぬように命じたとのことである。

マームーンのバグダード帰還は八一九年八月であった。父ハールーンに従って東に去ってから十年余の歳月がたっていた。緑衣をまとい、緑旗をかかげての凱旋だったが、まもなくまた黒衣・黒旗にかえった。この十年のあいだに、彼に仇をした人々が多数いたが、このカリフは、そのほとんどすべてを許し、平穏な余生を送らせてやった。アミーンの生母ズバイダなども、毎年、新しい貨幣で、金貨一〇万枚、銀貨一〇〇万枚をおくられるのが常であったという。

碩学たちの知恵の家

彼が久々で見たバグダードは荒涼としていた。マンスール以来、歴代カリフはチグリスの西岸に住むのが普通であったが、マームーンは、その東岸のもとのバルマク家のジャアファルの居館に住むことになった。

この明君のもとに、まもなくバグダードはもとに劣らぬ繁栄をとりもどし、黄金時代はけっして終わっていなかったことを示した。

マームーンの奨励のもとに、ギリシアの古典類が盛んにアラビア語に翻訳された。父ハールーンが詩や音楽などの愛好者だったのに対し、マームーンはムウタジラ派という合理主義に立つイスラム神学を保護し、ギリシアの哲学や諸科学を奨励した。

八二七年には、マームーンはムウタジラ派を国教の位置におき、アル＝クルアーン（コーラン）はスンニー派の主張のようにアッラーとともに永遠の昔から存在したものでなく、アッラーによって創造されたものであることを宣言した。ムウタジラ派の主張に公然と反対するものには弾圧を加える方針をとり、そのため思想裁判所のような性格をもつミフナが設けられた。

人望のある正統派の大法学者イブン＝ハンバルなども、このミフナによって裁かれ、投獄された。しかし、この人は主張をまげることなく八五五年にバグダードで世を終わったときは、柩を送って別れを惜しんだものが八六万人にも達したという伝えがある。

マームーンは人を諸方にやって、ギリシア語の写本類を集めさせた。コンスタンティノープルやシチリアなどが蒐書の中心地だった。もちろん、この仕事には一流の学者をつかい、ビザンツ皇帝にも援助を要請している。

八三〇年ころ、そういう文献類を収め、学者たちが、よい待遇のもとに研究や翻訳の仕事に没頭できる場所としての「知恵の家」（バイト－ル－ヒクマ）を首都に設立し、天文台をも附設した。

知恵の家に集まった学者たちによって、ギリシア諸学の術語をどういう風にアラビア語に訳したらよいかということも研究された。したがってギリシア諸文献のアラビア語訳はきわめて正確になった。

十二世紀以後、こんどはアラビア語の諸文献がスペインその他で盛んにラテン語などに訳出されたが、微妙な意味を伝える点において、ギリシア文献のアラビア語訳のほうが、アラビア語文献のラテン語訳よりもすぐれていたと論じているものがある。

八三三年八月十日、この聡明・寛大・好学のカリフは、シリアと小アジアとの国境に近いタルソスの近くで、愛妻ブーラーンにみとられながら世を去った。ビザンツ帝国との戦いのために、そこに行営を設けていたのである。四十七歳だった。マンスール以来、歴代のカリフは一人の例外のほかは、みな都バグダードで死ぬことはなかった。その例外とは非業の最期をとげたアミーンである。

六　統一と分裂

1　サーマッラーのカリフたち

八の人の都えらび

マームーンが世を去ったその日、弟のムハンマドがカリフの位についた。美称はアル＝ムウタシム、三十八歳だった。遠祖アッバースの八世の末であり、ハールーン=アル=ラシードの第八子で、この王朝第八代目のカリフとなり、八年八ヵ月と八日在位するなど、なにかと八と縁が深く、生まれたのも八月、八人の男児と八人の女児を授けられ、親征すること八回、生年はイスラム暦で一七八年（西暦七九四）ともいい、死んだとき四十八歳で、遺産は金貨八〇〇万枚、銀貨一八〇〇万枚、八〇〇〇人の童僕、一万八〇〇〇頭の馬などであった。

世を去った日が、イスラム暦二二七年第三月の末日の八日まえ（八四二年一月九日）だったといわれている。それで世人はこの人を呼ぶに「ムサンマン」という異名をつかった。これはアラビア語で「貴重なもの」という意味だが、本当は「八（サマーニヤ）に縁の深い

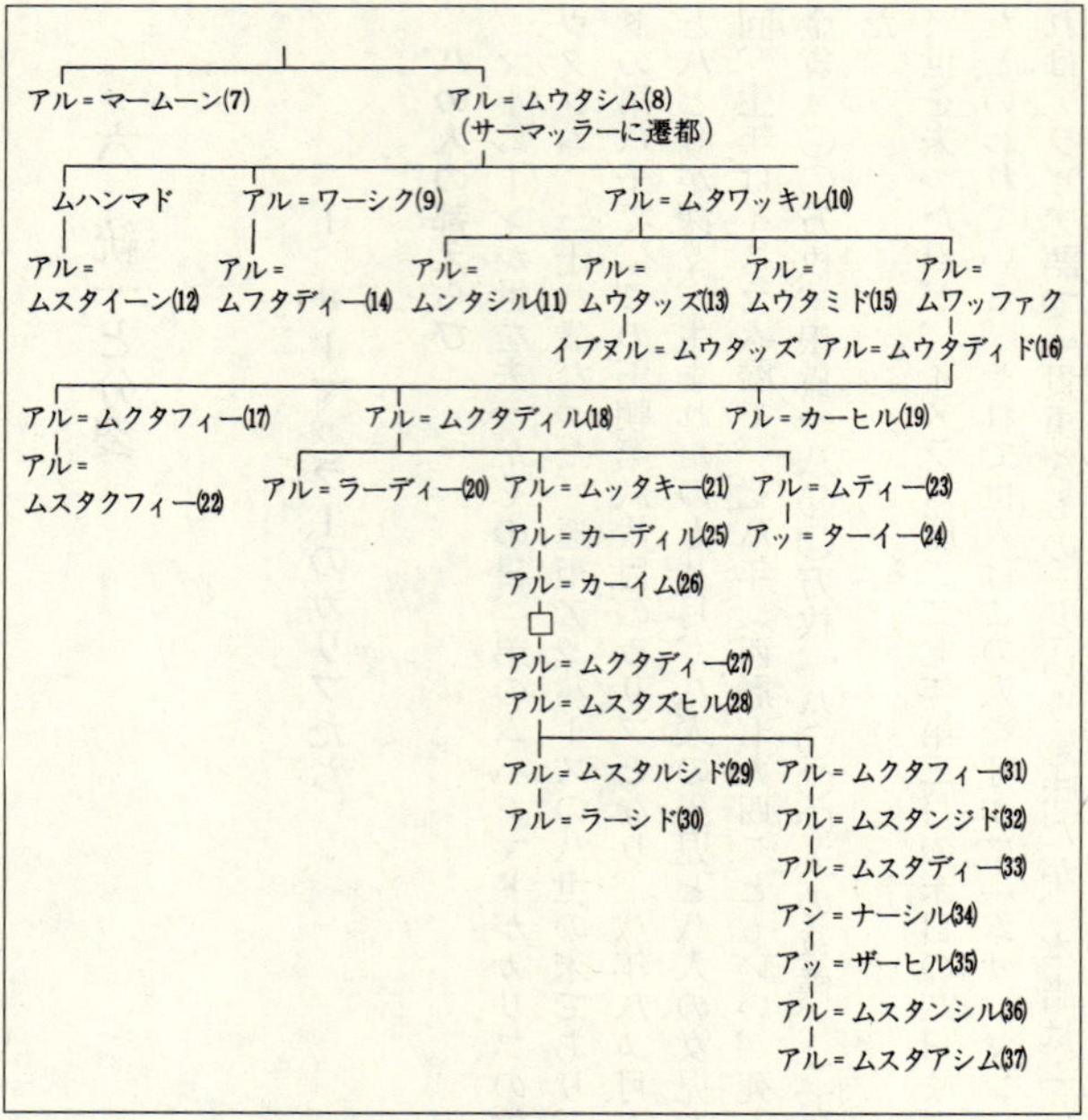

アッバース朝系図（２）

人」という意をこめてである。

この人の仕事の一つはバグダードを離れて、チグリスを約一〇〇キロほど上流にさかのぼったところにあるサーマッラーに首都を移したことであった。

その理由は、親衛部隊として養成していた四〇〇〇人ほどのトルコ系奴隷身分の兵たちのためだったというのが、これまでの通説である。

これらの子飼い兵には、錦繡の服や金ぴか

の帯や飾りをつけさせ、他の軍隊とは一目で区別がつくようにさせておいた。粗暴なものも少なくなく、バグダードの雑踏した市場内を馬で疾駆したりして、人々を迷惑がらせた。婦女老幼や盲人などが馬蹄にかけられることがたび重なると、市民たちのほうも黙ってはおらず、そういう騎士たちを袋だたきにして殺してしまうというような騒ぎも、おこった。

そこで、ムウタシムは、もっと広々したところに軍隊とともに移ろうとして、バグダードの北約一〇〇キロほどのサーマッラーに目をつけた。キリスト教の修道院があったので立ち寄り、

サーマッラーのカリフ宮殿の残部
833年にカリフ、アル＝ムウタシムが建てさせたもの。謁見の間の一部だったという。

「ここは何という所か？」ときくと、一人の修道士が「サーマッラーと申します」と答えた。「どういう意味か？」と重ねて問うと、「古書には、ノアの子セムの町という意味だとしるしてあります」と答えた。

ムウタシムはそのあたりを金貨四〇〇〇枚で買収し、まず自分の宮殿を建てることにした。そうしてサーマッラーを洒落《しゃれ》て「スルラ-マンラー」(見る人は喜ぶ)と呼んだ。

サーマッラーへの遷都は八三六年に行なわれ、それから八九二年まで、七人のカリフたちがここに住んだ。

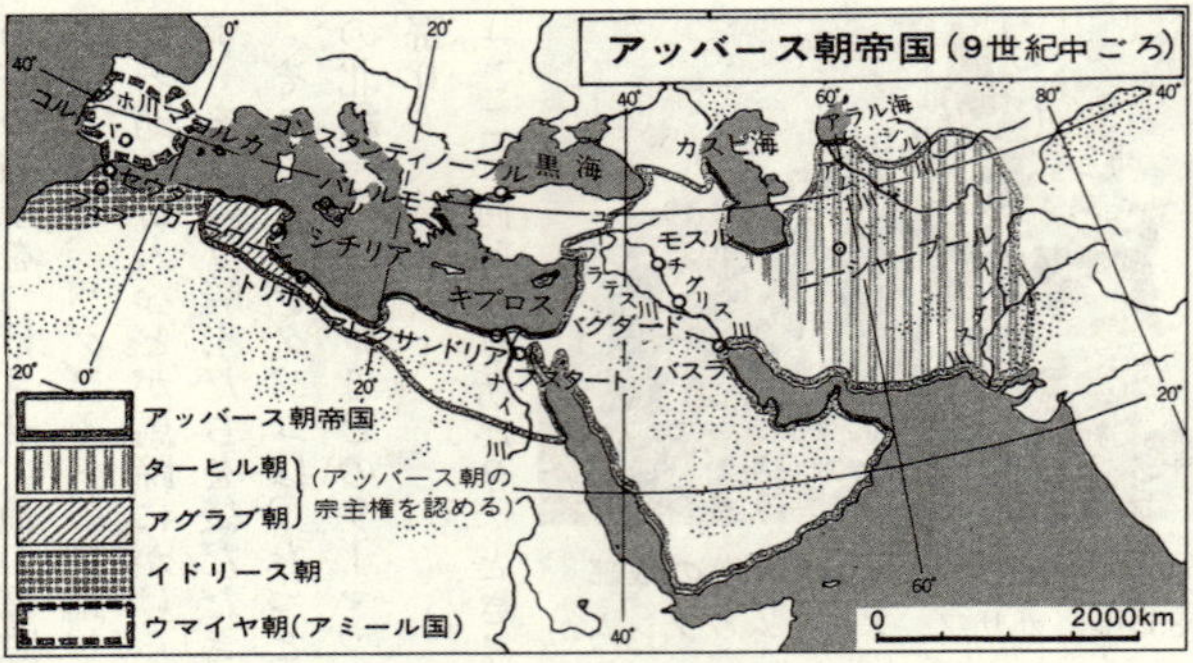

異常性格者か英主か？

ムウタシムの跡をついだのは、その子アル＝ワーシクで、生母はギリシア系奴隷だった。五年あまり在位し、三十代で死んでいる。

八四七年の夏、この人のあとを嗣《つ》いだ異母弟アル＝ムタワッキルは、この王朝を通じて、もっとも異色のあるカリフだったが、明君と呼ぶには問題を起こしすぎた。現今もサーマッラーを訪れるものは、この人の建てたアル＝マルウィーヤ（螺旋形光塔）と、その下に残骸をとどめている恐ろしく大規模の、（イスラム世界最大といわれている）モスクとを見て、奇異の感にうたれるにちがいない。

モスクの規模は約二三九メートルに一五六メートルの長方形であるが、昔はその一部に四六四本の円柱が立ち並んで柱廊や拝殿を支えていたのである。マルウィーヤは高さ約五〇メートル、モスクの外壁から二七メートルあまり離れてそびえ立っている。

のちにムタワッキルは、このモスクや塔のある場所からもっと北方にジャアファリーヤという新都を建設し、そこのモスクのそばにも、はじめのマルウィーヤを縮小した形の高さ約一六メートルの塔を立てた。

これらの建築物などから観察しても、ムタワッキルという人は、どこか異常な性格の持主ではなかったかと思われるが、実際にそのとおりであった。無類の普請好きで、二十七歳から四十一歳までのそう長くもない在位中に宮殿だけでも一八も建てている。

そのころ、サーマッラーの人口はすでに一〇〇万に達したろうといわれ、この王朝がかなり斜陽になったとはいえ、まだまだたいへんな底力をもっていたことがわかるのである。

これまで、アッバース朝歴代のカリフには、学芸を奨励し、合理主義、自由探究の傾向を奨励するものが多かった。こういう風潮に終止符を打って、イスラム本来の正統主義・保守主義に社会をひきもどそうとしたのがムタワッキルであった。

ムタワッキルが平凡な君主ではなかったことは、つぎつぎとうった手段が示している。第一には、これまで、ずっと要職にあった大官たちをほとんどクビにしてしまったことである。またこれら大官たちと結びついて、巨富を積んできた政商たちも一掃され、これらに代えるに清新な官僚たちをもってした。

第二には、これまで軍の指揮権を握り、各地で勢力を張っていた軍閥の巨頭たちをおさえ、カリフ自身に直属する常備軍を編成しようとしたが、これは容易ならぬ仕事だった。

ターヒル朝の起こり

軍閥のうちの最大のものは、独眼の猛将ターヒルの子孫たちのつくったものである。ターヒルは、アミーンを滅ぼすに大功があったのでジャジーラ地方（上メソポタミア）の総督となり、シリア以西の支配にも当たった。のちにバグダード以東の全地域の統治を委任されたが、晩年の彼の心境はけっして、そう幸福なものではなかったように思われる。ターヒルが、自分に投降した前カリフのアミーンを殺したことが、マームーンには忘れ得ぬ心のしこりとなった。マームーンにとって、アミーンはついに相容れぬ政敵ではあったが、なんといっても肉親の兄弟同士、血は水より濃しで、この不肖の弟を殺した男にも許せぬものを感じたらしい。

八二二年の秋、ターヒルはその本拠地マルウで、金曜日の集団礼拝のさい、カリフの名を祈りの中に入れることをやめた。これは、イスラム世界では反逆の意志表示をしたのと同じであったが、そのあと、まもなく急死した。

西方イスラム諸国では、カリフ帝国はすでに分裂をはじめていた。

しかし、イラン以東で、事実上の独立をとげたゆゆしい政権は、このターヒル朝をもってはじめとする。独立とはいっても、バグダードのカリフの主権のもとに、東方統治を委任されたという形式は失わなかった。そればかりでなく、その軍隊は、バグダードにも駐屯し、カリフの代理として支配権を握っていた。

この王朝の首府はホラーサーンのニーシャープールだったが、アム川以北のマーワラーンナフル（川向こうの地という意味で、ソグディアナ地方）やインドの一部まで、その支配下にあったし、イラク南部の沃野もまたその勢力下にあった。

ムタワッキルの軍政改革の目的は、けっきょく、こういう大軍閥の排除にあったのである。

挫折を重ねて

ムタワッキルが時代思潮に対する政策の転換を計ったということを前にしるしたが、その目的は右のような政治・軍事上の改革を果たすためには、一般民衆の支持を得なければと考えたためであろう。マームーン以来、政府の保護を受けてきたムウタジラ派神学は一部のインテリ層に人気はあっても、社会の底流をなす一般民衆は保守主義を正統と認め、自由主義的のムウタジラ派に対しては根強い反感を持っていることを知っていたからである。

同じ目的で、ムタワッキルはシーアの弾圧政策をもとり、カルバラーのアル＝フサインの霊柩を破壊したりしている。

またキリスト教徒やユダヤ教徒に対する差別待遇をきびしくした。服装を区別させたり、どの官庁にも採用しないことにしたり、特別の税金を課したりした。

ムタワッキルは十三歳を頭とする三人の息子を後継者に指名し、それぞれの支配地域をも定めてやった。しかし、三人とも幼年だったから、実際にはその父たるムタワッキルがその子たちにかわって、責任をとることになった。彼のほんとうの狙いは、三人の子のうちの二番目のムウタッズに割当てた東方領土からターヒル家の勢力を追うことにあった。

偶然か故意か、時を同じくしてターヒル家の一族で、各地の要職に就いているものが、続々と姿を消していった。一年のうちに五人もの大物たち

アル＝ムタワッキルの記念メダル　856年の鋳造。頭巾と飾紐を頭につけて、帝冠もターバンも頂いていない。

がいなくなったが、そのうち二人は暗殺、三人は急死であった。

カリフ直属の軍隊には、ターヒル朝の勢力下にある東方からの壮丁たちをとらなかった。そして、他の諸地方からの男たちで、カリフ直属の軍隊をつくった。そうしながらも、うるさいサーマッラーを棄てて八五八年には都をダマスクスに移した。けれど、このことはサーマッラーの市民や武人たちをいたく怒らしてしまった。カリフにしたがっていった軍隊がまず不穏となり、手に手に抜剣を持ち、矢を飛ばしたりして騒いだ。それで滞在わずか数週間で、またサーマッラーに帰った。

ムタワッキルがサーマッラーの北方郊外にジャアファリーヤという新都を建設したのは、この事件から一年あとであった。自分の幼時からの名がジャアファルだったから、この名をつけたのだが、その遺跡は今もだいたいは残っている。工事の手ちがいで水の便がわるく、このカリフの死のあとは、荒廃してしまった。

軍閥の巨頭たちは、このカリフを放っておいたら、けっきょく、自分たちのほうがじりじりと破滅の淵へと追いやられるであろうと気がついた。それで先手をうつことになり、八六一年十二月十日の深夜に、バーギルというトルコ族の武人が、覆面の同族の男たち一〇人とともにカリフをジャアファリーヤの新宮殿内で襲った。廷臣たちは逃げ散り、当時の宰相の叔父に当たるファトフ＝ブヌ＝ハーカーンという人物だけが踏みとどまって戦ったが、その間にもバーギルの剣はまずカリフの右脇を深く刺し、ついで左脇を刺し通した。ファトフもまた腹から背にかけて突き貫かれた。気丈な彼はなお屈せず、カリフを護ろうとしておいかぶさり、そのまま折り重なって息が絶えた。二人の死骸はじゅうたんに載せたまま、すみに片づけられ、翌日の夕刻まで放ったらかしになったままだった。

2　コルドバの栄光

日没の国のベルベル族

斜陽受難の時代にはいろうとしているアッバース朝をしばらくおいて、西方イスラム世界に目を転じることにしよう。

アラビア人によるエジプト以西の北アフリカ地方征服は、六四〇年代、カリフ、オマルの時代からはじまり、ほぼ七十年間を費してやっと大西洋岸までを平定した。

カイラワーンの大モスク　主に９～13世紀のあいだに建設され、北アフリカにおけるイスラム信仰の大中心となった。

アラビア人は、地中海岸の北アフリカ一帯をジャジーラト・ル・マグリブ（日没の島）などとも呼んでいたが、その中でもとくに美しい自然に恵まれたチュニジア地方を中心にイフリーキヤと呼んだ。これはローマ人の呼称「アフリカ」の訛《なま》りである。

このイフリーキヤの中心部にカイラワーンの町を建設したのは六七〇年で、ウマイヤ朝のムアーウィヤ一世の時のことであった。アラビア語で「隊商」つまりキャラヴァンを意味するが、建市の目的は、駐屯軍の作戦基地とし、物資を補給したり、ベルベル族を威圧したりするためなどであった。

北アフリカの征服に長年月を要した理由の一つは、土着のベルベル族の抵抗が激しかったことであった。エジプトの西境のシーワのオアシスから大西洋岸にいたる地域に住む白人を総称してベルベルというが、これらはサハラ砂漠の中にも、さらに一部はニジェール川流域の一部にも住んでいる。多くの部族にわかれているが、言葉はベルベル語と総称される同一系統のものである。

ベルベルという名も、もとはギリシア人のバルバロイ、ローマ人のバルバリーなどからでており、中国人のいう「夷狄《いてき》」とか「蛮族」とかいう言葉にあたるもので、ベルベル族自身が自分たちのことをそう呼んでいたわけではない。

勇敢で誇り高く、郷土と自由を守るためには死を恐れずに戦うから、アラブ族もその征服に多大の犠牲をはらい、しばしば全部隊が全滅というような目にあっている。アラブ軍の一将軍の言葉に「イフリーキヤの征服はついに不可能ではなかろうか。ベルベル人は一部族が全滅すると、たちまち他の部族がかわり現われて戦うがゆえに……」というのがある。アラブとベルベルと、この二大民族がすさまじい死闘を繰り返していたことを物語っている。

リオ＝バルバテの河口で

カイラワーンの総督職には、つぎつぎと人材が送りこまれたが、なかでも目をひいたのはムーサー＝ブヌ＝ヌサイルであった。

はじめはウマイヤ朝の英主アブドル＝マリクに仕え、バスラで税吏となった。官金を着服して、エジプトに逃れ、カリフの弟で、そこの総督だったアブドル＝アジーズにすがった。そのとりなしで、金貨一〇万枚の罰金で事をすませてもらい、また、その推薦でイフリーキヤの総督となり、カイラワーンに赴任した。このような重職につくと、彼は大いに手腕を示し、アラブ族の北アフリカ征服はこの人の時にはじめて達成された。

そのころ、イベリアは西ゴート族の支配下にあって、首都はトレドであった。しかし西ゴート王国の内部には紛争が重なり、ことにユダヤ教徒はひどい迫害を受けて、存亡の別れぎわに臨んでいた。

モロッコ側の海港セウタの領主ジュリアン伯爵が、トレドの宮廷へ行儀見習いに出していた愛娘フロリンダが、たまたまタホの川辺で水浴しているところを西ゴート王ロデリックに見そめられ、凌辱《りょうじょく》をうけた。ジュリアンはこれを恨んで、ムーサーのもとに赴き、西ゴート内部の弱点を教え、遠征を勧めたという逸話があるが、ムーサーほどのものが、それだけでにわかに遠征を思い立ったとも思われない。

おそらくジュリアンをはじめ、西ゴート王国側の内通者を何人もつくっておいたのではないかと思われる。そうして七一〇年七月にまず五〇〇人ほどの偵察部隊をタリーフという者に率いさせて海峡を北に渡らせた。このときタリーフらが占領したところが、半島の南端のタリーファの町のあるあたりだった。

ムーサーはこの成功に自信を得て、翌七一一年に子飼いの武将ターリク＝ブヌ＝ジヤードに兵七〇〇〇（一説に九〇〇〇）を与えて派遣した。ターリクはベルベル族の出であったというが、どの部族の人であったかはわからないし、ペルシア人でハマダーンの生まれだったという説さえある。

その率いた軍はベルベル人ばかりで、アラブ人は九人のアル＝クルアーン（コーラン）読誦者だけだったという。渡海の船は、セウタのジュリアン伯が提供し、その部下も若干、この遠征に加わった。五月の海を渡って、巨獣の蹲《うずくま》ったような形をしたカルペ山の麓に上陸、そこに集結した。

それからのち、そこは「ジャバル＝ターリク」（ターリクの山）と呼ばれ、訛《なま》ってジブラルタルとなり、海峡もまたその名を帯びることになった。

急を聞いて、西ゴート王ロデリックは約一〇万（一説に四万、または五万）の大軍をひきいて南下した。ターリクは海岸について西北に進み、ムーサーが送ってよこした五〇〇〇のベルベル援兵をも併せて、総軍一万二〇〇〇で、リオ－バルバテ（バルバテ川）の河口に近いところで、これを迎え撃った。

戦いは七日つづいたが、けっきょく、西ゴート軍は潰滅した。七月二十日前後のことであった。ロデリックは乱戦の最中に姿を消してしまった。流れの岸にその愛馬とサンダルだけが残されていたが、遺骸はなかった。

征服者の末路

ムーサーは、ターリクとその七〇〇〇人のベルベル兵にあまり多くを期待しなかったらしい。勘定に合うだけの掠奪品をもって引きあげてくれれば上々の首尾くらいに思っていたらしい節がある。

ところが案に相違して、ターリクは、西ゴート王の親しく率いる大軍を撃滅したあと、破竹の勢いで、敵の都トレドにむかって進撃して行くではないか。ムーサーは狼狽し、しきりに自重せよという指令を出したが、ターリクは野に放った悍馬《かんば》のごとく、もはや主人の制止などは馬耳東風と聞き流すばかりであった。

そうして、軍を三つにわけ、朝に一城を抜き、夕には一市を攻め取るという有様だった。

ローマ人の支配時代から屈指の名邑として聞こえたコルドバなども、その年十月には、わずか七〇〇騎をもって攻め取っている。

　これまで迫害に苦しんできたユダヤ教徒は、各地で侵入軍に協力した。これからのちも、イスラム教徒とユダヤ教徒とはもちつもたれつの親善関係をつづけ、商業や学術その他の面で協力の華を咲かせることになるのである。一般の農民も、西ゴート族のもとで農奴あつかいをされて来たから、傍観しているものが大多数だった。

　ターリクはやがてトレドに迫った。タホの流れを前に、形勝の地を占めたこの敵の牙城では定めし手剛い抵抗を受けるだろうと予期していたらしいが、なんの苦もなく市街に突入した。主な市民はすでに大司教のあとについて避難したあとで、残されていたのは金銀珠玉、宮殿や教会など、驚くべき富であった。

　上司のムーサーはこの報を聞くと怒り、かつ妬んだ。「あの奴隷上がりめが！　おれの命令など無視して、はしゃぎおって……」というので、二万人に近い軍を率い、七一二年六月に海峡を渡った。これはほとんど全部がアラブの男たちであった。

　セビリヤその他、ターリクが攻略し残した町々を手に入れたが、メリダでは西ゴートの余衆の頑強な抵抗にあい、翌年の六月末までかかった。メリダから東してトレドに進む途中、彼の地から八〇キロほど西のタラベーラというところで、彼の命を受けて出迎えに来たターリクと劇的な会見を行なった。この独断専行の殊勲者を面罵《めんば》して、ムチ打ちを加え、トレドに連行して獄に投じたともいう。

つぎの年には、東北に進んでサラゴッサをとり、さらにバルセロナから、ピレネーの東麓をフランスにはいろうとする勢いを示した。そのとき、ダマスクスのカリフからの召喚状がとどいた。ターリクをはじめ、アラブやベルベルの将軍たちのほか、西ゴートの王族四〇〇人ほども同行させ、一行数千人、数えきれぬほどの戦利品を持って、北アフリカ街道をシリアに向かった。

この史上まれに見る華々しい凱旋行列が、ダマスクスにはいったのは七一五年二月だったが、その二月二十三日にカリフ、アル゠ワリードが死に、弟のスライマーンがついだ。ムーサーもターリクも、その功績を褒められるどころか、犬のごとく追い払われた。ムーサーはアラビアのいなかで乞食となって晩年を送ったともいうし、シリアで獄死したともいう。ターリクのほうもおちぶれ、死所さえも定かではない。

吹く風も麝香《じゃこう》のごとく

アラブ人が征服しきれなかったのは、半島の北西部のほんの一部の地域のみで、これをヒスパニア（エスパニア）と呼び、他の大部分にわたる征服地域をアル‐アンダルスと呼んだ。

アラブ人が、この新天地アンダルスを讃美した言葉がいろいろと残っている。「気候はシリアのように温和、土地はヤマンのように肥え、花や香料はインドのように豊かで、宝石や貴金属はシナのように満ちあふれ、海岸はアデンのように船の出入りに便である」などよいことずくめであり、そよ吹く風も麝香のようにかぐわしいなどともいっている。

はじめアッラーが諸国を造ったとき、どの国にも五つずつ願いをかなえてやった。アンダルスに、なにを望むかと仰せられたとき「澄んだ空、魚介に満ちた美しい海、甘美な果物と、可憐な女たちを」と答えた。この四つの望みはみなかなえられた。「もうひとつの望みは？」との御言葉で「よい統治を」と申し出たが「それはならぬ。それまで与えたならば、もはや天国をこの地上に移すことになるではないか」といって、とうとうそれは駄目になったという伝説もある。

敷石道の殉教者たち

アンダルスのようなうまし国を手に入れても、モーロ人（アラブとベルベル）たちの征服慾は一向に鎮静しなかった。ピレネー山脈のむこうにも美しい山河が展開し、そちこちの教会や修道院には、財宝が満ちあふれているといわれていた。

征服者はイベリア半島を五州にわけたが、やがてピレネーを越えて南仏に侵入し、ナルボンヌを首邑とする第六番目の州をつくり、さらに北に進んでトゥールーズやリヨンにも迫ろうとしていた。

七三〇年に、アブドル＝ラフマーン＝アル＝ガーフィキーが総督として着任した。篤信家のオマル二世に重んじられたひとで、よくコーランに通じ、財宝よりも聖戦のために情熱を傾けるという型だった。

フランク軍をひきいたシャルル＝マルテルの像

七三二年の夏、彼はパンプローナに大軍を集結し、ピレネーの西端に近いロンスヴォーの険を越え、ボルドーをめざした。途中でアキテーニュ侯爵ユードの軍を破ったのち、ボルドーを荒し、アングーレーム、ポアティエーをへてトゥールへと殺到しようとした。そこのサン-マルタン大教会堂が目標だったらしい。ポアティエーから東北に約二〇キロ進んだところで、フランク王国の宮宰シャルル＝マルテルのひきいる精鋭軍と遭遇した。

この会戦はフランスの運命を決したいくつかの戦いの一つに数えられているが、十月二十五日から三十一日にかけてのこととする説と、同月十日から十七日にかけてであったとする説にわかれている。「ポアティエーの戦い」と呼ぶのは西側で、アラブ史家は「バラート-ウッ-シュハダー」（殉教者たちの敷石道）の戦いと呼んでいる。ローマ人の残した敷石の街道の近くで行なわれ、多くの殉教者を出したためであり、主将アル＝ガーフィキーもその一人であった。最後の決戦の日には日没ののちまで白兵戦が続いたが、その最中に陣没したのである。アラブ軍は夜闇に乗じて退却し、フランク軍は夜が明けてから、はじめて敵影のないことに気づいたのである。

この戦いののちも、モーロ人はナルボンヌを基地として、アルルやアヴィニヨンなどプロヴァンス地方を侵したが、七六八年には、この基地をも

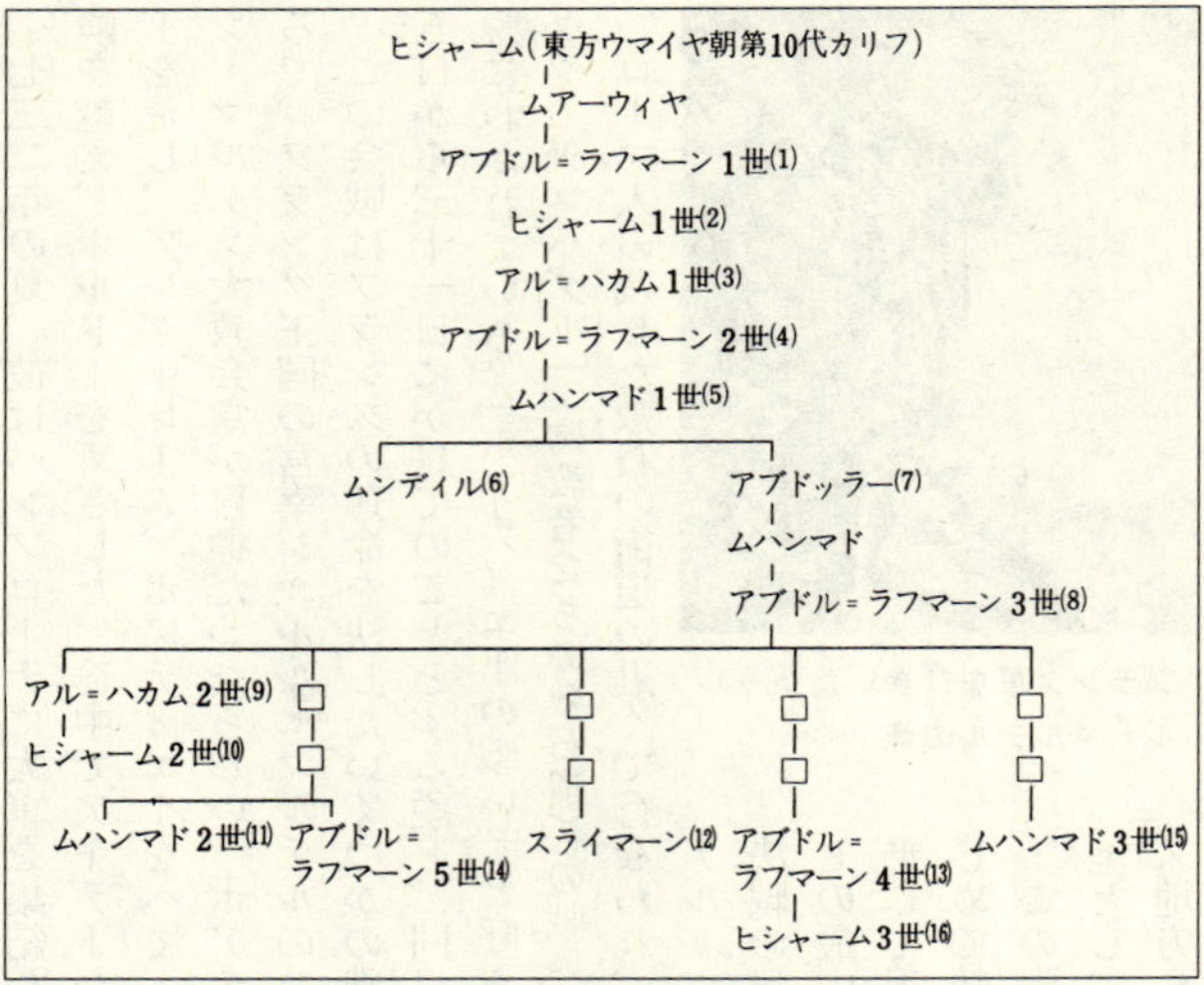

コルドバのウマイヤ朝系図

失った。

さすらいの貴公子

スペインの土着人の多くは、モーロ人の征服を受け入れ、イスラムに改宗するものも相ついだ。アラビア語を話したり、その風習に馴染《なじ》んだりはしても、宗教だけはキリスト教を守り続ける人々もいた。これらはモサーラベと呼ばれ、独特の混合文化を育てていった。

ただし、少数ではあったが、あくまでもモーロ人の支配を認めず、レジスタンスを行なうものもあった。西ゴートの貴族や高官たちがその中心であったが、これらは西北部の深山幽谷の中にかくれた。

ことにペラヨを首領と仰ぐ男三〇

人、女一〇人の一団はアストリアス地方の山奥、九〇段もある梯子でよじ登らねばならぬ絶壁上の洞窟にひそみ、岩間にすむ蜂の蜜などで命をつないでいたという。この一団がのちにペラヨを王とするアストリアス国に発展し、やがて、レオーン、アラゴーン、ナバルラ、カスティリアなどいくつものキリスト教国が北部につくられ、モーロ人と争うようになる。
とかくするうちにウマイヤ朝が壊滅してしまった。同家の主だった人々は、これと運命を共にしたのだが、第十代カリフ、ヒシャームの孫のひとりが奇蹟的に生きのび、きびしい追及の手をのがれつつはるばるとアンダルスまで流浪の旅を続けた。この公子の名はアブドル＝ラフマーン、故郷を出たころはまだやっと二十歳の若者だった。
長身で、眉目秀麗、教養も高く、激しく不屈の気性の持主だった。生母はベルベル族のうちのナフザ部族の生まれであり、遠征のアラブ軍に捕えられ奴隷として東方に送られた人であった。

　そのころ、ナフザ部族はセウタ附近にいたので、まずそこに身を寄せた。ただひとりこの主人と行動を共にしていたバドルという下僕をスペインに潜入させ、ウマイヤ家と縁故の深い人々のあいだをまわらせた。

　やがて一二人の男たちが、一隻の船をしたてて迎えに来た。七五五年四月中旬、公子は、この船で、マーラガの東方のとある港に渡った。翌年三月にはセビリヤを占領し、やがて、コルドバに政庁をおいていたアッバース朝の総督の軍を破って、そこを占拠し、アル‐アンダルスのアミール（王）の位に就いた。これが西のウマイヤ朝のはじめで、十一世紀はじめまで約三百年間続いた。

この王朝にはアブドル＝ラフマーンという名の五人の君主が現われたので、創業の主をとくにアッ＝ダーヒル（入国者）という異名で呼んでいる。はじめ味方についた約五〇〇人のアラブ人をもとに、二十六歳のとき、コルドバで政権を握った。そのさいに部下たちが市民の財宝を掠奪することを厳しく禁じ、婦女たちをも守って、犯させなかったので、もう少しで味方の手にかかって暗殺されるところであった。

好漢よく好漢を知る

もちろん、バグダードのアッバース朝カリフの主権は認めなかった。当時のカリフは煮ても焼いても食えぬマンスールであったから、これももちろんこの反逆をそのままに黙認するようなことはなかった。しかし、両雄ともに身辺まことに多事であって、地中海をへだてて死活の大戦を挑むような余裕はなかった。

それでも七六三年になると、マンスールは、敵手がトレドで起こったアラブ族の反乱ととり組み、二年の歳月を費してまだ結着をつけ得ないでいたのに乗じ、一武将に多額の資金と綿密な指示をあたえ、成功の暁はかの地の総督の地位を与えると約束してイベリアに送りこんだ。

この将軍は今のポルトガルの南部のベハー地方で、アッバース朝の黒旗を掲げた。コルドバ政権のきびしさに不満の徒は争ってこれに応じ、アブドル＝ラフマーンは危地に追いこまれた。信頼しうる兵ばかりをすぐって、セビリヤ東方のカルモーナの町にたて籠ると、敵軍はこれを取り囲むこと二ヵ月におよんだ。

包囲軍にようやく倦怠の色の現われたのをうかがい知ると、アブドル＝ラフマーンはある日、精兵七〇〇人を選び、西門の傍にどっと火をもやし、「勝利か死か、二つにひとつ。みんな剣の鞘《さや》を火に投じようではないか。勝利を得なければ、勇者として死ぬと誓ってくれ！」と叫んだ。みな鞘を火に投げ入れ、城門を開いて突貫した。この戦いで包囲軍は主将以下七〇〇〇人を失って潰滅した。

アブドル＝ラフマーンは敵の主将以下、重きをなす者たちの首をうたせ、それぞれの耳に名前や身分を書きつけた札をつけ、塩や樟脳とともに革袋につめさせた。それにアッバース家の黒旗、マンスールが主将にあたえた任命書、戦闘の経過をしるした文書などをもそえて、商人に託し、カイラワーンまで運ばせた。

このことはさすがにマンスールの胆を冷やした。身内に悪寒《おかん》の走る思いがして「あのような悪魔めと、わが間に、かの海原をおきたまいしアッラーよ、褒めたたえられてあれ！」と口走ったという。しかし、またあるとき、マンスールはバグダードの宮廷で近臣たちと閑談していたさい、話が古今の英傑たちの評価におよぶと、「アブドル＝ラフマーンこそクライシュ族中のタカとたたえるべき人物である」といい、「ただひとり遠国をめぐり、軍兵もなしに海のかなたの国におしわたり、おのれが機略と堅忍さよりほかは頼るものがないのに、よく強敵をひるませ、反徒を殺し、キリスト教徒の襲撃を退けて、国境を安らかにした。単身で大国を建設し、麻のごとく乱れた国土を統一した。彼以前の誰があれほどの偉業をなしとげたろうか！」と激賞したとのことである。

孤独地獄を生きぬいて

アブドル＝ラフマーンは王位にあること三十二年間、七八八年九月三十日に、コルドバの王宮で死んだ。ウマイヤ家のシンボルでもある白衣をいつも身にまとい、髪は金髪で、巻毛を額にたらしていたという。

複雑な社会構成をもつ異郷に来て、みずから建設した国家を存続させるためには、常人では忍び得ぬこともあえて行なわなければならなかった。そのため冷酷で執念深く、慈悲の心とてないという評価を受けなければならなかった。若年のころから、人心の険しさ、人情のたよりなさを、つぶさに体験しつつ、きびしく生き抜いたのである。彼ほど孤独地獄の冷たさや暗さを知り抜いたものも少なかったであろう。

晩年はめったに宮殿から姿を現わすこともなく、民衆とは隔絶した存在となった。もともとは人情に篤《あつ》く、社交を好む人柄だったらしいだけに、痛ましい感もある。そして、ベルベル族や、そちこちから買い入れた奴隷など四〇〇〇人ほどをもって、番犬のように忠実な親衛部隊をつくり、身辺を警固させていたというが、彼が建てた国家はよく三百年の風雪に耐えた。

彼はコルドバの東北郊三キロほどのところに離宮をつくり、これをルサーファと呼んでそこで暮すことが多かった。本来のルサーファはシリア砂漠の北端に近いところにあり、ウマイヤ朝の離宮の所在地である。彼の祖父ヒシャームが愛したところであり、彼自身にも思い出の多いところであった。

この心たくましい君主が、遠い異郷につくった離宮の庭にシリアから移し植えられたひともとのナツメヤシの幹に書きしるしたという望郷の詩が伝えられている。

ルサーファの　庭のもなかに　わがためにひともとのヤシ　植えられぬ
ヤシの葉しげる　ふるさとを　遠く離れし　いや果ての　この西国《にしぐに》に。
われ呟きぬ「われのごと　そなたも異郷に　ただひとり　生きてぞあるか
一族の　もとを離れて　さすらいに　そもいくとせを　重ねしか！」
とつ国の　なじまぬ土に　すくすくとよくぞそなたは　育ちしが
大地の果てに　寄辺なく　生くるそなたと　このわれと　なんの変わりのあるべきや
……

この人のあと、コルドバの宮廷には、その子孫が相ついで、アミール（王）の位についた。喜びも栄えのときもあったが、悲しみや争乱の月日も度々であった。

第四代目も創業の主と同じくアブドル＝ラフマーンという名であった。そしてこのほうはアル＝ムタワッシト（中間の人）という異名で呼ばれている。彼は八二二年五月から八五二年まで在位した。東方イスラム世界では、好学の英主アル＝マームーンがやはり八二二年に即位しているが、東西のイスラム世界にそれぞれ、高い教養を持ち、学者や文人の保護に熱

コルドバのメスキータ（大モスク）の内部　アル＝ハカム２世が拡張した部分にあたる。

意をもつ君主が現われたことは軌を同じくしている。

稀世の英主が現われて

それから三代おいて、第八代目のアミールの位についたのが、またしてもアブドル＝ラフマーンという人であった。

九一二年十月十五日、深く澄んだ青い目をし、やや赤みがかった金髪を黒く染めた二十一歳の美しい若者が、一族や群臣に祝福されて王位に就いたときは、この王朝は滅亡寸前ともいうべきありさまであった。

各地で反乱が起こっており、都コルドバはその中に孤立していたが、それさえも守備の軍隊の暴動の危険にさらされていた。国庫は底をつき、食糧も乏しく、恐ろしいインフレに市民はあえぎ、真暗な絶望がみんなの胸にあるだけであった。ただ一つの救いは、これまで二十四年間にわたって無気力な治世を続けてきた国王アブドッラーが六十八歳で死んだということだけだったというから哀れである。

しかし、そのあとを受けた前王の孫アブドル＝ラフマーン三世はこの王朝きっての英主であった。善意に満ち、礼儀正しく、寛大で、聡明で深慮、しかも不撓不屈の雄々しさを持っていたから、これ以上は望むべくもなく、しかも寿命にも恵まれ、在位五十年間にもわたったので、西のウマイヤ朝は空前絶後の黄金時代を実現し得たのである。しいていえば背が低いことが難だったが、おのずと備わる威厳は十分にこれをかくしていたという。コルドバは、この明君のもとに西ヨーロッパ最大の都会となり、そこを中心とする西方イスラム世界の文化は、バグダードを大中心とする東方イスラム世界の文化と、東西にその栄《は》えを競いあうという壮観となった。この大帝が栄光の絶頂において大往生をとげたのは九六一年で、奇しくも月も日も即位のときと一致した十月十五日であった。

花咲き匂う町づくり

この三人目のアブドル＝ラフマーンは別にアン＝ナーシルとも呼ばれている。勝利者という意味で、正確にはアン＝ナーシル＝ビ＝アムル＝ル＝ラーヒ（アッラーの命による勝利者）というので、後年になって選んだ美称である。まず各地の反乱を鎮め、分裂した国土を再統一するという難事業を成就しているが、これに約十八年間を費した。

つぎは南北の両面からアンダルスの地を狙っていた外敵と精力的に戦い、縦横の機略を発揮した。南方の強敵は北アフリカに新たに興ったファーティマ朝であり、北方の敵はイベリア北部にその数を増しつつあったキリスト教諸国であった。

はじめ、これらのキリスト教諸国が占める地域は、七一一年にモーロ人の征服がはじまった時から三百年たったとき、まだ半島の面積の五分の一にすぎず、それが六つの国家に分裂し、離合を繰り返しているというありさまだった。

イベリア半島には東から西に流れて大西洋に入る主な川が三つあって、一番北のがドゥエロ、真中のがタホ、南のがガダルキビルである。モーロの征服後、ほぼ三百年間はキリスト教諸国の勢力は、ドゥエロ川で限定され、それから南にのびることはできなかった。

アブドル＝ラフマーン三世が即位したころ、キリスト教国には一番古いアストリアス王国（のちにレオーン王国となる）をはじめ、ピレネー山地のバスク族のナバルラ王国、東北部のバルセロナ伯爵国などがあったが、ごく新しいものとしてカスティリア伯爵国が起こりつつあった。これはレオーンの東南国境に建てつらねた城砦（カスチリ）地帯が九二三年ころに独立国に発展したものである。やがて王国となり、最前線を占めて活動した。

アブドル＝ラフマーン三世は、これらキリスト教諸国に対して連年、兵を動かして遠征し凱歌をあげ、戦利品を積んでひきあげて来るのが常であった。しかし、ときには不覚の敗北を喫することもないわけではなかった。

しかし、即位後四十年すると（九五五年）、さしもに頑強に抵抗したキリスト教諸国もついに屈して、彼の主権を認め、多額の年貢を払うことに同意した。

九二九年のはじめ、彼はカリフの称号を帯び、アミール＝ル＝ムウミニーン（信徒の総帥）と呼ばれることになった。これより先、北アフリカのファーティマ朝の君主が、やはりカリフの称号をとったから、イスラム世界には、東方のアッバース朝のカリフのほかに、さらに二人のカリフがいることになり、都合三人のカリフが東西にならんで勢力を競い合うという形勢となった。

アブドル＝ラフマーン三世は、治世の中ごろ、コルドバの西北、五キロほどの丘陵地に「ザフラーの町」を建設した。九三六年十一月に起工し、十数年のあいだ、毎年国庫の収入の三分の一をこの工事に費したといわれている。これは、離宮を中心にした新しい町づくりで、善美をつくしたものであった。

晩年は、主にここで暮し、その死後は好学無類のアル＝ハカム二世が、万巻の書物をここに集めて読書に没頭した。しかし、このザフラー（花咲き匂う）の町も十一世紀に入ると荒廃の一路をたどった。やがて野草のうちに埋もれてしまったが、スペインの考古学者たちが今世紀になって発掘し、その一部の復原なども行なわれている。

ザフラー宮殿あと　コルドバの西北の丘陵上にある。アブドル＝ラフマーン３世はここで全盛期をすごした。

3　受難時代のカリフたち

非業の最期が相つぐ

西方イスラム世界が、アブドル＝ラフマーン三世という傑物の出現によって、繁栄の時代を示していたころ、東方イスラム世界も学芸界にあまたの天才・奇才を輩出させていた。イスラム暦の四世紀（だいたい西暦十世紀）から五世紀にかけては、イスラム文明は爛熟の域に達したといえるであろう。

しかし、政治的には分裂がすすみ、従来の権威は新興勢力のため軽視されたり、破壊されたりし、社会の変化もいちじるしくなった時代であった。

その一つの例として、アッバース朝のカリフたちが辿った運命を簡略に眺めて見よう。

第十代のムタワッキルが宮殿内で斬殺されたことは述べたが、その陰謀には、嗣子《しし》ムンタシルも加わっていたらしい。しかし第十一代カリフとなったムンタシルも在位六ヵ月足らずで、八六二年六月七日に、二十六歳ほどで急死した。トルコ系軍閥が、このカリフの侍医を買収し、放血手術のさいに、毒を塗った針をつかわせたためとも、毒入りの梨を食べさせたためともいう。

第十二代は、ムンタシルには従兄弟にあたるムスタイーンで、美男だったが、発音に支障があった。

なぜ、この人がカリフに奉戴されたかというと、先代のムンタシルが急死したさい、将軍たちがひそかに会談し、「もしムタワッキルの子たちのうちの誰かが、カリフとなったなら、われわれは皆殺しになるに違いない」という意見で一致した。そのためこのよく口のまわらぬ公子を推したてた。

しかし新カリフもやがて、トルコ系軍閥の機嫌を害し、サーマッラーからバグダードに逃げてしまった。軍人たちは、先代ムンタシルの弟のムウタッズをカリフの位につけ、ムスタイーンを退位させた。ムスタイーンはサーマッラーに連れもどされたうえ投獄され、やがて刺客の手によって命を断たれた。八六二年の出来ごとで、まだ三十一歳だった。

大欲は無欲

第十三代ムウタッズは十九歳で即位した。生母はギリシア系奴隷で、名をカビーハ（醜《しこ》女《め》）といったが、実際はたいへんな美人だったらしい。したがってムウタッズも絶世の美少年で、「こんな可憐なカリフは見たことはない」と人々を感歎させた。しかもこの人はなかなかのしゃれ者で、金鞍をおいた馬に跨って都大路を練り歩いた。それまでは歴代カリフは銀鞍を用いたという。

トルコ系軍閥はますます増長し、このカリフに多額の金を強要したが、すでに国庫は底をついていて払えなかった。病気だといって引きこもったムウタッズの宮殿に乱入し、カリフの脚をつかんで曳き倒し、棍棒で乱打したうえ、炎天下にさらして、顔をなぐりつけ「退位せよ！」と脅迫した。そうして、第九代アル＝ワーシクの子ムフタディーを連れて来て、これに位を譲らせた。

退位したムウタッズはやがて蒸風呂におしこめられ、一滴の水も与えられなかった。そのあと外に引き出し、炎天下にさらしておいて、雪をいれた冷水をうんと飲ませたので、哀れやその場に倒れて息絶えた。八六九年七月の出来ごとである。

はじめ軍人たちが金子をゆすったとき、カリフは生母が大金持だったので、借用を請うたけれど断わられた。息子がいびり殺されたあと、この慾ばり女は全財産を吐き出させられたが、なんと金貨だけでも一三〇万枚もあったし、一つの箱にはエメラルドが一杯、もう一つのバスケットには大粒真珠やルビーその他の宝玉が一杯はいっていた。軍人どもが彼女の息子に強請したのは金貨五万枚だけだったから、ほんの一部を分けてやれば命を救うことができたのである。それを惜しんだため、息子は殺され、自分も全財産を没収されたうえ、メッカに追放されたという。

第十四代、ムフタディーは性格善良で敬虔な人であった。日常の生活も簡素を旨とし、ウマイヤ朝の聖人カリフ、オマル二世を慕っていたというから、見当がつく。しかし、この人もけっきょく、トルコ系軍閥のわがままにあっては我慢ができず、勇敢にこれらと戦い、ついに捕えられ、拷問され、殺された。八七〇年六月のことで、在位一年に半月ほど足りなかった。

ザンジの反乱

第十五代、ムウタミドはムタワッキルの子で、生母はもとギリシア系の奴隷であった。ムフタディーが殺されたとき、この人はある事情で投獄されていたが、トルコ系軍人どもに救出され、カリフの栄位に推し立てられた。

タルハという弟があり、なかなかの切れものであった。のちにムワッファクという美称で呼ばれ、ザンジ（黒人）の大乱を平定した人物である。弟は偉かったが、兄のムウタミドは享楽児で独善的、人民からも憎まれた。その治世のあいだには、ザンジの大乱や大地震、大飢饉など、大きずくめの天災・人災が相ついだ。

ザンジとは、ペルシア語で黒人を意味する「ザング」のアラビア語なまりで、東アフリカにザンジバルという地名があるごとく、もとは東アフリカから連れて来られた黒人のことで、奴隷身分のものが多かった。

塩分の多いイラク南部の土地から、塩分をとり除き、農地にするにはたいへんな労働力を必要としたが、この辺の土地の所有者には大地主が多く、都会地に住み、監督者をやとって、黒人たちを使役し、農場を経営していた。したがって労働条件は劣悪であり、不満も多かった。労役にしたがったのは黒人ばかりではなく、アラブ人も相当数いたらしいというが詳しいことはわからない。

たまたま、これらの中にはいりこんだ本名アリー＝ブヌ＝ムハンマド、通称は「覆面の人」（アル＝ブルクーイー）という者とその一味に煽動されて反乱を起こした。これが大勢力となり、一時はバグダードも危く、アッバース朝の運命もこれで最後かと思われるほどになった。しかし、カリフの弟ムワッファクが親しく軍をひきいて、漸次これを押しかえし、ついに反軍の本拠地ムフターラ市を八八三年八月に攻めおとし、首謀者アル＝ブルクーイーらを倒したので、前後十五年間にわたった騒乱もやっと鎮定した。

反徒は少なくも六つの要塞都市を建設し、兵器や製造工場や、造船所なども持っていた。陸軍はもちろん水軍をももっていた。

有力な商人の団体が、この運動を支援していたため、経済的にも豊かで、これがザンジの反乱を長期間支えた。反軍は五〇人をもって一隊とし、一〇隊をもって一大隊とするというような整然たる組織をもち、捕えた男子はみな殺し、婦女と小児は奴隷とするのが常であった。

八七〇年六月には、バスラの外港オボルラを攻め、火をはなち、大虐殺を行なった。当時のオボルラはだいたい現在のバスラ市のあるあたりにあたり、そのころのバスラはオボルラから、運河を船で四時間ほど西に行ったところにあった。

翌八七一年九月には、ザンジ軍はついに、バスラを占領した。市民たちは、そちこちの広場に駆り集められ、約三〇万人が一気に虐殺されたが、婦女子は捕えられ、奴隷としてせり売りにかけられた。アッバース家の一族とか、預言者ムハンマド（マホメット）の子孫など貴家の女たちは特別の高値がついたといわれ、たいていの黒人が一人で一〇人前後の女を分配されたともいわれている。

ムワッファクの率いる官軍が、ようやく攻勢をとりもどしたのは八八〇年の秋からで、まず、ザンジ軍の要塞市マニーアを破ったが、救出した女や子どもだけで五〇〇〇人もあったという。

この戦いは初期から殺伐をきわめたが、末期になるとさらに酷烈となり、身の毛がよだつような残虐行為も行なわれたのである。ムフターラがおちて、主謀者アリー（アル＝ブルクーイー）の首を見たとき、ムワッファクは地にひれ伏してアッラーに感謝し、全軍の将卒もこれにならったと伝えられている。

サーマッラーからバグダードに都をもどしたのもムウタミドで八九二年のことであった。チグリスの東岸に近くハサニー宮殿があって、もとカリフ、マームーンが重臣ハサン＝ブヌ＝サハルに与えたものである。サハルはこれをおのが娘で、マームーンの妃になったブーラーンに贈ったのだが、ムウタミドが遷都したときこの婦人はまだ生きていて、この宮殿に十分に手を加え、新装をこらしてカリフに提供したのである。カリフはまもなく、その年の十月に急死した。

エジプトのイブン＝トゥールーン

第十六代は、前カリフの弟ムワッファクの子のムウタディドであった。ザンジの乱のときは第一線にたって戦い、剛勇無双の敵将と一騎うちまでして、これを捕え、その皮をはいで弓の弦をつくったなどという逸話の持主だった。

知能も衆に越え、風采も堂々としていたし、慓悍《ひょうかん》で、かつて獅子と組打ちしたことさえあった。しかし彼の時代には、これまで多額の税金源であったエジプトがすでにトゥールーン朝のもとに独立し、シリアの大部分もその支配下にはいってしまっていた。

トゥールーン朝の建設者アフマド＝ブヌ＝トゥールーンの父トゥールーン（ドロンの訛《なま》り）は、中央アジアのブハラの知事が八一五年ころ、カリフのマームーンに献上したトルコ系奴隷のひとりだった。カリフの親衛隊の一人となり、やがてその隊長となった。アフマドはその子として八三五年九月に生まれ、サーマッラーで育った。父から武人としての訓練をうける一方では、学問にも精を出した。

八六八年、カリフ、ムウタッズはトルコ系武将バークバークをエジプト総督に任じたが、この人はアフマドとは義理の親子の関係であった。というのは、トゥールーンの死後、その妻、つまりアフマドの母が、この武将と再婚していたからである。それでバークバークは自分の代官として、時に三十三歳のアフマドをエジプトに派遣した。

それから四年のあいだ、アフマドはエジプトにおける実権を握るための工作をすすめ、多数の奴隷を買い入れて、おのれに忠実な軍隊を編成した。これら奴隷の中には、四〇〇〇人ほどの「スーダーン」(黒人)と呼ばれるナイルからニジェール川にいたる草原地帯出身の男たちもあった。

これまで、エジプトには、エジプトの利益を守るために戦おうとする独立の軍隊はなかったが、アフマドはいろいろの機会をつかんでは、このような軍隊を編成することに成功し、これをおのれの爪牙とするとともに、エジプトを守る戦力としたのである。

アフマドはつぎにエジプトの財政上の独立を実現しようとした。これまでナイル川流域に住む農民たちが営々として働いては納める租税は、ほとんどあげてカリフ政権に吸いあげられて、エジプトの土地を潤すことはなかった。アフマドは、アッバース朝の主権はどこまでも尊重するふりをして、ある程度の納金でうちきり、それ以上は言を左右にして送金しなかった。

もちろん、これは中央政府を怒らせ、戦争となる危険性があったが、当時アッバース朝は動揺していたし、ムウタミドのように無気力のカリフが現われたりして、果断な処置はとれなかった。

ただし、カリフの弟ムワッファクという手剛い人物がいたけれども、これがまたザンジの反軍と必死に取り組んでいて、とてもエジプト遠征などの余裕はなく、むしろアフマドの援助を求めなければならなかった。

後者は巧みにこれに乗ずると共に、ビザンツ帝国に対する聖戦（ジハード）を行なうのだという口実のもとに、八七八年にはシリアに進出して、これを併合した。こうして名義上はともかく、実際において、エジプトは独立したから、この王朝をトゥールーン朝と呼び、アフマドが代官として赴任した八六八年をもってそのはじめとしている。

イブン＝トゥールーンのモスク（カイロ）　光塔はサーマッラーにあるものとほぼ同様式である。

エジプトの生む富はこれ以来、その土地に投資されることになり、ようやく民に生色が見えて来た。アフマドは農業をはじめ、商工業をも保護奨励し、首府フスタートの東北にカターイーという区域を開拓して、そこに自分たちの宮殿や政庁、大モスクなどを建造した。イブン＝トゥールーンのモスクと呼ばれ、カイロの名所の一つとなっている大建築物は彼が造営したもので、サーマッラーで育ったこの人の郷愁を永く伝えるかのように螺旋形の光塔が立っている。

はじめて、アフマドがエジプトに赴任したときは、ほとんど無一文で、友人から借金をして旅立ったという。しかし、八八三年に世を去ったときは、金貨だけで一〇〇〇万枚、数万人の奴隷、三〇〇〇頭の馬などのほか、戦船一〇〇隻など莫大な財産があった。

露のしずくの運命

長子は父に背いて殺されたため、次男のフマーラワイヒが跡目をついだ。父ほどの苦労人ではなかったから、おのが娘のカトルン＝ナダー（露のしずく）を、時のカリフ、ムウタディドの息子に嫁がせたいという望みをおこした。

それで使節をバグダードにやって、婚儀を申し入れさせたところ、意外なことに、カリフは、「いやわが子によりも、自分がもらおう」という返事であった。

「露のしずく」は、時にまだやっと十歳だったので、二年ほど結婚をのばし、八九五年に十二歳の花嫁がはるばるとバグダードまでお輿《こし》入れした。美しく怜悧《れいり》な娘だった。

花嫁の持参の品々は宝石をちりばめた腰帯四〇〇〇本、宝石をつめた貴重品箱が一〇個、香料をつき砕く黄金の鉢が一〇〇〇個もあったという。

父のフマーラワイヒは娘を玉の輿に乗せ得たかわりには、金貨一〇〇万枚もつかって、大分懐中がさびしくなった。そのうえ、この人は浪費家でもあって、父が練武の場所としていたマイダーン（広場）を花園に変えて、珍奇な花や木を植え、金閣をつくって、自身や後宮の美女たちの肖像を壁にえがかせたりした。

庭園に水銀をたたえた池をつくり、その上に空気布団を浮かばせ、何本かの銀の柱に絹の綱をかけてそれに布団を結びつけさせた。この布団の上にねて、ゆらりゆらりとゆり動かさせながら眠ったという。水銀池は四角で、一辺が三〇メートルもあったと伝えられるが、後世に宮殿あとから多量の水銀が発見されたという記録もある。

八九六年のはじめ、ダマスクスを訪れていたフマーラワイヒは、奴隷の一人に暗殺された。遺骸はエジプトに運ばれ、ムカッタムの丘（今のシタデル）の麓に葬られた。

そのあと十四歳の息子ジャイシュがついだが、数ヵ月ののち暗殺された。国庫は空となり、もはや昔の面影はなかった。ジャイシュの弟ハールーンがつぎ、これもまもなく殺された。初代アフマドの子のひとりシャイバーンが即位したが、アッバース朝の討伐軍を受けて滅び去った。

カターイーは、大モスクのほかは徹底的に破壊され、虐殺、掠奪、強姦など、地獄絵さながらの光景が四ヵ月もつづいた。時に九〇五年で、トゥールーン朝の運命は三十七年間で終わった。

これよりさき、バグダードでは美姫「露のしずく」が、父の訃報を聞いたあと、朝露のように短い生涯を終わり、ついで九〇二年四月にはムウタディドもハサニー宮で死んだ。珍しく過労のための病死との説もあるが、毒害説もある。顔をふいた手巾《ハンカチ》に毒が染みこませてあったというのである。

野ざらしのしかばね

第十八代のムクタディルは、十三歳で即位し（九〇八年）、九三二年まで在位した。兄とは反対のひどい浪費家であった。

反乱が起こり、バグダードの郊外でカリフの親しく率いる軍と戦った。カリフは乱戦のうちに、敵のひとりの投げた槍にあたって倒れた。この槍を投げたベルベル人が走り寄ってカリフの首を刎《は》ね、槍の先に突き刺した。胴体は赤裸にされたまま、その場にころがされていたのを、数日後に誰かが土中に埋めたという。

ずいぶん、不幸な人だったが、その一二人の男児のうち、三人までがカリフの位にのぼったし、彼のあと、アッバース朝が滅びるまでに一九人のカリフが位につき、そのうち一七人までが彼の直系の子孫だった。

盲目にされた前カリフが三人まで

第十九代カーヒルは、第十八代の異母弟で、冷酷無情の異常性格者だった。いつも槍を放したことがなく、気に入らぬことがあると、すぐにそれで相手を突き殺したというから、異常者が生殺与奪の絶対権を握ったようなものであった。在位一年半あまりで、九三四年四月、軍人たちが蜂起し、このカリフを捕えて、牢に入れ、真赤に焼いた鉄針を目玉に突き刺して盲目にしてしまった。しかし、命だけはとられなかったので、それから恥多い余生をおくり、九五〇年十月に五十三歳で死んだ。

「わしゃ、みなさま御存知のものじゃ。なにか恵んでくださらぬか！」と、もの乞いをするまでおちぶれたそうである。この人を最初に、邪魔なカリフは、殺すかわりに、目をつぶして廃人としてしまうことがはじまった。

第二十代のラーディーと第二十一代ムッタキーとは異母兄弟で、ムクタディルの子である。ラーディーのほうが四歳ほど下だったが、先にカリフの位についた。双方とも、性格は善良で、いろいろと美点が伝えられている。

すでにラーディーの時には、この王朝の権威はがた落ちし、カリフがほんとうに統治しているのはバグダードとイラク南部（サワード地方）の一部のみに限定されてしまった。落ち目の時代に生まれあわせたが、ラーディーは心が温かく、寛容の美徳をもち、かつすぐれた詩人でもあって、その詩集は高い評価を受けている。やせて短軀、色は黒く、鼻は低く、風采はあがらぬほうだった。欠点は大食漢だったことで、胃弱に悩んでいたということであり、三十一歳あまりで、九四〇年に病死した。

兄ムッタキーは、三十四歳で、弟の跡目をついだ。いわゆる律儀者で、酒を飲まず、女におぼれず、「一巻のコーランさえあれば、友もいらぬ」と口癖のようにいっていた。

体格は逞《たくま》しく、美男で、青い目に、赤い髪をしていた。ただこの人は生涯不運につきまとわれた。権臣たちの内輪もめに巻きこまれて散々に苦労したあげく、九四四年、トルコ系の武将トゥーズーンのため、目を赤熱した鉄串で焼きつぶされ、印章などのカリフの象徴を奪いとられた。そしていやも応もなく思いもかけぬ人物に忠誠を誓わせられてしまった。

彼が目をつぶされたとき、苦痛の絶叫が他に聞こえぬようにと、トゥーズーンは、多くの部下に命じ一斉に太鼓を打ち鳴らさせたというが、そのあと、ムッタキーは運河上の小さな島の牢獄で二十五年間にわたり辛い月日を送らねばならなかった。彼が災難にあったとき、盲目第一号のアル＝カーヒルが「これで盲目にされたカリフが二人になった。おそらく三人目が出るだろう」という意味の詩をつくったが、この予告は的中した。

第二十二代のムスタクフィーは第十七代の子で、生母アムラフン＝ナーシ（人類中のもっとも艶美な女の意）に似て、端麗な容貌の持主だった。体格も堂々としていて、長身長髯の美丈夫だった。しかし、在位一年四ヵ月足らずで、ダイラムびとのために両眼を焼串でつぶされ、退位を強要された。こうして、盲目になった前カリフが三人までそろうという事態になった。

ムスタクフィーもまた、余生を獄中ですごし、九四九年ころ、四十六歳で薄幸な生涯を終えた。ダイラムびとという言葉をつかったが、これはどんな連中だったろうか？

七　覇権と異端

1　サッファールからサーマーンへ

いかけやとその悪党仲間

イランの東部を本拠として独眼竜ターヒルが起こしたターヒル朝にとってかわったのが、ヤアクーブ＝ブヌ＝ライスを始祖とするサッファール朝であった。

サッファールとは銅細工師のことだが、ヤアクーブがもといかけやだったことから、彼が建設した王朝もその名で呼ばれるようになった。いかけやから群盗の仲間入りし、やがてシースターン地方の支配者となったというようにいわれてきたが、群盗といっても、実際は宗教的政治的な目的をもつ武装集団であった。

シースターン（シジスターン）は今のアフガニスタンの西南部とイランの東南部とにまたがった地方で、当時のイスラム世界では、相当の辺地だったから、イスラムの異端派たるハーリジュ派の中でも、もっとも過激な一派がこの地方に逃げこみ、掠奪・暗殺などをほしいままにしていた。

官憲の力ではどうにもならぬので、正統派のムスリムたちが自警団を組織し、暴を押さえるに暴をもってするという手段にでた。これら自警団の人々をアイヤール（悪党）と呼んだのであるが、ヤアクーブが加わったのはまさしくそれで、ただのものとり山賊団ではなかった。

東は今のカーブルあたりまで勢力をのばし、西はターヒル朝の軍を破って八七三年には、首府ニーシャープールを陥れた。これでターヒル朝は再起不能となった。

ヤアクーブは出陣のたびに、木製の玉座を部下にかつがせ、その上に坐って督戦するのが常であった。また一〇〇〇人の精兵をもって、「金の旗竿衆」と呼ぶ旗本部隊を組織した。この部隊の旗竿は黄金でつくられ、一本の重さが一〇〇〇ミスカール（約五キログラム）もあった。つぎに「銀の旗竿衆」という部隊もつくった。

これら部隊の戦士には、それぞれまばゆいほどに華やかな装具をつけさせ、敵前に展開させて、その度胆を抜いては喜んでいた。ただし、彼自身の生き方はきわめて簡素で、陣中では粗末な小型毛布を地に敷き、そばに楯をおいて坐っているだけで、ほかには何一つなく、眠るときは、その楯のうえにごろりと横になるだけであった。

時のカリフが自分を公認してくれぬというので、バグダードめがけて進んだが、敗北し、八七九年六月、医学の町として有名なアフワーズ地方のジュンダーイ＝シャーブールで死んだ。

弟アムルがついで、アム川以北のトランスオクシアナを狙ったが、そこにはすでにサーマーン朝という新勢力が、ブハラを首府に地位を固めていた。そしてアムルは捕えられ（九〇〇年）、サッファール朝は崩壊した。

黄金を蒔く川のほとり

サーマーン朝は、ターヒル朝の崩壊のあと中央アジアを本拠に起こったイラン系の国家である。

その祖先はアム川の南のバルフに近いサーマーン村の拝火教の神職の家柄だったともいうし、サーマーンとは、八世紀の二〇年代にはじめて拝火教からイスラムの正統派に改宗したこの家の先祖の名前だともいわれている。

九世紀にはいると、この一族は、時のカリフ、マームーンのためによく尽くしたというので、四人の兄弟が、それぞれサマルカンド、フェルガーナ、シャーシュ（タシケント）、ヘラートの知事に任ぜられた。

もっとも栄えたのはサマルカンドの知事となった系統で、九世紀の末、ターヒル朝が滅びたあとは、その当主ナスルが、サマルカンドを首府とし、時のカリフからトランスオクシアナ（マーワラーン＝ナフル）の支配権を承認された（八七五年）。そのころブハラ地方が混乱状態にあったので、ナスルは弟のイスマーイールをその地に派遣した。

ブハラの町を訪れるものは、その西北部の公園のはずれに、イスマーイール＝サーマーニー（サーマーン家のイスマーイール）の廟といわれる美しい建物に案内されるに違いない。

ブハラにあるサーマーン朝のイスマーイール王の廟　建築年代は907年ころといわれるが、もう少しひき下げる説もある。外側の美しさとともに、内部の構造もすぐれている。

煉瓦づくり、一辺が一〇メートルほどの四角な建物で、やや上にゆくにしたがってせばまっている。屋根には中央の大ドームをかこみ、四隅に小さなドームがある。四つの側面にはそれぞれ優美なアーチ形の出入口がある。また四隅はこれまた煉瓦積みの丸柱になっていて、この建物に柔かい感じをそえている。外観も美しく、人々の心をなにかしらしみじみと惹《ひ》きつけるものがある。霊廟というよりも、豊麗な宝石箱のような感じさえあたえると評しているものもある。

はたしてこれがイスマーイール王の廟かどうかは断定し得ないが、少なくも、サーマーン朝の盛時のものであることについては疑いないとされている。

イスマーイールがブハラに赴任したのは八七四年の末、彼が二十五歳ころのことであった。まず、任地の人心を確保すると、兄ナスルと衝突し、三年間ほど争ったのち、これを捕虜とした。勝った弟のほうが、捕われの兄にすがって許しをこい、鄭重にサマルカンドに送りかえして、主君とあがめ仕えた。兄ナスルは感激し、八九二年に病死するまえに、この弟

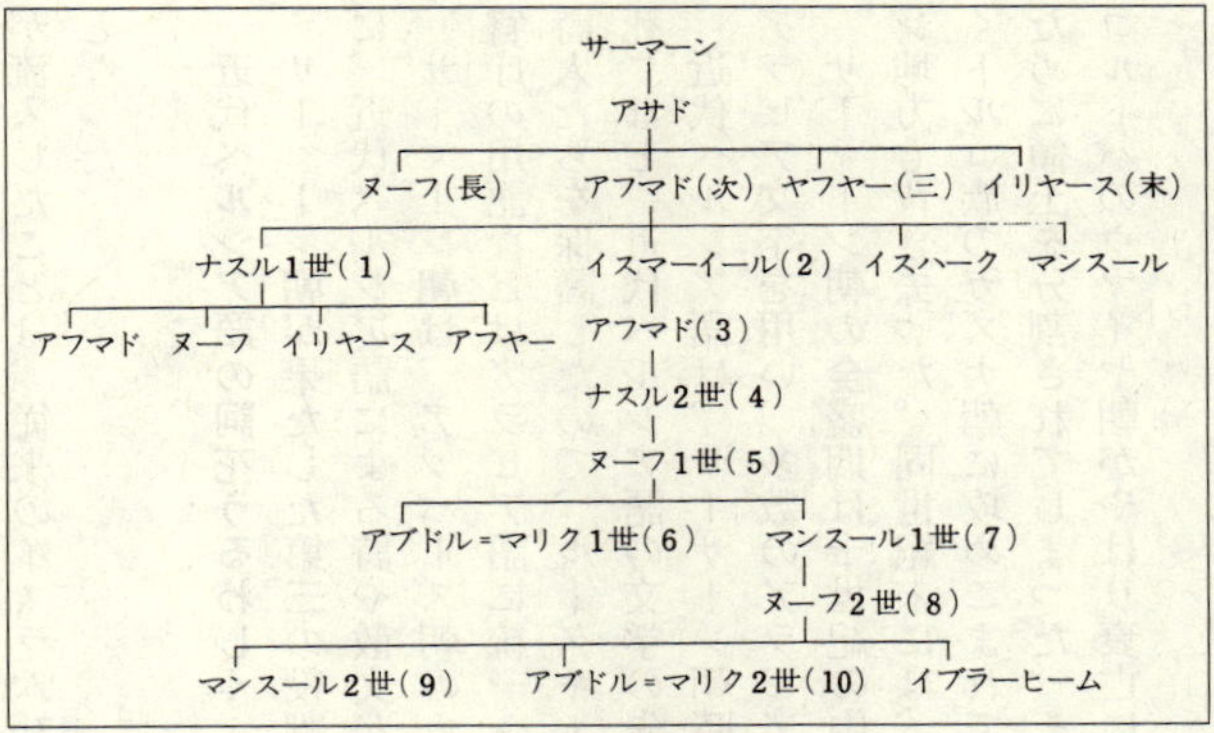

サーマーン朝系図

を後継者と定めた。

こうして、イスマーイール王のもとに、サーマーン朝の盛時がきて、首都ブハラは東部イスラム世界の大中心となった。

この王朝が果たした役割のうち、とくに挙げなければならぬことは、イスラム世界の東境を守り、中央アジアの草原地帯に住むトルコ系諸部族を押えたことである。そのころ、草原のトルコ族はまだイスラムに帰依していなかったから、アッラーの教えを守るため、これら異教徒と戦うことをもって使命とする義勇戦士たちが、各地からサーマーン朝のもとに集まって来ていた。このような聖戦のために自発的に武器をとってたった戦士たちのことを「ガージー」と呼んだ。

サーマーン朝の役割のもう一つは、多数のトルコ系奴隷を西方に送り出すパイプとなったことであった。トルコ族という強烈な個性の民族が流入したことは、従来のイスラム社会に混乱を起こし、やがて新しい時代が出現する原因となった。

近代ペルシア語の詞花うるわしく

サーマーン朝が果たした第三の役割は、文化的なものである。ブハラの宮廷の保護のもとに、近代ペルシア語による詩や散文が開花した。

サーマーン朝は、アッバース朝のカリフ政権を重んじ、宗教上も正統派を奉じていたから官庁の用語などはアラビア語に統一されていた。それにもかかわらず、ペルシア語を用いる詩人たちを保護したので、ルーダキー（九四〇年ころ死）とか、ダキーキー（九八〇年ころ死）など、近代ペルシア語の文学の先駆をなす詩人たちがその宮廷を飾った。

近代ペルシア語は、サーサーン朝時代のパフラヴィー語（中世ペルシア語）とことなり、アラビア文字を用い、多数のアラビア語彙をとりいれたものである。

サーマーン朝の全盛期は十世紀の中ごろまでで、あとは内乱が相つぎ、やがてホラーサーン地方も背き去った。同世紀末には、東からはトルコ族のカラ‐ハーン朝に、南からは同じくトルコ族のガズナ朝に攻めこまれて苦しんだが、やがてアム川を境として、この二王朝のために領土を分割されてしまった。その滅亡は十世紀末で、イスラム世界の西のはてでは、コルドバのウマイヤ朝がやはり衰亡にのぞんでいた。

2　ガズナの驕王

インドの沃野への執念

ガズナ朝の基礎を築いたのは、もとサーマーン家のトルコ系奴隷のアルプ＝ティギーンであった。国王の親衛隊長となったが、権力が大きくなったため、九六一年にホラーサーン総督の任に敬遠された。しかし、まもなく失脚して、主家と争う羽目になった。インドに新天地を開くつもりで、東に向かう途中、ガズナの領主と衝突し、この地を攻めとって支配者となった（九六二年）。その死後、混乱が続いたが、アルプ＝ティギーンのトルコ系奴隷のひとりで、その女婿となったスブク＝ティギーンが、九七七年にガズナの王位をついだ。

ガズナはアフガニスタンの東部にある古い町で、カーブルの東南一四五キロほど、海抜約二二〇〇メートルの高原上にある。玄奘《げんじよう》法師は『大唐西域記』（第一二巻）中で漕矩《ソグ》吒《ド》国の大都城の鶴悉那（ガズナ）と呼んでいる。その伝えたところによると、住民は、学芸を好み、技術に多能である。寺院数百ヵ所、僧徒は一万余人もいたとある。

ガズナ朝の歴史を見ると、インドの沃野に伝統的執念を持ち続けていたように思われる。アルプ＝ティギーンはついにインドを見ずに終わったが、スブク＝ティギーンのほうは前後二回、パンジャーブ地方に攻め入っている。

ガズナの王宮に用いられた大理石の装飾板　12世紀はじめのもの。

スブクの子マフムード（在位九九八～一〇三〇）は一代の驕児《きょうじ》であった。父はサーマーン家を旧主としてあがめ、万事ひかえ目にしていたけれども、マフムードになると、容赦なく、旧主家の領土を侵略した。アム川以北は、カラ‐ハーン朝に譲ったが、ホラーサーンも、ホラズムも併せてしまい、晩年にはイランの西部まではいって、ダイラムびとのブワイヒ朝を苦しめた。彼がもっとも情熱をそそいだのはインド遠征で、二十七歳で即位してから三十年間に一七回も繰りかえしている。サーマーン朝のもとに集まっていた多くのガージー（聖地への義勇戦士）が、こんどはマフムードに招かれて、インドに攻め入った。インド遠征は、異教徒に対する聖戦の名のもとで行なわれたが、夢のような巨額の財宝の獲得も強い誘惑だったに違いない。一〇一八年、一二万騎の大集団で遠くガンジスの流れるヒンドスターンにまではいり、カノージュ、ベナレスなどをも横行した。その途中ムットラのクリシュナの神殿では、サファイア一六ポンド半、純金の神像五体（各高さ四メートル半ほど）、その他を分捕った。

この遠征からガズナに凱旋したときは、分捕りの象三八〇頭、捕虜五万三〇〇〇人もつれていた。そのため奴隷市の相場が暴落し、一人が銀貨二枚から一〇枚という安値となった。それでもさばき切れず、中央アジア、イラン、イラクなどへも売られていったという。

常昼不夜の舞を続ける美女たち

一〇二四年秋には、三万頭のラクダに水を積んで、タール砂漠を越え、西北海岸のカティアワル半島にあるソムナートを襲った。ここはヒンズー教の聖地で、シヴァの神殿があり、一〇〇〇人のバラモンが奉仕し、三五〇人の美女が、神像の前で、日夜をとわず舞楽を続けていた。御神体は巨大なリンガ（陽石）で、ガンジス川の水を遠路をいとわず運んで来て、毎日洗い清めていた。

マフムードとその軍は、翌年一月、激しい抵抗を退けて、この神殿に突入し、神像を打ち倒した。そのさい、ヒンズー教徒は莫大な金を出して、これを償いたいと申し出たが、マフムードは聴き入れなかった。こわして見たところ、その胎内から、申し出の金額の一〇〇倍にもあたる宝石があふれ出たという。

恒久的にインドにイスラム教の普及する基礎をおいたのは、ガズナ朝、ことにマフムード王以来のことであった。こうして、インドにイスラムがひろまると、つぎの時代には、ここを基地として、こんどは東南アジアという広大な地域にアッラーの教えがひろまっていった。

しかし、この王朝も、マフムードの死後、あらたに中央アジアからはいりこんだやはりトルコ族のセルジュック家の勢力に西方領土を侵されて衰え、インド西北部を最後のこもり場とするようになった。十二世紀末になると、アフガニスタンの中央山地から起こったイラン

ジャームの光塔　背後の川はハリー川。12世紀末の建造。イスラム世界に無数にある光塔の中でももっとも美しいものの一つ。

人のグール朝のためにとどめを刺されて滅んだ（一一八六年）。滅亡時の都はもはやガズナではなくて、パンジャーブ地方のラホールであった。

秘境に立つ美しい塔

グール朝の都は、アフガニスタンの中部に秘境として残された深い山地を西流するハリー川の渓谷中にあったフィールーズ＝クーで、現在では、めったに旅人の訪れることもない、僻地となっている。

一九五七年にフランスの考古学者のアンドレー＝マリクが、この渓谷で、高さ六〇メートルの円筒形、三層の世にも美しいマナーラ（イスラムの光塔）を発見した。ジャームの光塔と呼ばれるもので、そのあたりこそ、昔のフィールーズ＝クーの遺跡であろうと認定されるにいたった。

この塔を建てたのは、グール朝第五代のギヤース＝ウッ＝ドウンヤー（在位一一六三〜一二〇二）であることも、塔の一部にある刻文によって明らかになった。

3　山地のブワイヒと草原のセルジュック

ダイラム山地の健児たち

カスピ海の西南岸に低湿なギーラーン地方が展開している。カスピ海岸にそって約二二五キロほど拡がり、南方はしだいに高くなってエルブルズの山地に移っていく。この山岳地帯がダイラム（ダイラマーンまたはデーラマーン）で、剛健粗朴なダイラムびとの居住地である。この人たちもやはりイラン族の一部ではあるが、独特の方言・気質・習慣をもっていた。

多くのダイラムびとに共通の特徴は、身体がやせ型で、頭髪は柔かく、性格は気短で、猪突的だが、よく困苦欠乏に耐えるということである。かなり好戦的で、ゾピーンとよぶ投槍をよく使い、はでな色を塗った楯を持ち、これを立て並べて、敵にむかうとさながら城壁のようだったという。石油を入れた筒を投槍の先につけ、これに点火して投げることにも長《た》けていた。

アラブの大征服のころ、このダイラム山地にもたびたびアラブ軍が攻め入った。オマル一世のときから、アッバース朝のマームーンのときまで、ほぼ百年のあいだに少なくも一七回も討伐軍がこの地方にはいったが、なお頑強に抵抗した。しかし、一方ではシーア派の人々が、この地に逃げこんだので、もとの拝火教やキリスト教から、シーアのイスラムに改宗す

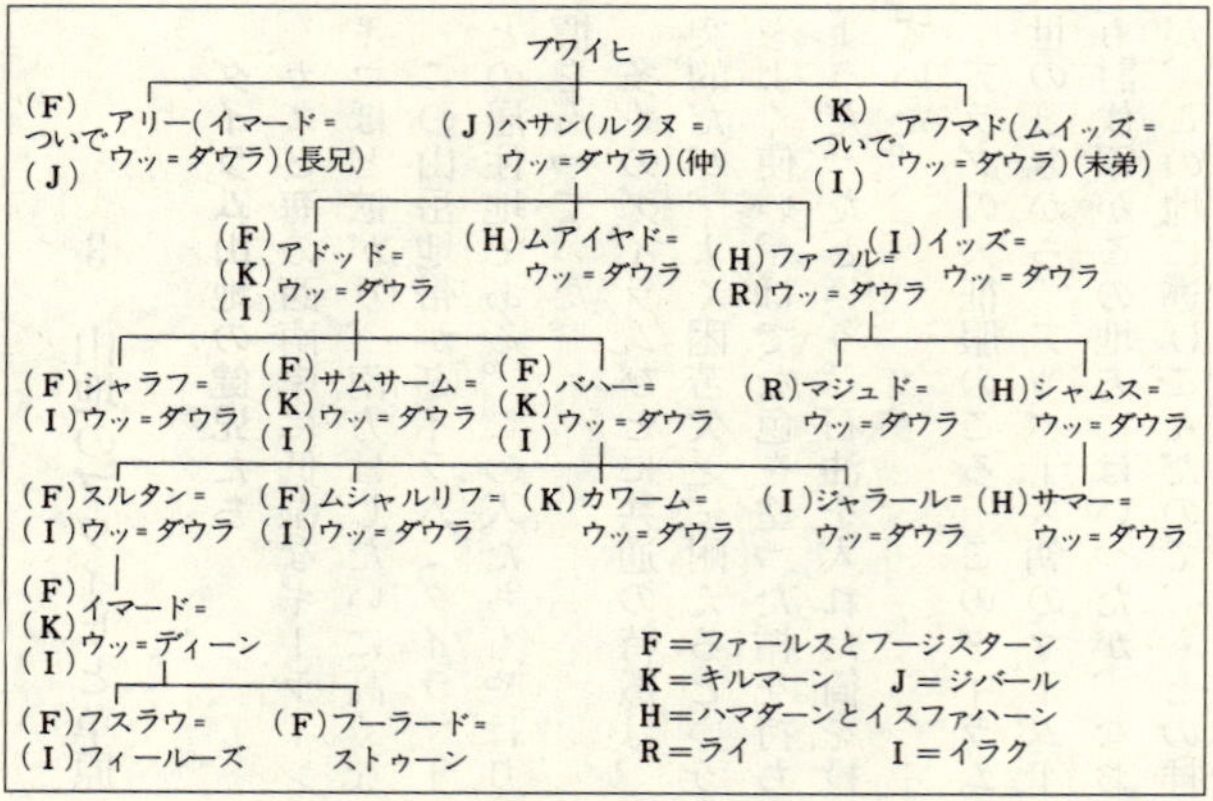

ブワイヒ朝系図

るものが増していたことも事実である。

山の男たちの都入り

ダイラムびとのつくったブワイヒ（ブーヤ）朝もやはりシーア派のイスラムを信奉していた。なぜブワイヒ朝というかというと、この王朝の建設者たるアリー、アル＝ハサン、アフマドの三兄弟の父親の名をとったからである。

庶民階級の生まれである三兄弟は、サーマーン朝の軍隊にはいった。しだいに勢力をまして、長兄アリーはイランの西南部ファールス地方を、次兄ハサンはイラン高原の西北部を、末弟アフマドはイランの南部キルマーンを勢力下においたほか、イラクの東南部地方フージスターン（アフワーズ地方）をも攻め取った。

十世紀中ごろになると、アッバース朝は実

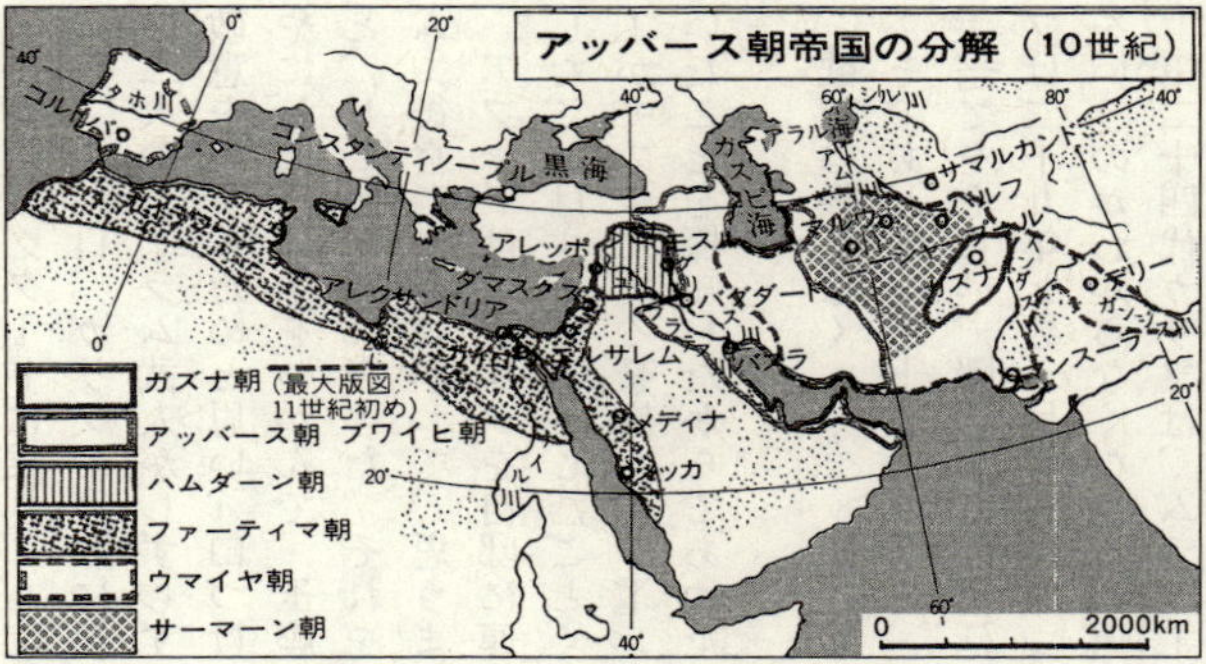

アッバース朝帝国の分解（10世紀）

力を失い、地方豪族はきそってバグダードにはいり、弱体のカリフを上に戴《いただ》いて、みずから天下に号令しようとしていた。こういう豪族が本望を達し、兵を率いてバグダードにはいってくると、時のカリフはこれにアミール＝ル＝ウマラー（将軍中の将軍という意味で、大将軍または元帥などの訳語に当たるであろう）の称号をあたえるのが普通であった。

ブワイヒ家のアフマドはフージスターンを支配するようになったから、自然と、アミール＝ル＝ウマラーの栄位の競り合いに巻きこまれることになった。兄二人に先んじて九四五年にまずバグダードにはいり、時のカリフ、ムスタクフィー（第二十二代）から、アミール＝ル＝ウマラーの称号や、ムイッズ＝ウッ＝ダウラ（国家の偉力）という美称などを授けられた。

三人兄弟の子孫のうち、もっとも頭角を現わしたのは、次兄ハサンの子ホスローで、のちにブワイヒ一族の代表者としてアドッド＝ウッ＝ダウラ（国家の威力）の美称をもらい、この王朝の全盛時代をつくりあげた。

最初にバグダードに乗りこんだアフマド（ムイッズ＝ウッ＝ダウラ）は、そのつぎの年の一月二十九日、カリフの宮殿に参内した。文武百官が立ち並んでいる前で、アフマドの部下の二人のダイラム武人がしずしずとカリフの玉座の前に進み出た。カリフのほうは、自分に敬意を表するためと思い、口づけを受けるため右手を差し出した。するとくだんの二人は、やにわにその手をつかんで、玉座からひき落し、床に投げ倒し、カリフのターバンをつかむと、どこかに連れ去った。それを合図にブワイヒ家の一党が宮殿に乱入し、男子禁制のハレム（後宮）にもはいって、思うままの掠奪暴行をほしいままにした。

アフマドは、カリフを自邸に連行してから、退位を強要し、焼いた鉄串でその両眼をつぶしたことはすでにしるしたごとくである。こういう手段に出た原因はカリフ、ムスタクフィーがモスルに拠る豪族ハムダーン家の助けを求めてブワイヒ家を討伐する陰謀をめぐらしていたことを探知したからであった。

欲望は限りなく

そのあとの第二十三代カリフ、ムティーは、ブワイヒ家から、一日に金貨一〇〇枚だけの手当てをもらい、隠忍して、宮廷を維持した。長いものには巻かれろでいたため、このカリフは二十九年と数ヵ月も位を保つことができた。九七四年に中風となって、舌がもつれ、何をいうのかわからなくなって、退位させられた。

第二十四代カリフは、ムティーの子のターイーで、四十三歳で即位した。色白の美男で、腕力も抜群に強かったという。

この人の即位の翌年、例のアドッド＝ウッ＝ダウラが兵を率いて、バグダードに乗りこんで、全権を握った。それまでは、ブワイヒ家創業の三兄弟の末弟アフマドの子孫が、バグダードにいたのであるが、次兄ハサンの子のアドッドは、すでにイラン高原のほとんど全域を押えていた。

バグダードに乗りこむと、アフマドの子イッズ＝ウッ＝ダウラ（国家の威力）ことバフティヤールを殺し、名実ともにブワイヒ朝の統領となった。この大物のもとに、同王朝の威令は、北はカスピ海から南はペルシア湾まで、東はイランの中心部イスファハーンから、西はシリアとの境にまでおよぶようになった。

カリフ、ターイーも相手が相手だったから手も足も出せず、膝に抱かれた猫のような存在とならざるを得なかった。しかし、権威地に落ちたといっても、カリフはカリフである。名誉とか権威というものは、やはりカリフからもらわねば、世間が承知しなかった。それで、アドッドはこの膝の中の猫を脅したり、撫でたりしながら、もらえるものは、みんなもらおうとした。

ブワイヒ朝時代（10世紀）の銀皿
サーサーン朝時代の意匠をしのばせるもの。

権威の象徴たる礼服、宝石で飾った冠、首飾り、宝剣、腕輪、銀飾りの旗と金飾りの旗までもらった。ことに金飾りの旗は、カリフの後継者と定まったものだけが立てるものであり、臣下の身分でこれを授けられたものはなかった。

九七九年には、アドッドは早朝と日没時と夜との毎日三回、自邸の門前で太鼓を打たせることを許してほしいとカリフに強請して許された。毎日三回この時刻に太鼓を打たせるのは、昔からカリフだけの特権だった。そのつぎには、毎週金曜日の正午の大衆礼拝のフトバ（説法）にカリフの名と並んで、アドッドの名も入れてくれといい出し、これも許された。

アドッドがもし長生きしたら、どういうことになったか危ぶまれたが、九八三年四月下旬、まだ壮年の四十八歳で、バグダードで病死し、よく耐え忍んだカリフ、ターイーのほうが生き残った。

よく忍び、長く生きる

まずよかったと誰も思うであろうが、九九一年、アドッドの子バハー＝ウッ＝ダウラ（国家の栄光）のため、とうとうひどい目にあわされてしまった。ことの原因はバハー＝ウッ＝ダウラの近臣に、不都合の振舞いがあったので投獄したことであった。

バハー＝ウッ＝ダウラは宮殿に参内し、カリフの御前にひれ伏して、床に接吻してから、椅子に腰をおろした。それを合図に、腹心のダイラムびとたちが、進みよると、カリフを玉座からひきずりおろし、マントをかぶせて、大将軍の居館に連行した。

やがて退位の詔勅がバハー＝ウッ＝ダウラその人によって発表された。ターイーは、殺されたわけではなく飼い殺しのようになって一〇〇二年八月二日まで生きていた。ブワイヒ家の誰かが大将軍となって、バグダードに拠り、アッバース朝のカリフの名のもとに支配権をとるという体制は百十年間も続き、第二十六代カリフのカーイムのときにいった。この百十年間に三人のカリフが位に就き、みなかなり長く在位している。忍従のひとアッ＝ターイーのあと、カリフとなったその従兄弟のカーディルは四十二歳で即位し、満四十一年三ヵ月と二十日も在位し、八十余歳の天寿を全うした。

あとをついで第二十六代のカリフとなったその子カーイムは一〇三一年から一〇七五年まで満四十四年と二十五日間在位して、父のレコードを更新した。短期、短命、とタン続きだったこの王朝のカリフたちがこうして長く生き、長く在位するようになったのは、新時代に移ったことを示すものでもあろう。

カーディルのごときは、わずらわしい政治から解放され、目立たぬ服装をして、民衆に交って、バグダード市内の聖者たちの廟などにお詣りし、信心といたわりとのその日その日を送り、人民の敬慕につつまれて世を去ったというし、その子カーイムも、敬神家で、他に親切、頼まれたらいやといえない性格だったそうである。ただ、この人の治世のあいだに（一〇五五年）、ブワイヒ家が没落し、これにかわってトルコ族のセルジュック家の人たちがバグダードにはいって実権を握るという激変があった。

草原のシシ王とラクダ王

イスラム世界ともっとも深い関係を持つようになった内陸アジア大草原の遊牧民族はトルコ(チュルク)族とモンゴル族とであるが、トルコという名称がはっきりと史上に現われるようになったのは六世紀ころから、モンゴルのほうは十二世紀ころからである。サーマーン朝の東北境がイスラム世界と異教徒との境となっていたが、この形勢が大幅に崩れて、イスラム勢力が天山《テンシャン》の南北路に沿って東にひろがったのは十世紀中ごろ以後のことであった。それは、この方面にトルコ族がつくっていたカラ-ハーン朝(またはイレク-ハーン朝)の民が国王以下、大挙してイスラムに帰依したからであった。

この王国の中心は、六~八世紀に大帝国をつくった突厥《とっけつ》王国の一部であるカルルック族であったろうという意見が有力である。草原の遊牧民の国家によくあるように、カラ-ハーン国もいわゆる二重王制で、大王と副王とがあり、大王は東部の諸部族連合に君臨して、天山の北麓チュー川に近いバラーサーグーン(カラ-オルド)を本拠地としており、副王のほうはその西のタラスや天山南麓のカーシュガルなどに拠っていた。副王は大王の主権を認めてはいるが、西部の諸部族を直接に統治していた。

東のほうが右で、西のほうが左とされていた所から見ると、この王国も北方を正面としていたのであろう。右の王、つまり大王のほうはアルスラーン(獅子)王、左王のほうはブグラー(ラクダ)王と号していた。まずイスラムに帰依したのはラクダ王のほうで九五五年ころとされている。

モスル生まれの大歴史家イブヌル＝アシールの『完史』によると、九六〇年にトルコ族の二〇万テントがこぞってイスラムに帰依したとあり、これが獅子王以下の改宗であろうとされている。

オグズ族の移動

カルルック族の西方に、同じくトルコ系のオグズ族（またはグッズ）が遊牧生活を営んでいた。この人々は、十世紀ころには南はアラル海とシル川の下流、東北はイルティシュ川、西はウラル川やカスピ海岸にいたる地域にひろがっていた。現在、トルコマン（またはチュルクメン）と呼ばれているのが、オグズ族の子孫である。

セルジュック＝トルコ族もオグズ族の一部で、鉄弓（ティームール＝ヤリグ）の異名で呼ばれたドゥカークを始祖としている。ドゥカークの子セルジュック（セルチュック）のとき一族郎党約一〇〇人、ひとこぶラクダ一五〇〇頭、羊五〇〇〇頭の集団で、シル川がアラル海にそそぐあたりのジャンド地方に移り、イスラムに帰依した。

のちにブハラ附近に移り、さらに一〇三五年に、セルジュックの孫トゥグリルやチャグリーなどに率いられ、アム川を南に渡ってホラーサーン地方にはいった。二年ののち、チャグリーはガズナ朝を破ってマルウを、トゥグリルはニーシャープールを占領した。

チャグリーが東方を制圧していると、トゥグリルのほうは西へ西へと進み、一〇五五年にはバグダードにはいって、ブワイヒ朝にとってかわり、カリフからスルタン（帝王）の称号を受けた。

こうしてイラン、イラク地方の事実上の支配者となったが、ブワイヒ朝との大きな差は、前者がイラン系で、シーア派ムスリムであったのに対し、こちらはトルコ族で、スンニー(正統派)の熱心な擁護者だったことである。

トゥグリルをもって、大セルジュック朝(セルジュック総本家)の初代とするが、一〇六三年に病没すると、嗣子がなかったため、それまでホラーサーン地方のおさえに任じていたチャグリーの子アルプ=アルスラーンがあとをついだ。

この二代目もなかなかの英主で、ファーティマ朝軍を破って、アレッポを含むシリア北部を奪い(一〇七〇年)、またアルメニアのヴァン湖の北のマラーズゲルトの戦い(一〇七一年)でビザンツ皇帝ロマーノス=ディオゲネスを捕え、しだいに小アジアの東半を侵略した。これまで小アジアはしばしば、キリスト教徒とイスラム教徒との戦場となったけれども、ビザンツ帝国はよくこの地域を維持し、タウルス山脈から西はギリシア文化の地域たることを失わなかった。

セルジュック朝のもとに、その大部分が征服され、やがてその一族によってルーム-セルジュック朝がコニヤ(クーニヤ)を首府として建設されることになるのである。

これより、小アジアはトルコ化、イスラム化を進め、キリスト教世界は東方の関門を突破されたばかりか、ビザンツ帝国の首都までが脅かされることになった。

ビザンツ皇帝が脅えきって、西ヨーロッパ諸国、ことにローマ教皇に呼びかけた結果は、キリストの聖地回復を大義名分とする十字軍が十一世紀末から二百年間にもわたって、断続的に起こることとなった。

名宰相の夢

アルプ＝アルスラーンがひとりの捕虜との格闘によって非業の死（一〇七三年のはじめ）をとげたのち、その子マリク＝シャーがスルタンとなったが、この擁立に功のあったのは、時の宰相ニザーム＝ル＝ムルク（本名はハサン＝ブヌ＝アリー、一〇一八ごろ～九二）だった。

この宰相はトゥース（今のメシェッドの地）の近郊で、ガズナ朝の税吏の子として生まれた。血統上からはイラン系で、彼自身もはじめはガズナ朝に仕えたが、やがてセルジュック朝のチャグリーの臣となり、ついでチャグリーの子アルプ＝アルスラーンの信任を得てワジール（宰相）に登用された。

真価を発揮したのは、この主の死後、その子マリク＝シャーからアターベグ（父侯）と敬称されながら、二十年間にわたって、セルジュック王国の実際上の支配者となったあいだであった。

ペルシア文学の古典の一つとなっている『シヤーサト－ナーメ』（政治書）は彼が権勢の絶頂にあったころ（一〇九一年）、マリク＝シャーのために治世の心得として書きしるしたもので、あとから書き足したものも加えると全部で五十章ある。先人の逸話などをゆたかに加えながら、専制君主の治世の道を説いたものである。この類の書物は、すでにサーサーン朝時代にあったことが知られており、イランにおける伝統的な文学のジャンルと見ることができるであろう。

「徴税官に任地を与えたさいは、その地の住民を敬意をもって扱うように訓示しなければなりませぬ。正当な額だけをそれも温和にまた礼儀をもって請求すべきであり、納付の期限が来るまではどのような税も要求すべきではありません。なぜかと申しますと、期限より前に要求すると、農民は困却し、納税のために未熟の穀物を半値で売り払ったりしなければならなくなって、けっきょく、困窮して流民となるほかはないからであります。もし貧困となった農民が牛や種《たね》類などを必要としているようならば、金銭を貸し与えて、重い負担を軽くし、生きていけるようにしてやらなければなりません。そうでないと、その者は家を離れ、流浪の民となるでありましょう。

聞き伝えたところによれば、クバード王（サーサーン朝の王。在位五〇一～五三一）の時代に、七年間にわたる飢饉があり、恵み（雨）は天下《あまくだ》ることをやめてしまいました。かの王は徴税官たちに命じ、手持ちの穀物のすべてを売りに出させたばかりでなく、その一部を施しとしてわけ与えさせました。国中いたるところで貧しい人たちは中央や地方の財庫から給与を受けましたので、その七年間に誰ひとり餓死したものはありませんでしたが、これもみなかの王が役人どもを戒めたためでありました」

という調子である。

この宰相のおかげで、マリク゠シャーの威令は東はパミール高原の東麓のカーシュガルから西はシリアにまでおよんだ。

このような大版図を正統派のイスラム思想をもって統一し、スルタンの武力をもって、形骸化しようとしているカリフ制度を護持させていこうとするのが、ニザームの大方針であった。バグダードをはじめ、いくつかの重要都市にニザーミーヤ（ニザームの）と呼ぶマドラサ（イスラム教の最高学府）を建てさせたのは、正統派の学者たち（ウレマー）を養成し、国家の中堅としようという意図からだったと見られている。

4　イスマーイーリーヤとファーティマ朝

救世主の出現

イスマーイール派（イスマーイーリーヤ）とは数多いシーア派の分派のうちの一つである。シーア派は第六代の教主（イマーム）のジャアファル゠アッ゠サーディクが七六五年に死んだあと、その子イスマーイールまたはその子ムハンマドを教主として立てる群と、その弟ムーサーのほうを教主と認める群とに分裂してしまった。

前群がイスマーイール派であり、後群のほうが現在、イランの国教になっている十二イマーム派となった。

九世紀になると、イスマーイール派は、革命的秘密結社に成長していて、イスラム世界のそちこちに宣伝員を送りこみ、極秘裡に布教を行なっていた。

八九三年ころ、北アフリカに送りこまれたこの派の宣伝員（ダーイー）は、アルジェリアの西部地方にいたベルベル族のクターマ部族のあいだに多くの支持者を得たが、これがのちにファーティマ朝の基礎となった。

そこへ、シリアから、教主イスマーイールの直系の子孫という触れこみで、ウバイドッラーという人が、チュニジア方面に移って来た。そして、信徒を呼びあつめ従来のアグラブ朝をたおして、新王朝を建てた。

九〇九年ころのことで、これがファーティマ朝と呼ばれたのは、預言者の娘ファーティマの名に依ったともいうが、異説もある。ウバイドッラーはアル＝マハディーと称し、自分こそ待望された救世主その人であると思いこまそうとした。しかし、実際にこの人が、どういう氏素性《うじすじよう》であったかはついに疑問のままで終わっている。

とにかく、アグラブ朝の都ラッカーダ（カイラワーンの南方約一〇キロ）を乗取ると、アミール－ル－ムウミニーン（カリフ）の呼称をも帯びることになった。

このときからこの新王朝は九七三年まで、四代にわたって北アフリカを本拠とし、威を西地中海方面に張った。

シチリアやマルタの征服

イスラム教徒のシチリア荒しは六五二年ころにすでに始まったというが、本格的な遠征軍を送ったのはアグラブ朝で、八二七年に船七〇隻に兵約一万、馬七〇〇頭をのせ、七十歳の老将アサドの指揮のもとに西海岸マザラに上陸し、東海岸のシラクーサへと進んだ。疫病がはやり、アサドほか多数の将士を失った。

その後、新手を加えて、パレルモを（八三一年）、メッシナを（八四三年）、シラクーサを（八七八年）と攻略を進めた。アグラブ朝も末期に近づいた九〇二年に、イブラーヒーム二世が親征してタオルミナをとり、全島の征服をなしとげ、その地に骨を埋めた。前後七十五年を費した執念の征服事業であった。アグラブ朝の寿命は八〇〇年から百十年間だったから、そのうちの大部分を費したことになる。

ファーティマ朝が、その遺産を受けついだので、イスラム教徒のシチリア支配は百九十年ほど続き、ここを基地としてイタリアの南部にしばしば攻め入った。西岸ではナポリ、東岸ではバーリなどにはいり、後者は三十年間もアラブ人の基地にされた。

アラブの戦船はアドリア海を北上してヴェネチアの港外にも出没した。八四六年にはローマの外港オスティアに上陸、ローマにせまり、サン－ピエトロ寺院やサン－ポーロ寺院にも乱入した。それから三年後に、ふたたびオスティア港外に船隊がせまったが、おりからの暴風と海軍の奮闘のため撃退された。

マルタ島の攻略は八六九年に行なわれた。今のマルタの言葉にアラビア語の影響がきわめて濃厚であるのを見ると、征服の爪あとは、文化面において長く残るものであることがわかる。

ファーティマ朝もシチリアを基地として、地中海北岸の各地を荒し、ジェノアを掠奪したこともあった。この時代（十世紀中ごろ）に、バグダード生まれの地理学者イブン＝ハウカルはパレルモの繁栄を伝え、礼拝堂（モスク）は三〇〇を数え、またジャーミー・モスク（大礼拝堂）での集団礼拝には、七〇〇〇人ほどのイスラム教徒が三六列にならんでアッラーに祈りを献げていたことなどをしるしている。

繁栄はナイルの岸辺のほうへ

ファーティマ朝という東と西と両方を狙う両頭蛇のような存在がどこを狙っていたのか、やがてはっきりと本性を現わす時がきた。第四代のアル＝ムイッズのとき、ついに、エジプト攻略に乗り出したからである。

エジプトは、トゥールーン朝が滅んで、アッバース朝の支配下に戻ったが、それも三十年間ほどにすぎず、またしてもイフシード朝（九三五〜九六九）のもとに独立してしまった。

この王朝の初代も、中央アジアのフェルガーナからきたトルコ系の武人の家に生まれた人で、名をムハンマドといった。九三五年に、エジプト総督に任ぜられ、時のカリフからイフシードという称号を用いることを許された。イフシードとはイスラム時代以前から中央アジアのとくにソグド地方やフェルガーナなどの王者が用いた称号であった。

この王朝もエジプトの保全のためシナイ半島を併せ、さらにシリアの大部分をも支配下に入れた。バグダード生まれの大歴史家マスウーディーが、フスタート（古カイロ）で晩年を送ったが、その伝えたところによれば、そのころのフスタートは世界の商業の大中心で、香料・薬品・宝石・奴隷・飲食物・あらゆる種類の衣料品など、種類と数とを尽くして集まってくる。「全世界の商品がこの市場に流れこんでいる」とある。

かつてのイスラム世界の大中心としてのバグダードの経済的繁栄は、すでにこのころから、ナイル川流域へと移りつつあったことがわかるのである。

カイロの建設

ムイッズはエジプト遠征軍の主将にシチリア生まれのジャウハルを選んだ。奴隷の子として生まれたジャウハルはこの王朝きっての名将として信任が篤《あつ》かった。「なあに、ジャウハルひとりきりでもエジプトを征服してくれるにちがいない。われらはあとから平服ではいっていけばよいのだ」とムイッズはいっていた。そうして、出発の日には、みずから文武の高官をつれて途中まで見送った。

期待にそむかず、九六九年二月にカイラワーンを出発したジャウハルは、その年六月には早くもギーザ附近でイフシード朝の軍を破ったのち、七月にはフスタートを征服したが、混乱を避けるため、わざとこの町を素通りしてその北郊に出てから露営した。そうして翌日には、早くもフスタートやカターイーの北方に新しい都城を建設する準備をはじめた。これがアル-カーヒラ（カイロ）の起源である。

ムイッズが、すっかり仕度をととのえた新都に乗りこんで来たのは九七四年の十月だった

カイロのフトゥーフ門　ファーティマ朝の都城アル-カーヒラの北門の一つ。

から、それまでの四年あまりはジャウハルが、万事に采配をふるい、シリアにも進出して卓越した政治家としての手腕を示していた。

この王朝時代のカーヒラは高い城壁をめぐらし、その中に大王宮と小王宮の二つ、兵舎・アル-アズハルの大礼拝堂その他がつくられた。

ファーティマ朝の全盛期はムイッズの子アジーズの時代（九七五〜九九六）で、西は大西洋まで、南はアラビアの南海岸、北はシリアの北境、東はモスルなどのイラクの一部までが、その主権を認めていた。

青い目をしたトカゲのような少年カリフ

アジーズは、九九六年の秋、シリアに行こうとしての途中、ビルバイスで病が重くなった。体内の結石のせいだったという。重臣たちを呼んで、十一歳になるその子のハーキムのことをねんごろに頼み、つぎに、ハーキム自身を連れてこさせ、訓戒をたれ、涙を流した。それからあと、浴場に行ったが、そこで容態が急変し、にわかに息をひきとった。午後の祈りと日没の祈りとのあいだの時刻だった。父が急死したとき、ハーキムはいちじくの木に登って遊んでいたのを、連れてこられ、カリフの位についた。

つり台に父の遺骸を乗せ、その前を進んでカイロの王宮へともどって来たが、つり台から死体の二本の足がニュッとはみ出していた。王宮内で死体を洗いきよめ、一室の床下に埋葬した。これがこの王朝の慣習で、祖父ムイッズもそうして葬られた。

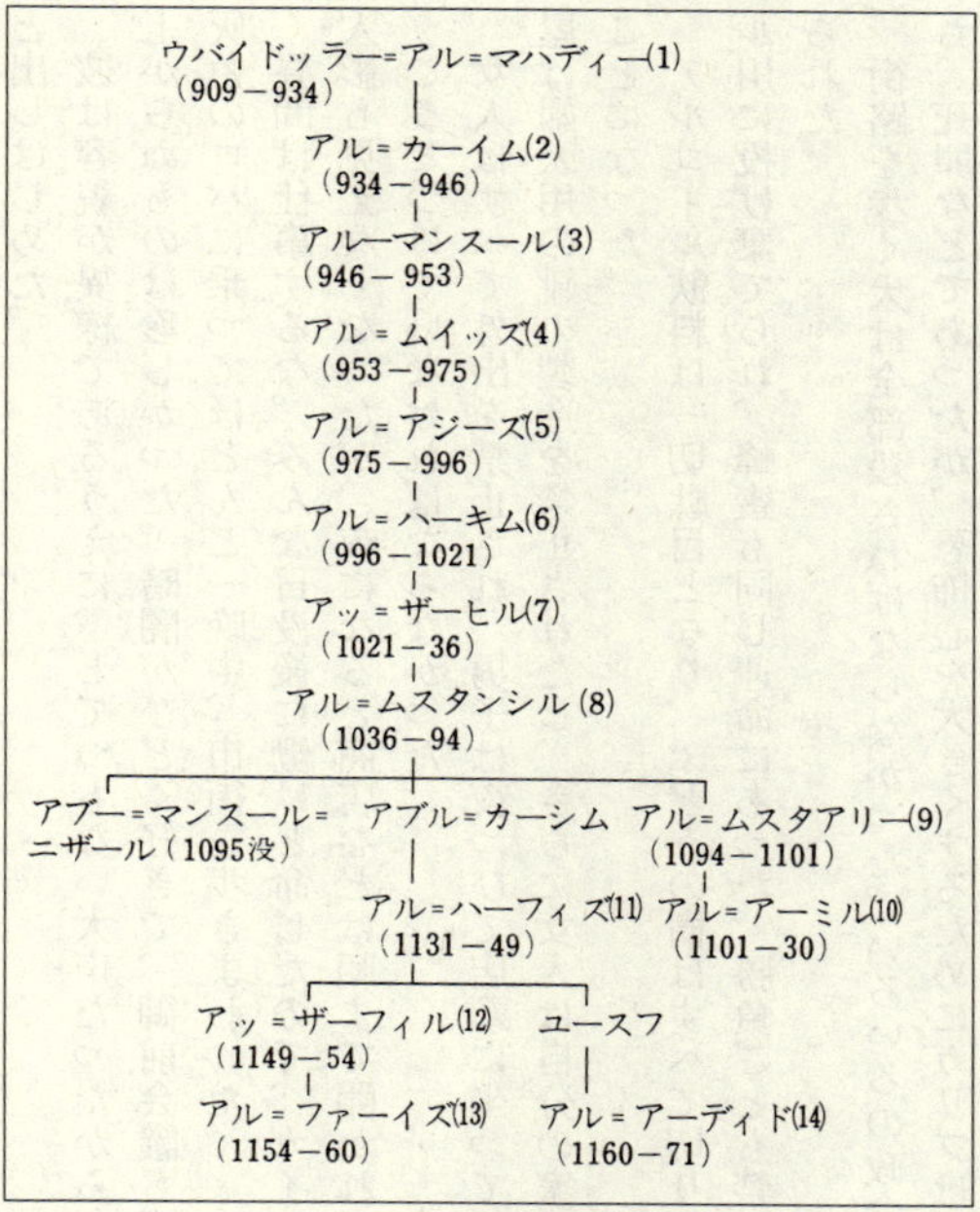

ファーティマ朝系図

こうして青い目をもち、挙動がすばしこく、ツルツルとすべるように歩くところなどどこかトカゲを思わす妖気のある少年カリフの時代がはじまった。ハーキムは、十五歳になったとき、それまで補佐役をつとめていたバルジャワーンを迎えにやり、来たところを刺し殺させた。そうして、全権を握ると、奇怪な政令をつぎつぎと出しはじめた。

彼は容貌が異様であるうえに、とてつもない大声だったから、その前に出たものでふるえ上がらぬものは珍しかった。暗闇《くらやみ》がひどく好きで、御前会議も深夜に開くのが常だったし、灰色のロバに乗ってほとんど一晩中、市街を歩きまわった。

昼間は仕事するな。みんな日没後に働けと命じたので、カイロ全市は日中は深夜のように人影も見えなくなったが、夜になると商店などは朝まで開かれており、どの家でも燈火をこうこうとつけていなければならなかった。

女人はすべて外出を禁止され、男子は夜っぴて店頭に坐っていなければならなかった。靴屋は婦人用の靴の製造を禁止されたし、さらに女人は自分の家の平屋根に上ることもならぬことになった。

アルコール飲料は一切駄目となり、ぶどうの樹はすべて切り払われ、乾ぶどうは全部ナイル川に投げ棄てられ、蜂蜜も同じ運命にあった。勝負ごとも禁止され、チェス盤は焼きすてられた。

街路を歩く犬は全部殺さねばならなかった。いろいろの政令に違反するものの罰は笞打《むち》ち、死罪などであったが、恐怖心を大きくするためにカリフは、いろいろの新しい拷問方法を工夫するのであった。

キリスト教徒やユダヤ教徒はアジーズ帝の時代にはきわめて寛大に待遇されていた。ハーキムも治世のはじめ十年間ほどは、遠慮していたが、やがて仮面をぬぐと、底意地のわるいいやがらせの手をのばしはじめた。

彼はみんなが裸になり、宗教や身分の差が消えてしまう公共浴場に目をつけた。キリストの教えを奉ずるものは入浴のときも大きな木の十字架を、ユダヤ教徒は鈴を身につけていなければならぬという勅令を出した。つぎにはエジプト全土のキリスト教の会堂を取りこわさせ、その土地や財産は没収処分にすることを命じた。

奇行百出

宰相以下文武百官はハーキムの気まぐれによって、あるいは虐殺され、腕を落とされ、舌を切られなどしたから、人命を奪うことあたかも蠅をつぶすがごとしといわれた。人民の大量虐殺がはじまるらしいという噂がひろまり、逃亡者が相ついだ。

ハーキムの夜行性はますますひどくなって、ほとんど終夜、おもにフスタートの市街を歩きまわっていた。髪をのばし放題にして、ほうほうと肩にたらし、一度も爪を切らず、黒い羊毛織のマントや青いターバンは汗と埃で悪臭を放っていたが、けっして新品ととりかえなかった。

渡し舟の船頭、松明《たいまつ》もちなどに出来心で広大な領土をあたえたりした。寵愛を得ていた黒人宦官のアインもちょっとしたことで右手を切られたが、カリフの恩寵はもとのままで、栄誉ある称号や重要な官職をあたえられた。けれど、また急に気が変わって舌を切られた。

一日に九回も宮殿を出てゆくこともあったが、市内の運河（ハリージュ。今はない）にの

アル＝ハーキムのモスク
ファーティマ朝のカーヒラ城の北部、フトゥーフ門とナスル門とのあいだにある。

ぞむ家の窓はすべてふさがせられた。一〇〇九年ころ、エルサレムにあるキリストの聖墓の寺を破壊させ、キリスト教世界へ大きなショックをあたえた。

カイロ市民を脅かした盗賊団を平げた殊勲の将軍ファドルは、戦況報告をかねて、王宮に参内したところ、あたかもカリフは美しい小姓を手討ちにしたところで、その死体をズタズタに切り裂いている最中であった。悪いところへ来あわせたと思ったので、慌てて自宅にかえって、覚悟をきめていると、果たしてハーキムの差し遣わした死刑役人が、この将軍の命をもらいにやって来たそうである。

カイロの西北の町はずれに、今もバーブ‐ン‐ナスル（勝利の門）というファーティマ朝時代からの城門があり、そのそばに巨大な建築物の残骸がある。これがハーキムのモスクで、この暴君が父が起工させたのを引きついで、一〇〇三年に完成したのである。

このほかにも立派なモスクを二つ建てたし、またダール‐ル‐イルム（知識の館、別にダール‐ル‐ヒクマ）という施設をつくり（一〇〇五年）、イスマーイール派教義の宣伝の中心とするとともに、学問研究の機関とした。そこに集められた多くの学者たちは、この奇人カリフから保護をあたえられた。

何かの嫌疑をかけると、その人の一族まで皆殺しにすることなど平気だったが、こうして無数の人々の怨恨《えんこん》の的になりながら、外出のときは、供はせいぜい一人か二人、しばしば単独でひょうひょうと歩きまわり、群衆の中へでも、人影の絶えた郊外の砂漠へでも平気ではいりこんで行った。やがて在位は二十五年間におよんだが、暗殺の危険などにはただの一回もあわなかった。

やがて、ハーキムはみずからアッラーの化身であるという幻想にうかされるようになった。シリアやレバノンに今も約二〇万を数えるドルーズ教徒はハーキムを神として崇拝している。

ハーキムにはひとりの妹があり、名をシット＝ル＝ムルクといい、兄の奇怪な所行に対してもっとも鋭い批判者であった。一〇二一年二月十三日の夜、ハーキムはいつものように夜歩きに出て、二人の従者をつれ、東郊のムカッタムの丘（今のシタデルの丘）に登り、一晩中歩きまわった。明け方になって従者とわかれて、ただひとり東のかた砂漠の中にはいっていった。そういうことは、いつもあったので、従者たちは怪しまずに、宮殿にひきかえした。しかし、これが奇人カリフの最後の姿であった。五日後に、傷を負った彼のロバと、短剣の刺しあとのある衣類が発見されたが、死体はついに見つからなかった。

カイロ都城のすばらしさ

ハーキムという怪人の失踪《しっそう》のあと、その一粒種のアッ＝ザーヒルが叔母シット＝ル＝ムルクの後見のもとに十六歳でカリフの位についた。アッ＝ザーヒルが在位十六年で世を去ると、幼年のその子ムスタンシルがつぎ、一〇三六年から九四年まで、六十年近く在位した。このように移り変わるあいだ、いろいろの事件はあったけれども、大局から見てエジプトは繁栄した。

イランにおけるイスマーイール派の学者で、旅行家としても名高いナーシル＝イ＝ホスローは『サファル－ナーメ』（旅の書）という興味深い旅行記を書き残している。この人がカイロを訪れたのは、あたかもカリフ、ムスタンシルの即位後十二年目（一〇四七年）の八月のことであった。

彼の見たカイロは真に堂々たる大都市で、これに比肩しうるような町はめったにないと思われた。

「店舗は二万を下らぬが、みなカリフの所有物で、月の家賃は金貨一〇枚ほどが相場で、二枚以下というのはほとんどなかった。隊商宿、浴場その他の公共施設は数えきれぬほど多数だったが、これらもみなカリフの所有物である。聞くところではミスル（フスタート）のほうにも、二万軒ほどのカリフの持物の家屋があって、家賃は月払いになっているそうである。

カリフの宮殿はカイロの中心部にあり、夜間は騎兵五〇〇人、歩兵五〇〇人が警護にあたる。

伝え聞くところでは、王宮内の使用人は男だけで一万二〇〇〇人もいるそうで、女たちの数はどれほどかわからない。なんでも全部で三万人ほどが、王宮内に住んでいるそうである。

カリフに仕える高官たちは、すべて黒人かギリシア人である。

飲用水はナイル川からとり、水運び人（サッカー）がラクダの背にのせて運んでくる。カイロやフスタートへ、大きな革袋につめた水を運んでいるラクダの数は五万二〇〇〇頭に達する。ラクダもはいれぬ狭い路には、背中に銅製の水瓶か小さな革袋を背負った水運び屋がまわってくる。

カイロの家屋は大部分が五階か六階建てで、まるで貴石でつくったように美しく、とても石膏、煉瓦、普通の石材などで建てたものとは思われない。それに、みんな一戸建てである。

王宮内の一二の宮殿はどれもみな方形で、そのひとつを出て、他の宮殿に入るごとにいっそうの美しさを感ずる。どの宮殿も約五〇メートル四方ほどだが、ひとつだけは約三〇メートル四方であり、その中に玉座があって、高さも幅も五メートルほどである。その三面は黄金ばりで、狩猟の図や馬を疾駆させている戦士の図その他が表現してあり、きわめて美しい書体の刻文もある。黄金の組格子細工の欄干が玉座をめぐっているが、美しさは筆舌にはつくし難い。玉座の背面、壁のほうに銀づくりの階段がある。わたし（ナーシル＝イ＝ホスロー）はそこでオレンジの木に似た樹を見かけたが、枝も葉も実もみな砂糖細工であった。またそこには、やはり砂糖でつくった一〇〇〇個ほどの人形がならべられていた。

また主要街路はアーケード式で、街灯の設備もあった。商品は正札つきで売られ、顧客をだました商人は、ラクダに乗せられ、鈴をならしながら町々をひきまわされ、自分でそのとがを告白してまわらねばならなかった。治安はきわめてよく、宝石商でも、両替屋でも、店に鍵をかける必要はないほどで、こんな繁昌ぶりは、まだどこでも見たことはない」

とナーシルも驚いている。

深刻な飢饉の中で

大帝国の専制君主にして、おそらく世界で一、二を争う大家主でもあったムスタンシルも、治世の途中で赤貧の境遇におちぶれた時期もあったのである。それは一〇六五年から七年間にわたり、ナイル川がつむじをまげたため大飢饉となったさいであった。

カイロあたりで七月末から八月にかけての満水期に、最高水位一六腕尺《キユービット》（約八メートル）ほどならば平年作とされているが、その年は過度の増水で、耕地はいつまでも水におおわれていて、種まきができなかったという。やがて食糧欠乏と物価騰貴と疫病とが仲よく訪れて来た。

二キロほどのパンが金貨一五枚もするようになり、骨董品を売るようにパンのせり売りが行なわれた。犬や猫を食べたが、それもなかなか手に入らなくなった。ついには人肉を食べるようになり、平屋根から、鉤のついた綱を投げて、通行人を釣りあげては食用にする人釣りまで行なわれたとのことである。

大金持ち君主だったムスタンシルも、宮殿内の布帛《ふはく》、調度、武具そのほか何でも売りはらった。掠奪にもたびたびあったらしい。玉座の金銀珠玉など、もちろんなに一つ残らなくなった。無一文となって荒むしろの上に裸同然の姿で坐っていた。

後宮の女たちは、髪ふりみだし、飢えを訴えながらシリアやイラクへとさまよって行ったが、たいていは途中で死んだらしい。

某大臣がロバで外出したところ、餓鬼のような民衆が、そのロバを奪いとり、食べてしまった。怒った大臣が、そのような暴民のいくたりかを絞首台につるさせたところ、こんどはその死骸を奪い合って食べるという地獄絵が現出した。

このような苦しみを嘗《な》めたが、やがてナイル川が機嫌をなおし、増減水が規則的になると、民草に生色がよみがえり、治安も回復した。エジプトは繁栄し、このカリフはさらに長いあいだ、栄耀栄華《えいようえいが》の生活を楽しんだのち、イスラム史上、君主在位の最長レコードをつくって世を去った。

暗殺教団の恐怖

東方世界でセルジュック家のトゥグリルが、軍をひきいてバグダードに入ったとき、西の方カイロにはムスタンシルが君臨していた。この人が後継ぎに指名した長子ニザールは軍部

暗殺教団の本部があったアラムートの岩山　エルブルズ山脈の中にある。

の陰謀で追放され、弟のムスタアリー（アフマド）がカリフの位におしたてられたが、この事件のためイスマーイール派は、ニザール派とムスタアリー派とに分裂してしまった。それまでに、この派は盛んに宣伝員を各地に入りこませて、正統派イスラムの土台を掘り崩すことにつとめて来た。

　こうして、イスマーイール派のいわば本山が二分すると、東方イスラム世界に入りこんでいたこの派の人々は、ほとんどあげてニザール派に加担して、ムスタアリー派にくみするファーティマ朝からそむき去った。

　ニザール派のほうはシリア、イラン、イラクなどで過激な活動を続け、無数の人間を殺し、西アジア一帯を恐怖におとし入れた。十字軍士が西欧に語りつたえた「山の老人（長老）」はシリア北部の山地に拠ったこの派の指導者のことである。

　イランの北部エルブルズ山中に、アラムートをはじめ、数十の堅城をつくりなしてフィダーイユーンと総称される狂信的な刺客たちを養成したムラーヒダ（ムルヒドの複数。偏向派、異端派などの意）も彼らであり、アッサシン（暗殺）教団の名も彼らの過激な行動から起こったものである。

アラムートの山城に拠る

イランでこの派の領袖《りょうしゅう》となったのは、クムの町で生まれたハサン＝イ＝サッバーハだった。セルジュック朝の支配地におくりこまれたイスマーイール派のダーイー（宣伝員）のひとりを助けて活動し、のちエジプトに赴いて三年間訓練をうけた。帰国後、エルブルズ山中のアラムート山城に拠り（一〇九〇年）、セルジュック朝の要人たちに対するテロ活動に移った。

ハサンはこの教団の人々から「サイイド－ナー」（われらの主《しゅ》）と敬称され、教主（イマーム）とあがめられつつ、晩年は隠遁《いんとん》、禁欲の生活に徹し一一二四年に没したが、その墓は聖廟としてあがめられた。

名宰相ニザームの命を奪ったのはハサンだったことは間違いないであろう。一〇九二年十月十六日、宰相はイラン高原の西はずれに近いニハーワンド地方の一駅で、謁見所から輿《こし》に乗って天幕にもどる途中、スーフィー（神秘主義派の行者）に変装したイスマーイール派のフィダーイー（決死隊員）のため短刀で刺されて死んだ。

刺客を送り出したハサンは、その報を受けると「あの悪魔をたおしたことこそ、われらが神の至福をうける第一歩じゃ」といったと伝えられている。

ニザームがたおれ、マリク＝シャーも死ぬと、大セルジュック朝は急速に衰微への途を辿った。そして十二世紀中ごろ、第八代サンジャルの死とともに史上から消え去った。

大セルジュック朝のほか、地方のセルジュック家もいくつかあった。キルマーンでは一一八六年まで、シリアでは一一一七年まで続いたが、もっとも長い命脈を保ったのはコニヤ（クーニヤ）に都したルーム（小アジア）セルジュック朝で、一三〇〇年にまでおよんでいる。

八　暴風と怒濤と——十字軍とモンゴル帝国

1　十字軍の来襲

氷炭相いれぬ仲

十字軍運動は、一つには、トルコ族の西方への移動に対する西からの反動と見ることができよう。

第一十字軍（一〇九六〜九九）の結果、シリアにトリポリ（タラーブルス）、アンティオキア、エデッサ（アル-ルハー）、エルサレムを中心とする四つのキリスト教国が建設されたが、そのころイスラム世界は、複雑に分裂していて、これを阻止するだけの力がなかった。

十字軍がイスラム教徒の手から奪い取ろうとしていた諸聖地は、とくにシリア、パレスチナ地方に集中していた。

十一世紀の中ごろ（一〇三八〜五八）、ファーティマ朝は、ビザンツ帝国の手中にあったアンティオキアなどを除く、シリア、パレスチナのほとんど全域を支配下におさめ、さらに

第１十字軍のエルサレム占領（14世紀の細密画）

メソポタミアの西部にも進出して、バグダードをおびやかすほどだったが、やがて本国たるエジプトが経済と軍事と両面の危機に苦しむにおよんで、じりじりと後退し、一〇六〇年ころから、アレッポ、トリポリ、ティル、ダマスクスなどの重要都市をセルジュック－トルコの手に渡すことになった。

　しまいにはパレスチナの大部分をも失って、スエズ地峡の西に後退かと思われたが、地中海の海上権を維持していたため、海岸の諸都市を北はビブロスあたりまでとりもどし、一〇九八年にはエルサレムをも奪回して鎮兵をおいた。

　ビザンツ勢力を破り、さらにシリアに進出して、ファーティマ朝を南方に追い退けたセルジュック朝ももちろんイスラム教徒であるから、ここで同宗教の二大勢力が手を結んだらよいようにも思われるが、セルジュック朝の人々は熱烈なスンニー（正統派）イスラムの護持者たちであり、ファーティマ朝のほうは、シーアの中でも、もっとも偏向性の強いイスマーイール派の代表であるから、まさに氷炭《ひょうたん》相いれぬ仲であった。

異端派への強い憎しみ

セルジュック朝のトゥグリルは、はじめバグダードにはいるにあたり、時のカリフに対し、「あなたの権威を回復し、また聖市へ巡礼たちが自由にはいれるように致します」という意味の約束をした。その聖市とは、ファーティマ朝の支配下にあったメッカ、メディナ、エルサレムなどを指していたことはいうまでもない。

「異端のものどもを討ちはらい、誓って正統派のもとに聖市をとりもどして御覧に入れます」といったと同じで、西ヨーロッパのキリスト教徒が、ローマ教皇に鼓舞され、聖市エルサレム奪回に乗り出す四十年あまりも前に、慓悍《ひょうかん》なトルコマン騎士たちが、時のカリフに同じ聖市奪還を誓っていたというわけである。

ファーティマ朝の人々を「アッラーの敵」と呼び、それらに対する敵愾心《てきがいしん》は、ビザンツ帝国のキリスト教徒に対するよりも、もっと深刻だったらしい節がある。「一〇本の矢があったら一本を異教徒たるクリスチャンに、あと九本は異端派のイスマーイール派に放つ」と悲憤した人の言葉も伝わっている。

それゆえに、ビザンツ領の小アジアへの侵入には、あらたに中央アジアから移動してきたトルコマン諸部族をさしむけておき、セルジュック家の子飼いの精鋭部隊はいずれ行なわれるであろうところのエジプト遠征のために、できるだけ痛めずにとっておいたという事実なども伝えられている。

ウサーマの生まれ育ったシャイザル城　下をオロンテス川が流れている。

流浪の騎士ウサーマ

はじめて第一十字軍が、小アジアを経てシリアに乱入したとき、エルサレムはファーティマ朝が維持し、ダマスクスやアレッポその他の北部の重要都市はセルジュック家の人々が支配していたが、土着のアラブ系豪族も各地に拠っており、政治的には複雑に分裂していた。

一例をあげると、アンティオキアの東南にあたり、オロンテス川にのぞむシャイザルの町にはアラブ系のイブン＝ムンキド家が堅城に拠って小独立国を支配していた。この一族がシャイザルをビザンツ帝国の手から奪ったのは一〇八二年のこと、創業の主はアリーという人であった。

それから十三年後（一〇九五年）にアリーの孫として生まれたウサーマは、やっと物心のつくころに、第一十字軍が、シャイザル城の下を通って、エルサレムへと殺到していくという事変にであった。成長すると、多感で、観察力の鋭い若者となった。また勇敢な騎士として、しばしば十字軍士と戦場で相まみえもしたし、時には彼らと交歓して、その占領下にあるエルサレムの町を訪れたこともあった。父が死ぬと、叔父が城主となって、彼を邪魔ものとしたので、そこを離れ、後半生は流浪の騎士として、ダマスクスや、カイロなどで暮した。

サラディンのエルサレム奪回の成就（一一八七年十月）を見とどけたのち、つぎの年十一月に同地で世を去り、北郊のカーシューン山に葬られた。

ウサーマの名が不朽となったのは、その武勲よりも、むしろ文筆活動によってである。今も残っているのは五種の著書と、詩の一部分であるが、もとは一二種の著書と詩集とがあったという。ことに『思い出の記』（キターブ－ル－イウティバール）は当時の世相、ことに十字軍士の活動などをいきいきと描き出し史料としての価値もきわめて高い。

領主の母君より靴屋の妻となるがまし

ウサーマが『回想録』の中で伝えた一つのエピソードをしるすことにしよう。

十字軍に従っていたいくたりかの女人をウサーマの父親が捕えた。その中に年も若く、容顔可憐なおとめが交っていたので、ウサーマの父は、これを友人の某城主のもとに送りとどけさせ、「フランク人から分捕品があったので、お裾わけする」という挨拶をさせた。かの美女は、先方の城主の気に入り、その妻となって、一児を生んだ。この子はバドラーンと命名され、すこやかに成長し、父の気にいり、あとつぎに定められた。父親が死ぬと、バドラーンが領主となったので、その生母は政治の実権を握った。しかし、ある日、この婦人は、綱具をつかって、城から脱出し、当時、十字軍士の支配していたユーフラテス上流に近いサルージュの町に逃げていった。やがて、その地のフランク人の靴屋の妻になった。領主の母君として、栄耀栄華のうちに、イスラム教徒の中で暮すよりも、同じフランク人の靴屋の細君となるほうがよかったというわけなのであった。

青天の霹靂

シリアの民衆にとって、十字軍の来襲は、まったく青天《せいてん》の霹靂《へきれき》で、何が何やらサッパリわけがわからなかったというのが本当だったらしい。

突然に血相を変えた異形の赤髪男どもがあばれこんで来て、火をつけ、物を奪い、人を殺し、婦女子をつれ去ったのである。はじめは、ビザンツ軍かと感ちがいしたが、すぐに、もっとずっと西の国々からやって来たフランジュ（フランク）という連中だと告げられた。「聖地をとり戻すのだ！」と叫んでも、その聖地というのは、土地の人たちも聖地として大切に思っているところなので、なぜ、そんな遠国の野蛮人たちに、それらを取り返されなければならぬのか、一向に理解できなかった。

エルサレムの住民が大虐殺にあい、そこにラテン王国が建設されても、約二十年間ほどは、土着の民は組織だった抵抗もできずに、相手のなすがままにしていたのが実情であった。

一一〇五年ころからやっと、ダマスクスのそちこちのモスクで、聖戦論を説く学者たちが現われはじめた。ウマイヤ－モスクはダマスクスのみでなく、広くイスラム世界を通じてもっとも立派な大建築の一つで、由緒も古いが、そこでも熱心に聖戦を説く学者があった。それらの言説はやがて、口から口へと伝わり、波紋のように遠くまでひろがっていった。これらの主張者の多くは神学者たちだったが一一〇九年ころからイブヌル＝ハイヤートという詩人も、しきりに激越な調子の詩をつくり、聖戦思想を鼓吹した。

異教徒の首《こうべ》はすでに熟したり！
刈り入れて、取り入れするに手ぬかるな
いかなることがあろうとも　彼らの槍をうちくだき
主柱を倒さでおくべきか！

というような調子のものであった。このような気運はやがてアレッポ（ハラブ）の町にもひろがったが、シリアの他の町々はまだじっとおしだまったままであった。またエジプトとかイラクというイスラム世界の重要地域でも、はじめはシリアの不幸に対して、ほとんど無関心かのように見えた。

父侯ザンギー

イクター制と呼ばれるイスラム世界における封建制度が形をととのえたのは、ブワイヒ朝時代からであるが、セルジュック朝もこの制度を踏襲した。アターベグ諸国はその結果として現われたもので、主なものだけでも九つほどを挙げることができる。アターベグ（またはアタバク）とはトルコ語で、「父侯」というような意味だが、セルジュック朝時代にはじめてイスラム史に現われてくる。

彼らがまだ中央アジアの草原にいたころに、その起源があるのではないかというが、若い王子の後見役をアタと呼ぶことはよほど古くから行なわれたことらしい。マリク＝シャーが宰相ニザーム＝ル＝ムルクをアター－ベグと敬称したことは、すでにしるしたが、マリク＝シャーの死後、この称は各地方に封ぜられたセルジュック家で用いられた。

ことに当主がまだ幼少のばあいは練達の武将などがアター－ベグと呼ばれて、後見役をつとめるばあいが多く、それらは奴隷身分の人であるのが普通であった。

アター－ベグのほうが強力となって、主君を凌ぎ、主家を乗っ取ってしまうばあいも続出した。セルジュック朝の末期にこうして各地に出現した諸国家をアター－ベグ（アタバク）朝と総称する。モスル（マウシル）に拠ったザンギー朝は、そのいちじるしい例である。

ザンギー朝はイラク北部とシリアの北部とを支配し、モスルとアレッポとを首府としたが、建国の祖ザンギーは、もと大セルジュック朝のマリク＝シャーに仕えたトルコ系奴隷アク＝ソンコル（白いタカ）の子であった。アレッポはもとアク＝ソンコルが主君からイクター（領地）として受けた土地であったが、主君マリク＝シャーの死後、その子トゥトゥシュに叛いたため、一〇九四年に捕えられて殺された。

そのときに遺児ザンギー（またはゼンギー）は十歳で、領地は没収され、苦難をなめた。やがて勇敢な武人として頭角をあらわし、一一二三年ころにはワーシトの知事にとりたてられ、さらにバスラの知事を兼ねた。それから四年後にはモスルの総督となったが、大セルジュック家の二人の公子の補導役をも命ぜられたので、アター＝ベグの称号をも授けられた。つぎの年アレッポをとり、さらにハマーをも併せた。

一一四四年十二月には、十字軍が深く東方へ打ち込んだくさびともいえるエデッサを攻めとった。これは十字軍の後退の第一歩であり、イスラム教徒の本格的巻きかえし、聖戦（ジハード）の気運の湧きあがりの刺激ともなった。

エデッサの攻略のあと、二年足らずの一一四六年九月十五日にザンギーはつまらぬ小者の手にかかって不慮の死をとげてしまった。

ユーフラテス川にのぞむジャアバルというアラブ人の城を攻めて、シリアへの入口を確保しようとしていた彼は、ある夜、酒に酔って、天幕の中で眠っていた。三人の奴隷が、天幕の中にしのびこみ、残った酒を盗んで飲んでいた。ふと目を覚したザンギーは、このさまを見て、しかり、また眠ってしまった。

奴隷たちは、明朝になったら、もっときびしく咎《とが》められるだろうと思ったらしく、申しあわせて、その場で主人を刺し殺して逃げてしまった。朝になって、近侍の臣が天幕にはいったところ、ザンギーは虫の息ながらまだ生きていた。何者の所行かと尋ねたが、もはや答えるだけの気力がなく、わずかに指をあげただけで絶命した。六十二歳だった。あとは大混乱となり、かなり長いあいだ、その遺体は天幕の中に放ったままでおかれた。

十字軍撃滅、聖市エルサレム奪回の事業は、彼の有能な子ヌール＝ウッ＝ディーンによっ

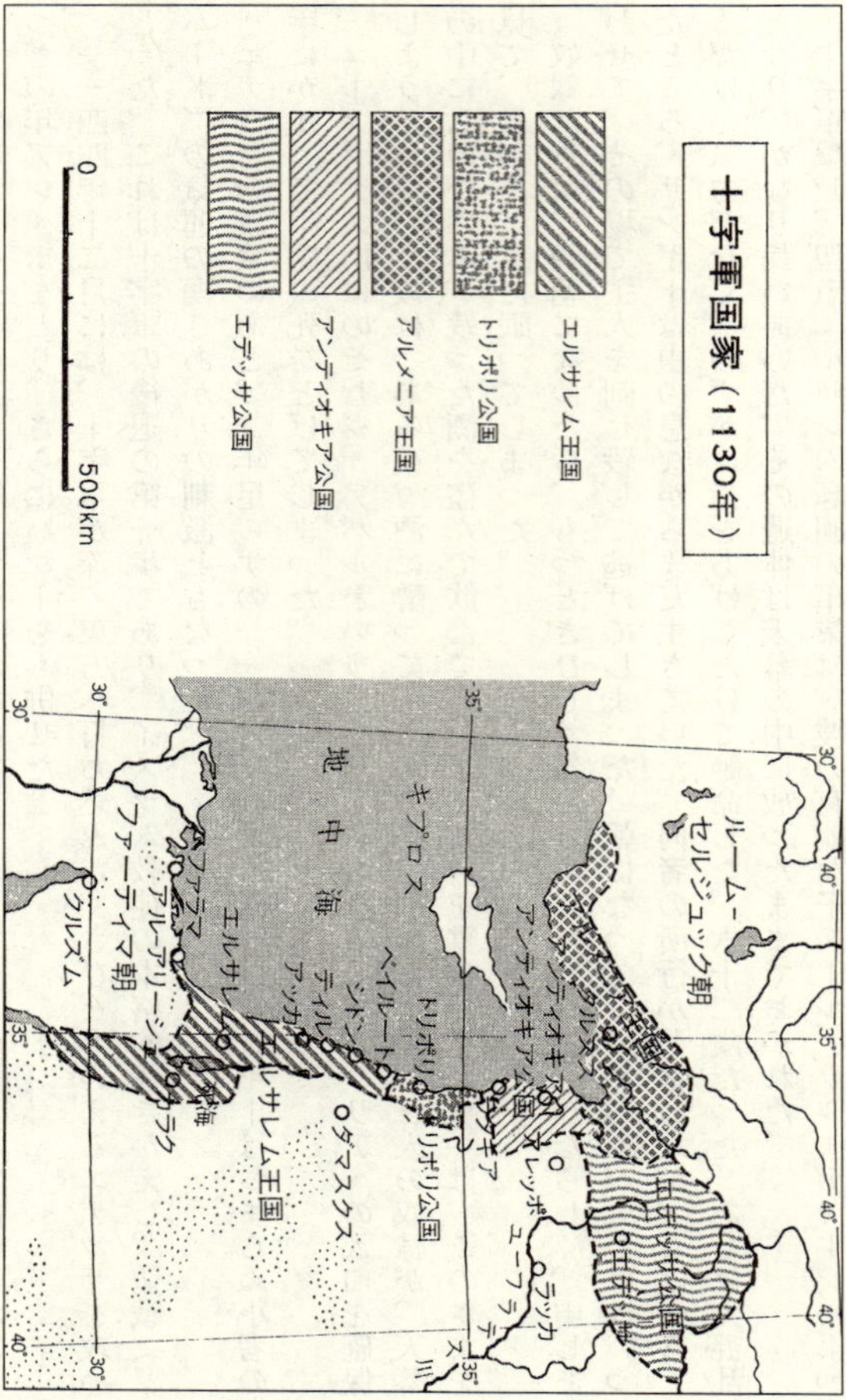
十字軍国家（1130年）
エルサレム王国
トリポリ公国
アルメニア王国
アンティオキア公国
エデッサ公国
0
500km
ルーム・セルジュック朝
アンティオキア公国
キプロス
地中海
トリポリ
ベイルート
シドン
ティルス
アッカ
エルサレム
エルサレム王国
ファーティマ朝
ファラマ
アル－アリーシュ
死海
カラク
ダマスクス
トリポリ公国
アレッポ
ユーフラテス川
ラッカ
エデッサ公国

て頑強に続けられた。その人も中道で倒れると、こんどはザンギーとも、ヌール＝ウッ＝ディーンとも深い因縁で結ばれたサラディン（サラーフ＝ウッ＝ディーン）が引きついだ。

2　サラディンの登場

落城の夜生まれた子

サラディンの家系は、もとアルメニアに住んでいたクルド族の貴族で、父をアイユーブ、叔父をシールクー（山の獅子）といった。この兄弟はバグダードで、セルジュック家の高官に仕えて、一一三〇年ころから頭角を現わし、兄アイユーブはチグリスの中流、バグダードとモスルの中間にあたるタクリートの城主となった。城はチグリスの左岸の絶壁の上にあって、その下は渡し場になっていた。この城の川に面したほうは、岩に刻した階段を攀《よ》じ登《のぼ》らなければ近寄り難くなっており、陸地のほうは深い濠をめぐらしてあった。

アイユーブがそこの城主となってまもなく、大セルジュック家の当主マフムードが死んで、跡目争いが起こり、各地で合戦が起こった。モスルの領主ザンギーもこれに巻きこまれ、兵をひきいて、バグダードの領主ビフルーズを攻めたが、もともとアイユーブが仕え、重く用いられたのはこのビフルーズであった。この戦いで、ザンギーは大敗し、からくも残兵をまとめて、チグリス川に沿って北にのがれた。そうして、タクリート城の対岸まで逃げのびて来たが、ここで渡しを西岸に渡らなければならなかった。

ところが、その西岸の険要の地に敵ビフルーズに恩顧のあるアイユーブが拠っているのである。ザンギーの運命もいよいよきわまったかと思われたが、意外にも、タクリートの城主は渡し舟を出して、ザンギーを西岸に渡したのみでなく、鄭重に城内に迎えて、温かくもてなした。

それやこれやで、一一三八年九月に、アイユーブは、ついにビフルーズのため、タクリート城を追われることになり、北にのがれ、弟シールクーとともに、モスルのザンギーを頼っていった。居城をおわれた日の夜に、アイユーブの妻が男の子を産み落した。ユースフと名づけたが、これが後のサラディンである。

エジプト入り

ザンギーはかつてアイユーブから受けた恩義を忘れずに、あたたかく迎え、つぎの年の秋には、バールベクの知事に任じた。それでサラディンも、九歳まで、古代遺跡で有名なかの町で育った。

しかし、ザンギーの急死のあと、彼の父はダマスクス軍に降り、その地に移ったので、彼もつれられて、かの町につれていかれたが、そこでまもなく、十字軍の来襲を経験することになった。これはエデッサ陥落の報に怒った西ヨーロッパ諸国が起こした第二十字軍で、一一四八年にダマスクスに迫って来た。しかし、土地の事情に明るいイスラム教徒軍のために撃退され、市内に入ることはできなかった。

バールベクが陥ちるとき、サラディンの叔父シールクーは、兄と袂をわかってアレッポにいき、ザンギーの子ヌール＝ウッ＝ディーンのもとに身を寄せ、やがてその腹心の将軍となった。こうして一時は兄弟が、敵味方にわかれることになったが、やがて、ヌール＝ウッ＝ディーンの支配がダマスクスにもおよぶと、シールクーのとりなしで、アイユーブはその地の総督に任ぜられ、特別の優遇を受けた。

このような権勢の家の子として、サラディンも、十四歳のときから、ヌール＝ウッ＝ディーンに仕えて、領地をもらい、アレッポやダマスクスで文武の道に励んだのである。

当時の形勢を見ると、シリア北部に拠ったザンギー朝と、エルサレムのラテン王国とは、南北に対峙して、たがいに対決の機をうかがっていた。このつり合いを破りうるものは、カイロに都するファーティマ朝だったが、すでに昔日のような勢力はなかった。一一六三年、その大臣シャーワルは、政敵ディルガムと争い、前者はザンギー朝に、後者はラテン王国に援助を求めた。

アレッポの城砦　1170年にヌール＝ウッ＝ディーンが建造したもの。

ヌール＝ウッ＝ディーンほどの英主が、こんな機会を見のがすはずはなかった。翌年四月、彼はこの困難な任務にあたる人としてシールクーを選び、その甥サラディンをその幕僚とし、有力な一軍を授けてエジプトに送りこんだ。ディルガムはこれをビルバイスで迎え撃ったが、ザンギー朝の精鋭部隊にかかってはひとたまりもなかった。ディルガムその人も五月二十五日、カイロの街頭を敗走する途中、落馬し首をかき落とされた。

二つの難役を果たす

シャーワルが政権を回復して、大臣職にかえり咲いた。しかし、こんどは援助者であるシールクーらがうっとうしくなり、約束の謝礼の金貨三万ディーナールを支払わず、金づまりにしておいて、エジプトから退散させようとかかった。形勢不穏となり、こんどはシャーワルのエジプト軍とシールクーのシリア軍とが、カイロの都城をめぐって正面衝突の危機をむかえた。

七月中ごろ、両軍は大いに戦った。エジプト軍は大敗し、シャーワルは窮余の策として、エルサレムの王アマルリクに泣きついた。大金を出すから、なんとかして、シリア軍を追い払ってくれというのである。

アマルリクは勇躍して、スエズ地峡を越え、シールクーの軍をビルバイスに囲み、エジプト軍もこれを助けた。この包囲は八月四日から十一月九日まで続いたが、とうとう和議がなって、シリア軍も十字軍も国外に退去するということになった。

一一六八年に、シールクーは、甥のサラディンをもともない、再度、エジプトに進軍した。この報を受けたエルサレムのアマルリク王もエジプトを助けるためと称し、いそいで出動して来た。

シールクーのシリア軍がナイルの西岸のギーザに陣したとき、早くもアマルリクの十字軍はその東岸のフスタートに到着して、両軍は睨み合った。

シリア軍は、ナイル川について南に退却し、これを十字軍とエジプト軍とが追いかけていった。一一六七年四月十八日、川の西岸のバーバインで決戦が行なわれた。このとき、サラディンはおとり部隊をひきいて退却し、十字軍がこれを急追した。エジプト軍だけあとに残ったところを、シールクーの本軍が反転して襲撃し、散々にうち破った。友軍が危いと知って十字軍のほうもとってかえしたが、時すでにおそく、今度はサラディンとシールクーとに挟みうたれて潰走し、アマルリク王ももうすこしで捕えられるところであった。

ここでシールクーは一気にシリア軍に友好的なアレクサンドリアまで下り、そこにサラディンと軍の一部を残し、自分は主力をひきいて、ふたたび南方にひきかえした。サラディンは、ここでまた前よりもさらに危険な役目を負わされた。

シールクーの主力が去ると果たして十字軍と、シャーワルのエジプト軍が大軍をもって、アレクサンドリアを包囲した。この難局に立って、サラディンの真価はいよいよはっきりしてきた。深く敵地に入り、なじみの薄い土地の人をはげまし、少数の部下とともに、三ヵ月も猛攻に耐え抜いて屈しなかったからである。

七月末になると、シールクーが援兵を加えて南方からカイロにせまって来た。酷暑の候ともなってさすがのアマルリクも戦意を失い、八月四日に和議が成立し、シリア軍も十字軍もともにエジプトから退くことになった。

サラディンの名声はあがった。ときにまだ二十九歳だった。

フスタートの炎上

アマルリクは金貨三万枚もらって、エルサレムに引きあげたのだが、実際はシャーワルと密約を結んでいた。

それは毎年金貨一〇万枚をエジプトに支払わせるかわりに、いざというとき十字軍はすぐ駆けつけてシャーワルを助けること、カイロ城内の一区域を十字軍士にあたえ、そこに兵を常駐させることなどだった。これが漏れ聞こえると、カリフも激怒し、イスラム教徒ははげしく反発した。シャーワル打倒の陰謀がそちこちでめぐらされ、その中にはシャーワル自身の息子も加担していた。

反シャーワル党が、すぐに心に浮かべたのは、シリアのヌール＝ウッ＝ディーンである。シャーワルの息子の名で援助を求める手紙がシリアに届けられた。

しかし、まずエジプトに出兵したのは、ヌール＝ウッ＝ディーンのほうではなくて、エルサレムのアマルリク王であった。狼狽《ろうばい》したシャーワルは、これをビルバイスで食い止めようとしたが、易々と突破された。十字軍は掠奪・放火・虐殺を一般民に加えながらカイロに迫って来た。シャーワルの十字軍一辺倒の外交政策は、かえって相手になめられる結果を招いたのである。

シャーワルはフスタートの防禦が十分でないのを見て、そこの市民に至急立ち退きを命じた。ビルバイス市民の惨状の伝わっていたフスタート市民は、あわてふためいてカイロ城内に逃げこみ、大混乱がおこった。フスタートをそのままにしておいては、敵の基地にされるであろう。それでシャーワルは、石油をつめた壺二万個、たいまつ一万束を運びこませて、いっせいに点火させた。それは十一月十三日のことだったが、バグダードにつぐ第一級のイスラム都市として繁栄していたこの町はこうして一面の廃墟と化してしまった。

煙焔天にみなぎり、世界終末の日もかくやと思われるばかりで、五十四日間も燃え続け、その間をくぐって掠奪などが行なわれたという。そのうち、この町の一部は復興したが、ナイルの岸辺に近い一画だけで、東寄りの地区は荒涼たる廃墟となって今日におよんでいる。

策士も策に倒れた

フスタートが火焔に包まれている十一月十四日に、十字軍が東方に姿を現わした。炎に包まれた市街を横目に進み、カイロ城を東方から攻めにかかった。

現在も一部分が残っているが、カイロを囲む城壁は高くまた厚かった。上下団結し、決死の覚悟で、この堅城によって防いだため、十字軍も攻めあぐねた。こうして時をかせいでいるうちに、アレッポのヌール＝ウッ＝ディーンのもとへ、求援の使者がつぎつぎと走った。ファーティマ朝のカリフ、アーディドは、それまではザンギー朝の介入を喜ばなかったが、背に腹はかえられずで、心境を一転し、援助を懇願したばかりでなく、その親書の中に妃の頭髪を封入した。

アレッポ城内では緊急会議が開かれ、エジプトに援軍派遣、主将はいつものごとくシールクーときまった。しかし、今度はシールクーは気が進まぬといって辞退した。しかし、ヌール＝ウッ＝ディーンは聞き入れなかった。

「そなたが行かぬというならば、余自身で行こう。エジプトをフランク人にとられたら、こんどは、われらのシリアが攻めとられる番だ」といい、金貨二〇万枚を当座の軍費としてシールクーにあたえた。

シールクーはまだ条件があるとねばった。それは甥のサラディンをつれて行かせてくれということであった。こんどは、サラディンが固辞した。アレクサンドリアでの三ヵ月の籠城は思い出すだけでもゾッとするというのである。

いやがるサラディンを叔父と主君とがやっと口説きおとした。こうして、三度目のエジプト行きが実現し、一一六八年十二月のはじめ、アレッポを進発した。

翌一一六九年一月一日、シールクーの軍はスエズ地峡を越えた。アマルリク王は、新手のシリア軍と戦う気力もないので、あわててパレスチナへと引きあげてはいったが、行きがけの駄賃に一万二〇〇〇人ほどの男女を捕えて連れて行った。

シールクーは、一月八日には、カイロ市民の熱狂的歓迎のうちにカイロにはいった。そうして、カリフから特別の謁見を許された。これにひきかえてシャーワルは、カリフからもうとんぜられ、民衆のあいだでも憎まれ者となっていた。しかし、あくの強い性格の彼は、なおここでどんでんがえしをうとうとした。

一月十八日、シャーワルは屈強な壮士たちをつれて、シールクーに会いに出かけた。しかし、シールクーは姿を現わさず、甥のサラディンともう一人のシリア軍の部将が、やはり屈強な壮士たちをつれて出て来た。とかくするうち、シャーワルの部下たちは、主人とへだてられ、不意に襲撃されたから、主人を棄てて逃げ去った。シャーワルもまたサラディンに捕えられた。カリフ、アーディドにその報がとどくと、すぐ侍従をシールクーのもとに派して、「直ちに処分してよかろう」と伝えさせた。まもなくシャーワルの首が、カリフのもとに送りとどけられた。

新王朝のはじまり　悪大臣が殺されたという報が、カイロ市内にひろまると、歓声がどっとあがり、狂喜乱舞で、たいへんな騒ぎとなり、大臣の屋敷は暴徒の掠奪にさらされた。

翌日、シールクーが、ファーティマ朝の宰相（ワジール）兼総軍司令官に任じられた。にわかにエジプトの実権を握ったシールクーはそれからいくらも生きてはいなかった。その年（一一六九年）三月二十三日、死の手につれ去られたからである。原因は食べすぎともいい、肥満の結果ともいう。

叔父の死後、三日してサラディンがファーティマ朝の宰相の位に登った。これからの彼は、身を持することあくまでも厳しく、「イスラムの国家を強化し、異教徒を駆逐する」という悲願に全身全霊をあげて精進することになった。

カリフ、アーディドは、はじめはサラディンをあつかいやすい男と踏んでいたらしいが、まもなく、たいへんな誤算であったことに気づいた。それで黒人宦官の某《なにがし》をつかい、十字軍士とはかりごとを通じて、一挙に片づけようとしたが、裏をかかれ、黒人宦官のほうが首をはねられてしまった。

ファーティマ朝の王宮は東西の二つにわかれ、その中間を南北に走る大通りをバイナール-カスライン（双宮間街）と呼び、現在もその名だけは残っている。そこを中心にカリフの親衛隊の五〇〇〇人の黒人戦士とサラディンの部下とのあいだですさまじい市街戦が行なわれ、黒人戦士たちは、あるいは殺され、あるいはナイル上流へと逃げ去った。

ファーティマ朝は断末魔の様相となり、一一七一年九月十日、金曜日の礼拝のフトバ（説法）はバグダードのアッバース朝カリフの名によって行なわれた。これはエジプトが異端派たるイスマーイール派から正統派イスラムに復帰したことと、ファーティマ朝が三百年の歴史を閉じて、サラディンのもとに新王朝（アイユーブ朝）がはじまったことを告げるものであった。

聖都の回復

エジプトに新王朝を建てたとき、サラディンは三十一歳だった。それから五年たった一一七四年、旧主ヌール＝ウッ＝ディーンが五十六歳で死んだ。五月六日には近臣のひとりと、人間の寿命のはかなさなどを語り合いながら遠乗りに出かけるくらい元気だったが、そのちちょっとした扁桃腺炎をこじらせ、その月十五日に死んだ。十字軍駆逐の大仕事はついにこの人によっては達成されなかった。

サラディンの出番がきた。その年秋、旧主の遺業をつぐため、七〇〇騎をすぐってカイロを出発、ラテン王国の東側面を潜行し、十一月末にダマスクスにはいった。これから聖市奪回の事業に、エジプトは人的・物的資源の補給地として重要な役割を果たすのだが、サラディンその人にはふたたびナイルの水を飲む機会は来なかった。

彼がシリアを舞台に、ひろくイスラム勢力を統合し得て、一一八七年七月、ティベリヤス（ガリラヤ）湖の西岸で、十字軍の主力に致命的な打撃をあたえ、ラテン国王ギイ＝ド＝リュシニャンを捕え、さらにエルサレム城下に迫ることなどの事績は、その身辺にあったイマード＝ウッ＝ディーン＝ムハンマド（一一二五～一二〇一）が流麗な美文で詳細に伝えている。

一〇九九年、第一十字軍がエルサレムを攻めとったときは、男女老幼をとわずイスラム教徒とユダヤ教徒は情容赦なく虐殺された。聖市に乱入した十字軍士は約一万で、七月十五日からつぎの日にかけて、約五万ほどの市民のうち四万人が殺されたと伝えられている。

それから九十年の歳月が流れた。いまや攻守ところを変え、サラディンの率いるイスラム軍がキリスト教徒の立てこもった聖市の死命を制することになった。このときにあたり、サラディンが示した条件は意外なまでに寛大だった。

エルサレムが降伏するならば、全市民は捕虜とする。しかしみだりに命はとらぬ。男子はひとりにつき金貨一〇枚で自由の身とする。女子はふたり、小児は一〇人で成人男子ひとり分に数える。身の代金を払えぬ者については、ラテン王国の国庫から立てかえ払いをしてやることを認めるが、そのばあいは金貨三万枚ごとに七〇〇〇人を自由の身にしよう。身の代金支払の期限を開城から四十日間とし、それを過ぎても支払わぬものはすべて奴隷とするというのであった。

この条件で開城がきまった。市民は泣き悲しみ、キリストの聖墓にぬかずき、涙ながらに退散して行った。

春浅く、よい人は去った

エルサレム王国の潰滅に憤激した西ヨーロッパ諸国民は、十字軍史上で、もっとも大規模だった第三十字軍をおこし、大挙して来襲した。サラディンは生涯でもっとも苦しく、それだけに彼がその心の寛さや、温かさ、不撓不屈さを示す無数の機会に遭遇する数年間をすごさなければならなかった。

主戦場は、ティル（スール）とハイファとの中間のアッカ（アッコー）で、サラディンがこの海港に守備軍を置いたのを、十字軍が海陸から包囲し、その後方をサラディンの親しく統率する軍が陸上から取り巻くという形となり、彼我の攻防は一一八九年八月から同九一年の七月まで続いた。最後の段階になってフランス王フィリップ二世、ついで英国王リチャード（獅子心王）がそれぞれ大軍とともに海上を来て、上陸し戦線に加わったから、十字軍は三〇万人ほどの大勢力となった。

サラディンは十字軍陣地を突破して、アッカの守備兵を救おうと試みたが、ついに成功せず、反対に十字軍のアッカの城壁に対する猛攻はついにその一角を崩すことに成功した。城兵は退去を条件に降伏したけれども、十字軍を率いた英国王は信義を守らず、サラディンらが遠望している前で、数千の投降した守備兵をことごとく殺した。落城は七月十二日だった。

仏王は帰国し、英国王とその軍はさらにエルサレムまでの強行突破の作戦にでたが、これはサラディンのため阻止され、はるかに聖市を望んだだけで退却せざるを得なかった。

両軍のあいだに和議がなり、英国王は再来を心に期して海のあなたに去って行ったけれども、ふたたび姿を現わすことはなかった。サラディンも一一九二年十一月四日には四年ぶりでダマスクスに帰った。はじめて叔父シールクーに従って、この町を去ってエジプトにむかってから二十八年の歳月が流れ去っていた。

まもなく年があけて、翌年の二月十九日、十字軍側の使者が訪ねて来た。宮殿内の庭園にある別殿で引見したが、彼のまだ幼い子供たちもそばにいた。その一人が突然に泣き出すと、サラディンはあわただしく十字軍の使者をひきとらせた。やがて食事の時間になったが、今日は食がすすまぬといい、どうも身体がだるくてならぬと訴えた。

あたかも、メッカ巡礼の団体がダマスクスにもどってきつつあった。翌二十日、彼は騎馬で郊外まで巡礼団を出迎えに赴いた。寒風の中に長時間さらされていたのに、どうしてか綿入れの下着を着ていかなかった。

その晩にひどく発熱し、もはや政務もとれなくなった。三月四日の早暁に、説教師が枕頭で「彼（アッラー）のほか神なし。彼にこそ身をばゆだねん！」と誦えるのが耳に入ると、サラディンは微笑をうかべ、おだやかな表情となって、最期の息をひきとった。五十五歳であった。

3　モンゴルの嵐

砂漠と湖水に囲まれた国

シリアやエジプトが十字軍と争っていたとき、東方のアジア高原から大嵐がおこった。モンゴリアの高原も北のはしに近い草原で、遊牧生活をおくるモンゴル族の一部族長の子テムジンが草原の諸部族を統一したのち、二〇万ともいわれる騎兵の大集団を率いて西に進み、まず中央アジアに攻め入ったのは、イスラム教徒のホラズム＝シャー（王）国とのもめごとが直接の原因だった。

ホラズム（フヮーリズム）はアム川がアラル海にそそぐあたりの肥沃なデルタ地帯で、北方はアラル海、他の三方は砂漠に囲まれて孤立した世界である。古代からインド＝イラン系の民が住みつき、独自の高い文化を発達させていたところとして知られている。ホラズム地方がイスラム化したのは、七一二年に、ウマイヤ朝の将軍（アミール）クタイバ＝ブヌ＝ムスリム（中国史書中の畏密屈底波）が攻め入り、古来の文化を語る建造物を破壊してのちのことであった。よほどの古代からホラズムの支配者はホラズム‐シャーの称号を用いた。四世紀はじめからアフリード朝がおこり、その王は代々、この称号をつかったが、その都はカースで、今のヒバ（ヒーワ）の近くに、その遺跡がある。クタイバに降伏したのも、唐に使節を送ったのもみなこの地に都したホラズム‐シャーであった。

草原は風雲急であった

本来のホラズムは、カースを中心とするデルタの南部地方であり、その北部はグルガーンジュ（ウルケンジ。『元史』などの玉竜傑赤）を中心として、政治的にもわかれていた。九九五年に、このグルガーンジュから興ったマームーン朝が、アフリード朝を滅ぼし、都をもグルガーンジュに移して、ホラズム‐シャーと号した。マームーン朝の寿命は短く、一〇一七年七月にはガズナ朝のマフムード王のため滅ぼされた。こうして、ガズナから送りこまれた総督もやはりホラズム‐シャーと号した。

一〇四三年には、この地はセルジュック朝の支配下にはいった。大セルジュック家の台所係りというか、銀や陶磁の食器類の係りをつとめていたトルコ系の奴隷アヌーシュ＝ティギーンがホラズムの軍司令官の職名をもらったが、実際にその地に赴任したわけではなかった。しかしその子クトブ゠ウッ゠ディーン゠ムハンマドは名実ともにホラズムの総督に任じられ、ホラズム‐シャーの称号をも許された。それは一〇九七年で、その任にあること満二十年間におよんだ。

その死後、息子のアトシーズがつぎ、一一五六年まで三十年間ちかく任にいたが、セルジュック本家とたびたび衝突し、領土を四方にひろげて、ホラズムを中央アジアの強大国にしたてあげた。

それから二代おいてムハンマド（在位一二〇〇〜一二二〇）のときになると、東はインドとの、西は小アジアとの境にまで支配をひろげ、中央アジア、イランのほとんど全域をにぎり、セルジュック朝にかわる西アジアの支配者をもって自任し、バグダードのアッバース朝をも無視するという勢いとなった。

アラビア半島もその勢威に服し、東南部のオマーンまでが、ホラズム‐シャーの主権を認めたという。都グルガーンジュは、当時の世界の第一級の大都市となり、通商路も四方八方からここに集中しつつあった。

彼が外蒙古にあらたにおこったチンギーズ汗（テムジン）の国家と、チンギーズという草原の風雲児の実力とをどのように読みとっていたかはよくわからない。

しかし、チンギーズ汗のほうは、イスラム商人などをつかって、ホラズム王国の内情を十分に探知していた形跡が明らかである。

ブハラの町の昼下り

ホラズム - シャーの使節のほうがまずチンギーズ汗のもとを一二一五年に訪れている。両大国の関係を破局にいたらしめたのは、チンギーズ汗の使節を含むその隊商が、ホラズム領の北はずれ、シル川の岸のオトラールまで来て虐殺されるという事件であった。この事件の責任を問うために派遣された第二の使節たちもまた殺されてしまった。

チンギーズ汗は一二一九年の春、大軍をイルティシュ河畔に集結し、天高く冴えかえる秋を待ってオトラール城にせまり、次男ジャガタイ（チャガタイ）、三男オゴタイなどをして、これを包囲させ、長子ジュチの軍をシル川について下らせ、また他の一軍をシル川の上流フエルガーナ方面に派遣した。そうして、自身は四男トゥルイとともに主力軍をひきいて、シル川をわたり、キジル - クム（赤い砂漠）を越えて、ブハラのオアシスへと進んだ。

一二二〇年二月、ホラズム王国の重要都市となっていたブハラはチンギーズ汗の親しく統率するモンゴル軍に包囲された。のちに彼の子孫に仕えることになったイランの史家ジュワイニーはその『世界征服者（チンギーズ汗）の歴史』の中で、概略つぎのごとくしるしている。

「ブハラ城下に野営したモンゴル軍はアリやイナゴよりも数多く、計りも数えもできるものではなかった。一部隊また一部隊と、さかまく海の水のごとくやって来ては、町の周辺に天幕を張った。日の出のころ、スルタン（ホラズム - シャー）からの援軍二万と多数の

ブハラのカリヤンの光塔　死の塔などとも呼ばれる。1127年の建造。チンギーズ汗はその右側のモスクにはいった。

市民が城壁を出て脱走したが、アム川の渡し場に近づいたころ、モンゴル軍に襲われ、あとかたもなく片づけられてしまった。これは包囲後三日目のことで、ほんの少数だけがアム川を渡って逃がれえたのみであった」

こうして守備軍に見棄てられたブハラの市民は降伏することになった。

つぎの日の朝、城門は開かれ、町の名士たちが出迎える中を、チンギーズ汗は息子のトゥルイほか一群の幕僚をつれてはいって来た。二月十日だったという説と、同十六日とする説とがある。毛の長く、脚の太い蒙古馬だったろうと思うが、馬蹄をひびかせて、市街の中心部にある大礼拝堂の内陣まで乗りこんで来た。それはおそらく今もカリヤンの光塔のすぐ下にあるカリヤン＝モスクのことであったろう。あの塔は一一二七年に、カラ＝ハーン朝のアルスラーン（シシ）王が建造したものであるから、この光景を見おろしていたに違いない。

そうして説教壇（ミンバル）の前まで来ると、まずトゥルイがひらりと下馬して、壇に登った。チンギーズ汗はいあわせたものに、

「ここがスルタン（ホラズム-シャー）の宮殿か？」

と言葉をかけた。誰かが、

「いえ、アッラーのお家にございます」

と答えた。チンギーズ汗も下馬し、説教壇の階段を二、三段のぼって、

「城外にはかいばがない。馬どもに腹一杯くわせてやれ」

と命じた。モンゴル兵たちは、あわてて、市内の倉庫をひらき、穀物を運び出してきた。また礼拝堂の中にあったアル-クルアーン（コーラン）をおさめた箱を中庭にはこび出し、聖典を右へ左へと放り出し、これらの箱をかいば桶の代用にして馬にあてがった。そのあと、酒もりがはじまり、町から歌姫たちを呼んでこさせ、歌わせたり、舞わさせたりする一方では、自分たちもなにやらわからぬ異国の言葉で歌いさざめくのであった。

チンギーズ汗のブハラ入り

この間、ブハラの名士たち、一代の碩学《せきがく》たちは、モンゴル軍士の監視のもとに、つながれた軍馬の番をさせられたり、なにかとこきつかわれていた。やがて、チンギーズ汗がまず立ちあがって、さあ陣所にもどろうといった。みんながこれに従って座をたち、ざわついたので、聖典コーランは彼らの土足にかけられたり、馬蹄に踏みにじられたりした。

このとき預言者ムハンマド（マホメット）の血統をひく人々の

うちでも、もっとも名望のある人物が、そばにいた学界の第一人者の 某《なにがし》をかえり見て、

「閣下、なんともはや情ないことになりましたのう！」

となげき、
　あわれ主よ、わが目のあたり見ることは
　げに、うつつかや、はた夢か……

というセルジュック朝の詩人アンワリーの詩句を口ずさんだ。すると相手は、

「おやめなされ。これも全能におわすアッラーの吹きよこしたもうた風なのじゃ。われらにはとやかくと申す力もないゆえに……」

といってなだめたというのである。

荒廃のサマルカンド

　郊外の本営にひきあげたチンギーズ汗は、裕福な市民たちから税金をとりたてた。それでことは穏便にすみそうだったが、ホラズム王の軍隊の一部が市内の城砦にたてこもって抵抗を続けたので形勢は険悪となった。

すべての市民は、男女老幼をとわず、あげて郊外の広場へと追い出された。そのあと、市街を思うがままに掠奪しておいて、火をかけた。そのさい、ブハラを脱れ出て、ホラーサーンまで逃れたある人が、

「奴らは来た。攻めた。焼いた。殺した。奪った。そうして行ってしまった」

と告げたという。近親を、そして財産を、またすべての希望をまで失って、広野に号泣する市民たち、まだ燃え続けている楼閣などをあとに、モンゴル軍はザラフシャーン川について東のかたサマルカンドにむかって去っていった。

サマルカンドでは、さしたる抵抗をうけず三月十九日に占領が終わったが、けっきょく、昔からの王城のあった部分は荒廃してしまい、現在では、アフランアブとよばれる荒野に変わっている。

サマルカンドから、チンギーズ汗はジェベとスブテイの二将にそれぞれホラズム－シャーを追う挺身部隊を授けた。この二部隊は途中の都市にも財宝にも顔をそむけ、獲物を追いつめる猟犬の群のようにイラン高原を西へ西へと突き進んだ。ホラズム－シャーのほうは戦意を失い、ろくな抵抗もなしえず、のがれのがれて、ついにカスピ海の東南岸からあまり遠くない一小島（アーバスクーン）にのがれ、失意落胆のうちに死んだ。

ジェベとスブテイは、さらにカスピ海の西岸に沿って北上を続け、コーカサス山脈を越えて、南ロシアの草原に入り、ロシア諸侯やトルコ系のキプチャク族の連合軍をクリミアのカルカ河畔で破ったのち、カスピ海の北をまわって、チンギーズ汗の本軍に復帰した。

地獄絵さながら

一二二〇年の夏を人馬の休養にあてたチンギーズ汗は、秋になると南下し、鉄門の険をすぎてアム川の渡頭ティルミドをおとし入れた。そして、その冬はアム川の上流ですごしたの

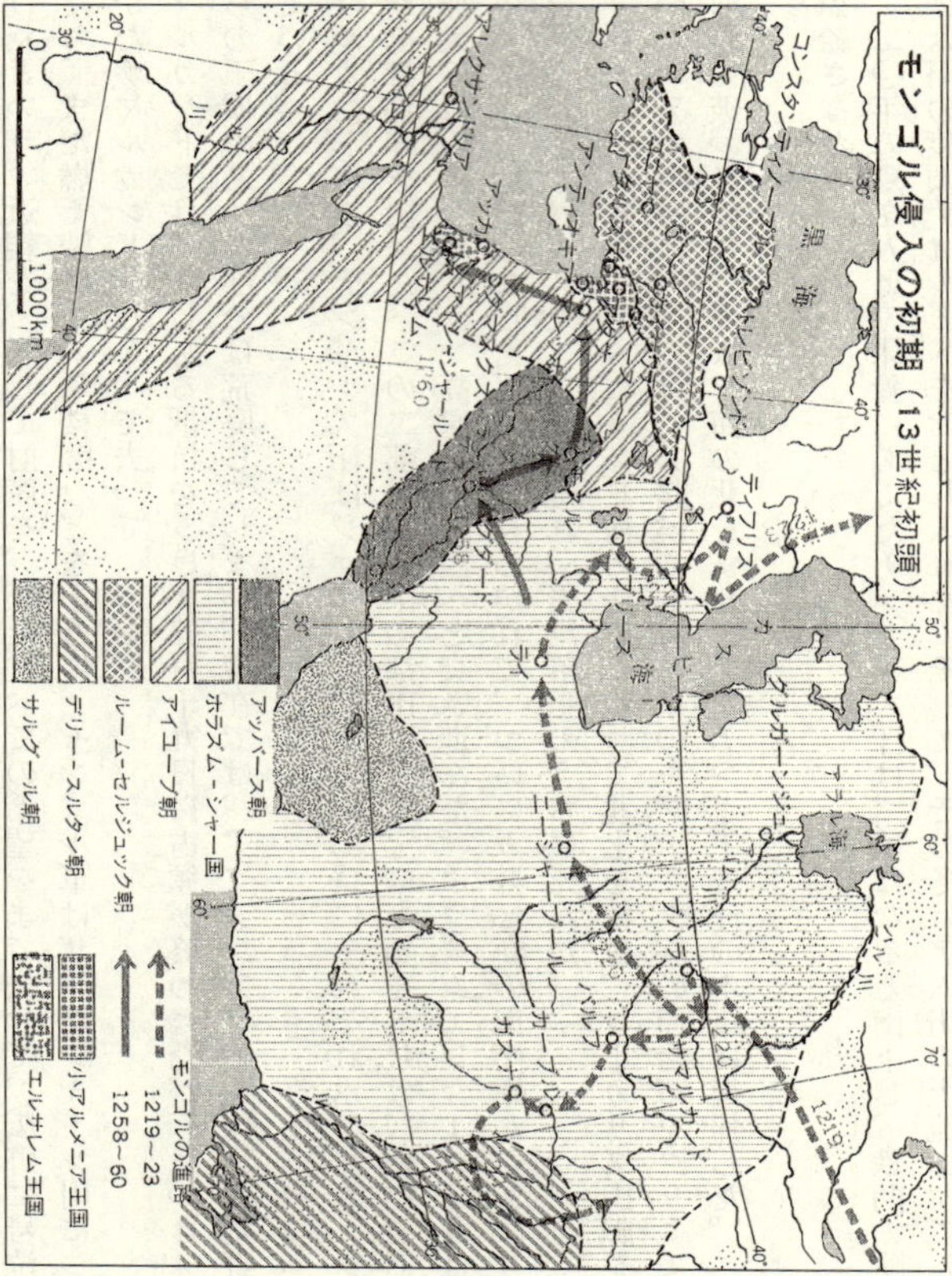
モンゴル侵入の初期（13世紀初頭）
黒海
カスピ海
アラル海
コンスタンティノープル
トレビゾンド
ティフリス
グルガーンジュ
ブハラ
サマルカンド
ニーシャープール
バルフ
カーブル
ガズナ
ライ
バグダード
ダマスクス
アッカ
アンティオキア
アレクサンドリア
カイロ
1219
1220
0
1000km
アッバース朝
ホラズム・シャー国
アイユーブ朝
ルーム・セルジューク朝
デリー・スルタン朝
サルグール朝
モンゴルの進路
1219～23
1258～60
小アルメニア王国
エルサレム王国

ち、翌年になるとはやばやとアム川を渡って、バルフを攻略した。これより先、サマルカンドをとったあと、すでにオトラールの破壊をおわって合流して来たジャガタイとオゴタイの二人を、ホラズム王国の首府グルガーンジュに進ませ長子ジュチに協力させたが、バルフまで来ると、こんどは第四子トゥルイをイランの東部ホラーサーン地方の征服にむかわせた。

この地方に侵入したモンゴル軍のあばれ方はひどかった。まずマルウでは一説によれば七〇万の住民が虐殺され、婦女老幼も許されなかったといい、他の説では一三〇万人ということになっている。もっとも惨状を示したのはニーシャープールだった。

ここでは、チンギーズ汗の女婿トクチャルが戦死したこと、市民が頑強に抵抗したことなどのため、残忍な復讐が行なわれた。一二二一年四月七日に総攻撃がはじまり、まず一方のモンゴル兵が梯子をかけて城壁を乗りこえて市街に入ったのをはじめに、各方面から突入した。

夫トクチャルを殺されたチンギーズ汗の娘は、みずから一万の兵をひきいて市内に入り、目に入るものことごとくを虐殺してまわった。四日間、虐殺は続き、犬や猫まで殺されたという。マルウの攻略のとき、死屍累々として重なる中に、血にまみれてひそみ、命をひろった市民が多数いたということをあとで知ったトゥルイは、ニーシャープールでは目に入る市民の首はすべて刎《は》ねよと命じた。

これらの首を、男、女、子供に選りわけ、別々に積みあげてピラミッドをつくらせた。二週間かけて、ニーシャープール市街を徹底的に破壊した。一つの石さえも立ててはおかなかったという。全市民のうち、わずかに四〇〇人の工匠だけが命を許され、遠くモンゴル本土に送られた。

チンギーズ汗の軍とジャラール＝ウッ＝ディーンのホラズム軍との合戦

雪山の麓で賢人と語りあう

ターラカーンはバルフの西方にある町で、そのころ、チンギーズ汗はここを包囲していたのだが、やがて夏になると、バルフ南方の山地に暑をさけた。たまたま、ホラズム－シャー、ムハンマドの子ジャラール＝ウッ＝ディーンが、父のあとをついでホラズム－シャーとなり、頑強な抵抗を試みつつ、アフガニスタンにはいり、チンギーズ汗が派遣した討伐軍を撃破するという事態となった。おそらく、このことがチンギーズ汗を南に向かわせる直接の原因だったであろう。

彼はヒンドゥー－クシュの険を越え、さらに深くインダス川の岸辺にまで、年少気鋭の新ホラズム－シャーを追いつめた。三方から急追されたジャラール＝ウッ＝ディーンが愛馬とともに断崖上からインダスの流れに身を投じて、彼岸におよぎのがれようとし、これを追おうとするモンゴルの健児たちをチンギーズ汗がおしとどめて、敵将を讃歎する言葉を発したという逸話がある。

これは一二二一年十一月二十四日の出来ごとだったというからチンギーズ汗は時に五十四歳、そのころの彼を目撃したあるイラン史家の伝えたところによると、長身で頑丈な体軀をし、頭髪はもはやまばらで白くなっていたが、眼光はけいけいとして鋭く、たとえれば猫のそれのごとくだったというのである。

彼はそこから東には進まず、おもむろに帰国の途についた。翌一二二二年の夏はヒンドゥークシュの南斜面の草原で暮し、その冬はサマルカンド附近で過した。当時、中国道教界の第一人者であった長春《ちょうしゅん》真人《しんじん》丘処機《きゅうしょき》がわざわざ招かれて、遠く西域の道を旅し、ヒンドゥークシュの南麓で、チンギーズ汗に謁したのは、このさいのことであった。真人の高弟李《り》志常《しじょう》の著わした『長春真人西遊記』によると、チンギーズ汗が、

「はるばると来て下さったが、どのような長生の薬を授けて下さるかな？」

というと、長春真人は、

「衛生の道はありますが、長生の薬というようなものはございませぬ」

と答えた。するとチンギーズ汗は怒るどころか、その正直さが気に入って、ねんごろに待遇した。

やがて暑気がきびしくなったので、山中に避暑し、真人もこれに従って、約一ヵ月ほど滞在し、いろいろと語りあった。やがて真人は先にサマルカンドに戻った。おくれてチンギーズ汗も同地に引きあげて来ると、また真人を呼んでさまざまに教えを請うている。この一事は、のちにかのティームール（タメルラン）がダマスクス近郊で、大歴史家イブン＝ハルド

ウーンと三十五日間もともに暮し、語り合ったことと、好一対の佳話とすべきであろう。

一二二三年の春と夏をチンギーズ汗はタシュケント附近ですごした。その春、長春真人は、はや旅に出て、三年にもなろうとしているので、暇をもらい故郷に戻りたいと申し出た。チンギーズ汗は、自分ももう東に帰ろうとしているのだ。一緒に行こうではないか、とひきとめた。

そうこうするうちに、チンギーズ汗は狩猟のさいイノシシを追いかけて落馬した。

この椿事をきいた真人が枕頭にかけつけ、

「天道は人命を重んじております。もはや高齢でおいでゆえ、狩猟などはできるだけおよしになったほうがよろしいと存じます。猟に出て落馬遊ばしたのも、天の戒めと申すもの。イノシシが突きかかってこなかったのは天のお加護とおぼし召されよ」

といさめると、チンギーズ汗は、

「いや深く反省しておる。神仙がそういって下さるのはまことに有り難く思う。われわれモンゴル人は幼いときから騎射をならっているので、なかなかやめることができぬのだ。しかし、御言葉のほどはよくよく心にとどめておこう」

と答え、側近の者をかえりみて、

「神仙にはよいことをいって下された。これからは、ようく従うことにしような」

といった。実際それから二ヵ月ほどは猟に出なかったという。

チンギーズ汗自身は悠々と東にむかい、一二二四年の夏はイルティシュ川の上流ですごし、そのつぎの年の春に、七年間にわたる大西征をおわって、モンゴリアに帰着した。長春真人がはじめてチンギーズ汗と会ったときはすでに七十四歳の高齢だった。二人がともに夏の一月をすごしたヒンドゥークシュの中腹というのは、カーブルの北、バーミヤーンからはかなり東方にあたるパルワーンあたりだったという。

モンゴリアにかえったチンギーズ汗は、つぎの年の秋、また西夏《せいか》国への遠征に出た。こんどは故郷に戻ることなく一二二七年八月二十五日、甘粛《かんしゅく》省の清水に近い六盤山《ろくばんさん》で不帰の客となった。この最後の遠征の途中、狩猟に出て落馬したことが、その死を早めたといわれている。

彼に自重を勧めた長春真人のほうも、奇しくも同年同月の二十二日に北京で世を去っている。

4　フラグ汗の遠征

暗殺教団の本部

一二五八年二月、チンギーズ汗の孫フラグ汗のひきいるモンゴル軍はアム川を越えてイランの各地を荒らしまわった。かつてフラグの父トゥルイがホラーサーンの各地を炎と血で彩ってから四十年近くたっている。

フラグが兄の大汗メンケから授けられた使命は、エルブルズ山脈の中に多数の堅牢な山城を築いて、正統派イスラム教徒を相手にゲリラ活動を続けていたイスマーイール教団（暗殺教団）と、バグダードに都するアッバース朝のカリフ政権とを片づけて来よということであった。

一二五三年の秋、モンゴリアを進発し、ゆっくりと西に進んで翌々年の秋にはサマルカンド附近に野営地を定めた。さらにそのつぎの年（一二五六年）の一月にはアム川を渡った。

暗殺教団の本部は、カズヴィーンの町の北北東二日行程（約六五キロ）のところにあるアラムート城にあった。巨大な岩山の頂上に近いところを深くくり抜いてつくりなし、尋常な業ではとても近づくことができぬ難攻不落の堅城であった。ここから西はシリア、東はイラン東部にまで同志の人々の拠点がつらなっていた。

この教団の送り出した刺客の手にかかった人数はおびただしかった。バグダードのカリフたちでさえ、これを避けることができず、その二人までが犠牲となった。一方、碩学の士などを力ずくで、アラムート城内につれこんで利用したということで、トゥース生まれの数学・天文学・哲学などの大家ナシール＝ウッ＝ディーン＝トゥーシーなどは、こうして誘拐されたひとりだった。

この人の名声は、遠くモンゴリアまで聞こえていたから、フラグ汗は出征にあたり、兄メンケから、この碩学を保護し、カラコルムの都まで送りとどけるように命じられていた。フラグは首尾よく、この人を救い出すことができたが、手元にとどめて、モンゴリアには送らず、宰相の地位をあたえて優遇し、相談相手にした。

籠城十四年

　これより先、フラグ汗は一二五六年から翌年にかけて、アラムート山城をはじめ、暗殺教団の多数の城を一つ一つ攻め取り、この教団そのものに致命的打撃をあたえた。時の教主は無条件降伏をしたが、やがて殺された。所在の教徒は虐殺され生き残ったものも、もはや組織をつくる力はなかった。

ギルドクーの岩山　暗殺教団の城は頂上に近いところをくりぬいてつくったもの。

　ただ例外として、アラムートより東方、ダムガーンの西方一六キロほどの山中にあるギルドクー城は円筒状の巨岩が約二一五メートルもの高さにそそり立ち、その頂上に近いところをくり抜いて城砦にしたてあった。飲用水はやはり岩を掘って空洞をつくり、そこに雨水をためるようにしてあることは、アラムートその他の山城と同じであった。

　フラグ汗が西征したあと、その兄の元の世祖クビライが漢人の常徳《じょうとく》をそのもとに派遣した。この人の土産話が『西使記』と題して残っている。それにはギルドクーの城のことにも触れて、

「暗殺教団（木乃奚――ムラーヒダ）の山城は三六〇

もあったが、みんな降伏した。ただ担寒（ダムガーン）の西方の一山城で乞都不郭（ギルドクー。乞都郭とするが正しかろう）という名であった。孤峯がそそり立ち、矢も石もとどきはしない。丙辰《ひのえたつ》の年（一二五六年）、王師がこの城の下まで来たが、その高くけわしいことは、仰いでこれを見ていると帽子が落ちるほどである」

などとしるしてある。

攻めあぐねたモンゴル軍は山城をとりまき麓に城壁をめぐらして、長期戦となった。こうして、籠城はなんと十四年間も続いたのち、やっと開城となった。しかし、その理由は食糧がつき果てたとか、死傷が多くなって持ち堪えられなかったというのではなく、城兵の衣類がやぶれて裸同然になったためであったという。

バグダードを焼いてシリアへ

一二五八年二月、イラン高原からイラクの平野に下ったフラグ汗の軍は、チグリス川の左右両岸からバグダードにせまったが、当時のこの都の中心は川の東岸に移っており、一面は川、他の三面には堅固な城壁をめぐらしていたから、フラグ汗の本陣は、この東城の東南面にあった護符門の外におかれた。門の上方には二頭の竜が左右から口を開き、舌をはいて相対し、その中間に一人の人物がいて、両手を左右にのばして、竜の舌をつかむという不思議な彫刻が施してあった。

その時、カリフの位にあったのは、アッバース朝第三十七代のムスタアシムで、無条件降

フラグ汗のモンゴル軍がバグダードを攻めているところ　14世紀はじめにえがかれたイランの細密画。

伏を行なったが、けっきょく虐殺された。市街は一週間以上も掠奪、虐殺のちまたとなり、無数の市民が犠牲となった。殺された人数は八〇万ともいわれ、史料によっては二〇〇万などという巨数をあげているものもある。

フラグ汗はついに故郷の土をふたたび踏むことなく、イランにふみとどまって、イール＝ハーン（藩王）の称号を得て、東はアム川、西は小アジアの一部、北はコーカサス、南はインド洋岸にいたる広大な地域に君臨することになった。

仏教信者でキリスト教びいき

彼の妻ドクーズ＝シートゥーンはクリスチャンで、夫の殺伐な気性を和げるに努めた。フラグ汗はアゼルバイジャンの西北地方の自然を好み、マラーゲに首府をおいた。その西北のヴァン（レザイエ）湖中に三〇〇メートルもの高さにそびえ立つ岩山の上に、そちこちで分捕ったおびただしい財宝をしまっておいたという。一二六五年二月に世を去ると、遺骸は、殉死した幾人かの美女とともに、同じ岩山に埋葬された。

フラグ汗は仏教の信者で、彼のあとをついだその子アバカ（在位一二六五〜八二）も同じであったが、ともに親キリスト教的政策をとった。しかし、イランとイラクを本拠とし、イスラム世界の中枢部を支配しながら、仏寺を建てたり、キリスト教徒を大切にしたりして、反イスラム的政策を続けていくことは無理なことであった。それで子孫は、じょじょにイスラムに傾き、やがてイール汗国は中期以後は、イスラム教国の一つになるのである。

九　馬蹄とどろく

1　シチリアのノルマン王朝

勝利の町の建設

サラディンが、エジプトを去ってシリアに移り、十字軍駆逐の執念を燃やしていたころ、エジプトの統治にあたったのは、有能な弟アーディルであった。サラディンの死後、多少のごたごたはあったが、けっきょく、同王朝の実権はアーディルの握るところとなった。そして彼は一二一八年八月末、七十三歳（一説に七十五歳）でカイロで世を去った。

この人の死因は、海上から攻め寄せた十字軍のために、ナイルデルタの東北部の重要港ダミエッタを占領されたことによる（その年八月二十四日）、傷心のためだったといわれている。アーディルのあとは長子カーミルがつぎ、一二三八年まで二十年間在位した。これも果敢な闘士であり、外交手腕も抜群だった。この人の努力はまず十字軍をダミエッタから海に追いおとすことに注がれた。

マンスーラでの十字軍の敗北　15世紀の細密画。

ダミエッタは、アラブ名をディムヤートとい、昔から織物の産地として有名だった。当時のこの町は、現在の同名の町よりももっと北のナイルの川口に近いところにあって、西方のアレクサンドリアと並んで、エジプトの関鍵《かんけん》とされていた。

カーミルは、敵がダミエッタからカイロに進撃するのを食止めるため、前者の南方に、ナイル川に近く堅固な要砦《ようさい》をいくつか築いた。そのため、そのあたりの一村落が都市に発展して、マンスーラ（勝利の町）と名づけられた。カーミル王はエジプトからもシリアからもできる限りの援軍をここに呼び集めた。

やがて、一二二一年七月になると十字軍はダミエッタから南へと進んで来たが、果たしてマンスーラ附近で阻止された。そのうちにナイルの増水がはじまり、エジプト側はそちこちのダムを決潰させたので、四辺は一面の湖水と化してしまい、十字軍は、島流しのような状態となった。

八月二十六日になって、狭い土手道づたいに、必死の退却に移ったところ、待ちかまえたイスラム軍が退路を断ち、八面から襲いかかった。二日二晩のあいだ、ずぶ濡れ、泥まみれのすさまじい白兵戦が続いた。

ついに十字軍は降伏するから、命だけは助けてくれと哀願した。イスラムの戦士たちは「皆殺しだ！」といきりたったが、カーミルは、伯父サラディンや父親の気性を受けついでいたから、部下を制止し、エジプトから出て行き、八年間、戦争をやめるなら許してやろうと申し出た。

こうして、十字軍は十四ヵ月前に勝誇って攻め寄せたダミエッタを意気消沈して海上へと去っていった。これがいわゆる第五十字軍であった。

第六十字軍の奇妙さ

第六十字軍は、それから八年後の一二二八年に、神聖ローマ帝国の皇帝フリードリヒ二世という、アラブマニア、イスラム文化の心酔者によって率いられたわずか六〇〇人の騎士たちによって行なわれた。

皇帝はアラビア語を話し、戦争に行くというよりも、むしろあこがれの国へ、親善旅行に出かけていくような調子だった。それでいて、第一十字軍は別として、これまでの大規模な十字軍が多大の犠牲を払って得たよりも大きな成果をあげ、エルサレムやベツレヘムおよびナザレスなどを十字軍の手にとりもどしたばかりでなく、地中海岸のヤッファ（今のテル－アヴィーヴ）港からエルサレムにいたる廻廊地帯をも、アイユーブ朝のカーミルから獲得し

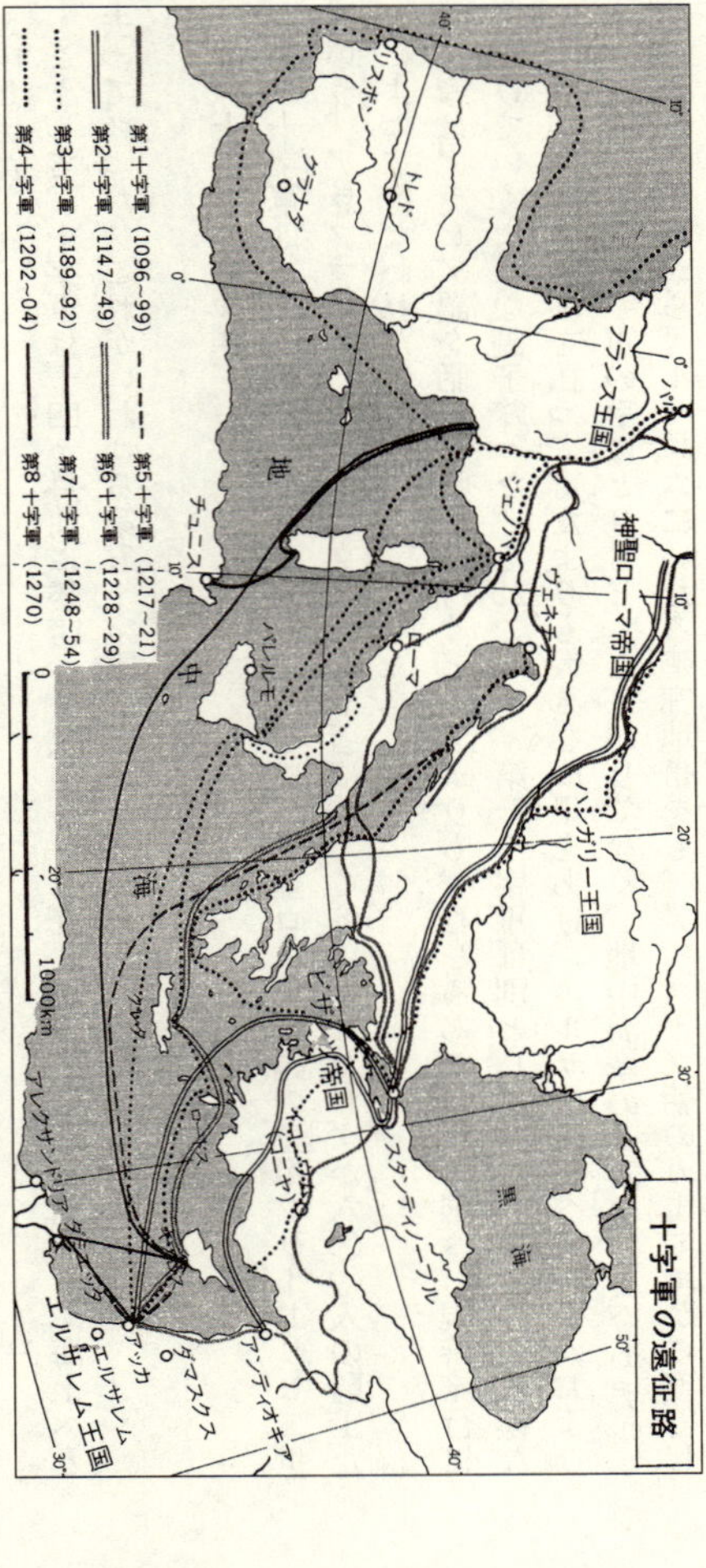

た。ただし、エルサレムの岩の円蓋殿（クッバトッ－サフラ）と遥かなるモスク（アル－マスジド－ル－アクサー）はイスラム教徒の管理下に残した。

　生活様式など、アラブ風に化したこの皇帝はローマ教皇からは睨まれ通しで、前後二回も破門の憂目を見ている。このような変わり種は、シチリアの特異な文化の中で生まれたものである。

パレルモ宮殿のアラブぶり

シチリアは十世紀はじめ、全土をアラブ族に征服されてから、百六十年ほどのち、一〇六〇年にはフランスのノルマンディー地方から来て、イタリアの南部を征服していたノルマン人の侵略を受けはじめた。

彼らは東北角のメッシナに橋頭堡をつくり、しだいに内部に食いこんで来た。十二年後（一〇七二年一月）には首府パレルモをとり、イスラム教徒市民の生命・宗教・法制の保護を約束している。全島の征服が終わったのは一〇九一年で、東南海岸に近いノートが降《くだ》ったのが最後だった。こうしてオートヴィル家のロジェール一世を国主とするシチリアのノルマン王朝が建設された。

征服側のノルマン人の文化は、被征服側アラブ人の文化より、ずっと低かったのだが、ノルマン人はそのような高度の被征服民の文化をむやみに破壊などしない賢明さをもっていた。

ノルマン人は、土地制度とか財政制度などは、アラブ時代のものを踏襲し、貨幣などにも、アラビア文字を鋳出し、年号もヒジュラ暦を用いたりした。アラビア語もいろいろのばあいに用いられ、総督や大臣がアミール（エミール）というアラビア語の称号を用いたりした。宮廷の公用語はいわゆるノルマン仏語、ラテン語、アラビア語、ギリシア語などだったという。

サラセンにあこがれる王たち

一一〇一年六月にロジェール一世が死んだあと、その妃の摂政時代が十年続いてから、先代の子のロジェール二世の親政時代（一一一一～五四）がきた。シチリアのノルマン王朝第一の英主で、同王朝の黄金時代をつくった。

彼はシチリアのみでなく、南イタリアのカラブリアやアプリア、カプアなどをも支配し、それまでの称号は伯爵だったのが、正式に王号をおびた。

また北アフリカをも脅かし、今のチュニジアやリビアの各地を攻撃した。ジェルバ島やトリポリその他を占領し、ついに「イフリーキヤ（アフリカ）国王」の称号をも帯びるにいたった。こういう経歴ではあったが、この人はアラブ好きで、イスラム文化を高く評価していた。側近にも、また後宮にもイスラム教徒が多数いた。

ムスリムの奴隷や宦官にかしずかれており、一流のアラブ学者、たとえば地理学の権威者イドリーシーなどが、彼の保護のもとに研究や著述に没頭していた。また、宮廷の料理頭はアラブ人で、アラブ料理が食卓をにぎわしていた。

この人のあとをついだのは息子のギョーム一世（一一五四～六六）で、父親ほどの器量はなく、北アフリカの領土を失ったりし、その子のギョーム二世が「善人ギョーム」と呼ばれたのに対し「悪人ギョーム」などと呼ばれた。しかし、イスラム文化の心酔者であった点は、父ロジェール二世とくらべても遜色はなかった。パレルモ近郊の離宮でイスラム教徒の学者、文人、その他の側近にとりまかれ、東洋風の豪華さの中で、のんびりと暮すのが何より好きな人であった。

その死後、息子のギョーム二世がついで一一八九年まで在位したが、即位のときはまだ十三歳だった。やがて、明敏な政治家に成長したが、アラブ好きの点は、祖父や父に劣らず、よくアラビア語をあやつり、イスラム諸学にも通じ、アラブの詩人たちを保護し、その宮廷にはアッラーの教えに従う婦人たちが多かったし、同じくムスリムの黒人奴隷に身辺を守らせていた。

サラセン文明の心酔者

ギョーム二世は、一一八九年に三十六歳で病死した。その臨終の様子を示した絵が残っているが、それによると、ギョーム二世のそばにターバンを巻いたアラブの医人と、占星術師がつきそっている。子がなく、遺言では叔母にあたるコンスタンス（コンスタンツ）が、シチリアの王位に就くことになっていた。この婦人はロジェール二世の忘れ形見で、ドイツのホーエンシュタウフェン家のハインリヒ（後の神聖ローマ皇帝ハインリヒ六世）の妻となっていた。

そんな事情があったため、ギョーム二世の死後、シチリアがドイツ人の支配下に入るのを防ごうとして、オートヴィル家から、タンクレッド、ついでその子ギョーム三世が王位についた。

一一九四年になると、ハインリヒ六世はジェノアやピサの艦隊の援助を得て、シチリアを征服し、クリスマスの日に王位についたので、これでその地のノルマン王朝時代は終わった。

ハインリヒは一一九七年に三十二歳で死に、その妻コンスタンスがパレルモでつぎのシチリア王の位に就いた。

けれどその年がまだ終わらぬうちに世を去ったので、その子フリードリヒが、三歳の幼さであとをつぎ、パレルモの王宮で成長した。そのころ、この町は、昔ほどにアラブ一色というわけではなかったが、まだアラビア語もかなり通用し、サラセン文明の香りが濃厚に残っていた。

幼い王は、アラビア語をも解したし、その文明にいわば薫染《くんせん》したのである。これがのちの神聖ローマ皇帝フリードリヒであり、第六十字軍の総帥となった人でもある。

彼は晩年をイスラム教徒にとりかこまれて、南イタリアで暮らし、一二五〇年に死んだが、パレルモに葬られた。その遺骸を包んだ長衣にはアラビア文字のぬいとりがしてあったという。ただし、彼がとりもどしたエルサレムは、皇帝の死の六年まえ（一二四四年九月）、ホラズム人に襲われ、七〇〇〇人のクリスチャンが虐殺され、またイスラム教徒の手にとりもどされていた。

2　マムルーク朝のおこり

マンスーラの決戦

エジプトのダミエッタは一二四九年になって、フランス国王ルイ九世（聖《サン》ルイ）のひきいる第七十字軍の襲撃をうけた。聖ルイと呼ばれただけあって、敬神に徹し、しかも勇敢不屈の戦士だった。

ときのアイユーブ朝の王はカーミルの子のサーリフ（在位一二四〇〜四九）で、シリアで重病の床にあったが、輿に乗り、昼夜兼行で戻って来た。

サン＝ルイ王の下には騎士二八〇〇人をはじめ、その従者たち、弓射手五〇〇〇人などの主力軍のほか、イギリス、キプロス、シリアなどの各地から馳せ参じた十字軍士も多く、すべてで約五万人ほどといわれていた。

フランスからの軍船は一七二〇隻ほどだったが、キプロス沖で暴風にやられ、六月はじめにダミエッタ沖に集結したのは、そのうち七〇〇隻ほどにすぎなかった。しかし、らくらくとこの町を占領してしまった。エジプト側の兵も、市民もなだれのようにマンスーラに逃げた。

ここで十字軍のほうは、ナイルの増水がひどくならないうちに、一挙にカイロまで攻めのぼるべきであったろう。しかし、聖ルイともあろうものが、五ヵ月のあいだもべんべんと後続部隊を待っていた。

その後続部隊は十月になって着いた。それからまずアレクサンドリアを攻めるべきか、一挙にカイロを衝こうかということで、いわゆる小田原評定がはじまった。やっと「蛇の頭をたたけ」というので、北上がはじまったが、こみ入った運河網、ナイルの入りくんだ支流、イスラム側のゲリラ活動などで行軍は困難をきわめた。

すでに十分に立ち直ったエジプト軍は、マンスーラの北約六キロあまり、ナイルが二つに分れるあたりで迎え撃った。翌一二五〇年二月九日、聖ルイは、騎士団の精鋭を三つに分けた。先頭は神殿騎士団、中堅は弟のアルトア伯ロベールが率いる軍、しんがりは国王の旗本部隊で、一挙にエジプト軍の本陣に突入し、主将ファフル＝ウッ＝ディーンを斬った。この人はかつてフリードリヒ二世から騎士に叙せられたという経歴の持主だったが、入浴中を急に襲われたのである。騎士団はマンスーラの市街を突破し、その南方にあった王宮に攻め入ろうとしていた。

エジプト側の一般の兵は潰走したが、サーリフ王が特別に訓練した一万の精鋭部隊、いわゆるバハリー＝マムルーク軍は王宮を死守したのみでなく、隊長バイバルスの指揮のもとに壮烈な突撃を敢行して戦局を逆転させた。十字軍士はマンスーラ市街に逃げこみ、狭い通りのあちこちに追いつめられては討ちとられた。

仏国王ルイは、残軍とともに町の北郊に退いて、なおも戦い続けたが、マムルーク軍の奮戦は目ざましく、じりじりと敵を追いつめた。しかし、そのころ彼らの国王サーリフはすでにこの世の人ではなかった。前年の十一月二十一日、十字軍がダミエッタから北上を開始したころ、マンスーラで病死していたのである。しかも、あとをつぐべき長子トゥーラーン＝シャーは、遠く上メソポタミアにいた。

真珠の木という名の美女

ところが、この危機に立って、よく適切な指揮をとり、攻めよせたフランスの名君の大軍をみごとに打ち破ったのみでなく、ついにこれを捕えるという殊勲の人物が現われた。それは意外にも美しい女性で、名をシャジャル＝ウッ＝ドッル（真珠の木、または真珠の小枝）といい、バグダードの最後のカリフ、ムスタアシムが、エジプトの国王へ贈物としてとどけてよこした奴隷の一人だった。その容色がサーリフの目にとまり、やがて男児を生んだので、妃にとりたてられた。

ジルジー＝ザイダーンのシャジャル＝ウッ＝ドッル伝の表紙画

この女人はサーリフの最期をみとったが、けなげにも、固くその死を秘して、ほんの数人の高官にしか知らせなかった。毎日の食事などは、変わりなく運ばせてあたかも国王が生きているようによそおい、謁見の間などには妃がかわって出て、すべてを決裁し、適切な指揮を下していた。こういう男勝りの女人がいたおかげで、さすがの聖ルイの堅軍もついに敗れ去ってマンスーラの大勝が実現した。そのあと、トゥーラーン＝シャーが駆けつけたが、これはシャジャルの生んだ子ではなかった。この人の第一の仕事は、ダミエッタの沖をふさいで、十字軍の補給路を断ったことであった。

聖ルイの残軍は、カイロへ進むもならず、本国へも戻れず、食糧は欠乏し、疫病には苦しむという苦境に陥った。ついに総退却に移ったが、追討ちされ、三万の十字軍士が殺され、聖ルイその人も捕えられた。それは一二五〇年の四月の出来ごとだったが、五月にはトゥーラーン＝シャーもバハリー＝マムルークの将僚たちの怒りをかって殺された。母后シャジャルの了解を得ての反逆だったそうである。

フランスの貴族ジョアンヴィル（ジャン＝シール＝ド。一二二四～一三一七）は聖ルイに従って、第七十字軍に加わり、たまたまトゥーラーン＝シャーが最期をとげるところを目撃したそうである。彼が八十歳近くなってから著わした『サン＝ルイの歴史』によれば、トゥーラーン＝シャーはナイル川にとびこみ、泳いで逃げようとしているところを胸に剣を突き刺されて絶命したとのことである。これでサラディンによって始められたアイユーブ朝は終わった。

あとはシャジャルが王位につき、実権を握ったが、イスラム世界では女性が国王となることは異例だったので、各方面から非難の声があがった。バグダードのカリフも、もと自分の後宮にいた女奴隷が、スルタンの栄位に上ったときいて、エジプトの将軍たちにあてて「そちらには男がいないのか？　居なければこちらから一人おくり届けようか」という皮肉な手紙を寄こしたりした。

将軍たちは合議し、バハリー－マムルーク軍団の司令長官だったアイバクをシャジャルと結婚させ、これを正式のスルタンとすることになった。

また仏王聖ルイや一緒に捕えられた貴族たちは多額の身の代金を払うことによって釈放され、帰国することができた。

結婚後も、シャジャルは統治の実権を放さなかった。亡きサーリフ王の財宝の所在場所などは、夫アイバクにも知らさなかった。

この夫婦は円満な関係ではなかったが、シリアに出征中の夫アイバクが、モスルの領主の娘に結婚を申し込んだということを知ると、シャジャルの激しい性格は燃えあがった。

やがて帰国した夫を、シタデル（ムカッタムの丘の城砦）に誘い、入浴中を襲って惨殺した。もちろん屈強な男たちをつかったのであろうが、彼女自身もこれに加わり、浴場用の木のサンダルで乱打したという。それは一二五七年十月の出来ごとであった。

マムルークたちは、シャジャルをシタデルの中の「赤い塔」に幽閉した。末路の近づいたことを覚ったシャジャルは所有の宝石類を臼でつき砕いてしまった。

アイバクにはシャジャルと結婚したとき、すでに別の妻があったが、シャジャルは強引にこの婦人を離婚させていた。アイバクの死の三日あと、シャジャルはこの婦人の前にひき出され、女奴隷たちによって、浴場用の木のサンダルで、散々に打たれて息が絶えた。

マムルーク騎士　1300年ころの絵。

死体は半裸の姿で、城砦の空堀に投げおとされた。数日間放置され、野犬どもに食いあらされるままになっていたが、やがて誰とも知らず埋葬するものが現われたという。ある史家はその顛末《てんまつ》をしるして、最後にただ一言「しかし彼女はエジプトを救った」とつけ加えた。

大川の王朝と城砦の王朝

シャジャルにはじまったマムルーク朝は、特異な王朝である。マムルークとは、黒人奴隷に対する白人奴隷を意味する言葉だが、この白人とは、現代における意味とことなり、黒人でない人々をひろく指している。

アイユーブ朝は「よそ者」としてエジプトやシリアその他を支配したので、トルコ族や黒海の東岸から北岸にかけて住んでいたチェルケス（シルカッシア）人などの壮丁を奴隷として買入れ、それをもって精強な軍団を組織して、みずから護った。ことにサーリフの時代（在位一二四〇〜四九）には、トルコ系のキプチャク族（クマン）一〇〇〇人をもって親衛部隊をつくり、ナイル川の中のローダ島に駐屯させておいた。ナイルのことをアル - バハルと呼ぶので、この部隊もバハリーヤと呼ばれた。

マムルーク朝の前期（一二五〇〜一三九〇）には、歴代のスルタンは、このバハリーヤの将軍中から出たので、この時代をバハリー＝マムルーク朝と呼ぶが、正しくはダウラト＝ウッ＝トゥルク（トルコ族の王朝）というのであった。

その後期（一三九〇～一五一七）は歴代のスルタンはカイロのムカッタムの丘の城砦（シタデル）に駐屯するチェルケス族の部隊から出たので、正式にはダウラト＝ル＝ジャルカス（チェルケス族の王朝）と、一般には城砦（ブルジ）のマムルーク朝（ブルジー＝マムルーク）と呼ばれている。

最良で最悪の時代

バハリー＝マムルーク朝時代は百四十年のあいだに、二八人のスルタンが大権を握った。たまには父子相続のばあいもあったが、多くのばあいは、前のスルタンの時代が終わると、その時にもっとも有力だった将軍の一人がこれにかわって、王位についた。したがって、暗殺、陰謀など政権争いの絶える時がなかった。スルタンの運命は部下の将軍たちの意向如何にかかっており、それら将軍たちの運命もまたその部下のマムルーク武人たちの手に握られていたといってよい。

カイロ市内は物騒だった。公共浴場（ハンマーム）を襲って、女たちを掠《かすめと》っていったり、市街戦が起こって、騎馬武者が通りを疾駆したり、民家を掠奪したり、街路を矢や投槍が飛び交ったりするというようなことは、日常茶飯事だった。

スルタンたちの在位年数は平均して五年ほどに過ぎなかったが、そういう不安定な政情の中で、カイロは世にも美しく優雅な建築物でつぎつぎと飾られていった。また市場は好景気で、海外貿易の利は多く、富裕と豪奢とが、殺伐な社会を包んでいた。エジプトの長い歴史の中でも、最悪の時代の一つであるとともに、最良の時代の一つでもあった。

奴隷から名君に転身

バハリー＝マムルーク朝のスルタンたちのうち、もっともきらめくものを持っていたのはアル＝ブンドゥクダーリー（鉄弓手）の異名で呼ばれたバイバルス（アッ＝ザーヒル＝ルクヌ＝ウッ＝ディーン。在位一二六〇～七七）であった。

カスピ海の北岸からウラル山脈にいたるあいだのキプチャク草原に住んでいたトルコ系のクマン族（キプチャク族）の一人として生まれ、十四歳のときさらわれて奴隷として売られた。小アジアやシリアを転々としてつれ歩かれたのち、ダマスクスの市場で、銀貨八〇〇枚で買手がついた。しかし買主は、この少年の青い目の一方に白いにごりがあるキズモノだというので、売りもどした。

奴隷商人はがっかりし、こんどはハマーにつれていったが、やはりキズがあるというので売れなかった。たまたま、エジプトのアイユーブ朝のスルタン、サーリフの奴隷のひとりで鉄弓手として仕えていたアラー＝ウッ＝ディーンという人が、主君の不興をうけてハマーで閉門の身となっていたが、キプチャク人の少年奴隷が、売れ残っているとの噂をきき、買いとった。

やがて、アラー＝ウッ＝ディーンは主人の勘気《かんき》がとけて、カイロにかえったので、バイバルスももちろん同行した。しかしアラー＝ウッ＝ディーンはふたたび主君の怒りにふれて投獄され、財産は没収されてしまったが、そのさいに、バイバルスも他の財産とともにサーリフ王の所有物となった。

このときはすでに十八歳、あから顔で、長身のたくましい若者となっていた。馬術、弓術の名手だったので、サーリフは、これをバハリー＝マムルーク部隊に入れた。こうして、この有為な若者は、エジプト史を飾る君主への途をひた走ることになった。

マンスーラの戦いに殊勲を立てたことはすでにしるしたが、アイユーブ朝最後のスルタンのトゥーラーン＝シャーを殺したさいの中心人物もバイバルスだし、それから十年後、パレスチナのアイン＝ジャールート（ゴリアテの泉）の戦いで、勝ち誇ったモンゴル軍を撃滅したさいも、最大の殊勲者はこの人であった。

ときのマムルーク朝のスルタンであったクトゥズの先鋒軍が、モンゴル軍の猛襲をうけて潰走に移ったとき、それまで殿《しんがり》軍をひきいて、敵から見えぬところにかくれていたバイバルスが、突如として急追中のモンゴル軍の背後を襲った。これに励まされてクトゥズは踏み止まり、陣形を立て直して、モンゴル軍の先鋒に逆襲し、バイバルスと相呼応して、前後から挟みうって、大いに敵を破った。それは一二六〇年九月六日のことであるが、同じ年の十月には、バイバルスは、自分の声望を妬《ねた》むクトゥズを斃《たお》して、みずからスルタンの位に上った。

八面六臂《はちめんろっぴ》の活躍

王位につくと、彼はアッバース家の一族でモンゴル軍の虐殺の手をからくものがれ、エジプトにたどりついた一公子を保護し、カリフとして奉戴して、アル゠ムスタンシルの美称をおびさせた。こうして、アッバース家は、名目だけにせよ、カイロで、さらに約二百六十年間ほどの命脈を保つことになった。

バイバルスの敵は、シリアに残存する十字軍と、イール汗国のモンゴル人で、これらと戦うためには、他のほとんどすべての勢力と手を結ぶという政策をとった。

一二六一年から同七一年にかけては、ほとんど毎年シリアに出征して十字軍と戦った。十七年間にシリア遠征三八回という記録を出している。そうして投降したキリスト教徒の首に折れた十字架をかけさせ、軍旗を逆さにしたものを持たせては、カイロに凱旋してくるのが常であった。

パレスチナから今のレバノン、シリアの海岸諸都市をつぎつぎに攻めとり、二度と十字軍が拠ることのないように徹底的に破壊した。ヤッファ、アルスーフ、カイサリア、アンティオキアなどはみなこの運命にあい、それまで占拠していた十字軍士は殺されたり、捕えられたりした。

クラク゠デ゠シュヴァリエーと呼ばれる名城は、レバノンの北境を出て、シリア領にはいったところにあって、ヒムスの町から北西に約六〇キロ、海抜七五〇メートルの山上にある。

　第一十字軍がはいってくると、一〇九九年一月にいち早く、ここを占領した。それからこの城はずっと十字軍士の重要な拠点となっていた。一二七一年の三月三日、バイバルスは親しく軍をひきいて、この城にせまった。四月八日はついに天守閣（キープ）が攻めとられ、十字軍の騎士たちは、許されてトリポリに退去した。

　暗殺教団はイランではモンゴル軍の力で潰滅したけれども、シリア北部ではまだ九つの山城に拠って、十字軍士から援助を受けていた。しかし、バイバルスは一二七〇年から三年間に、これらを全部攻めとったり、降伏させたりして、永年の恐怖の的だった狂信者たちを片づけた。

十字軍が長く拠っていたクラク－デ－シュヴァリエー（ヒスヌ－アクラード）

　彼の事業としてはスーダーン地方の征服（一二七五年）をも挙げなくてはなるまい。こうしてキズモノ奴隷から、威権赫々《かっかく》たる大王の地位に登りつめたとき、突然にダマスクスで死の手に迎えられて去った。

一二七七年七月ころのことで、他の人物のためにつくられた毒杯を、あやまって飲みほしたためといわれている。一二三三年ころの生まれだというから、まだ四十四歳の若さだった。

3　タメルランの登場

緑の町に生まれて

チンギーズ汗は次男ジャガタイに、モンゴリアの西から、アラル海にいたる中央アジアの広大な地域を与えた。南はガズナなどをも含み、その中にはサマルカンド、ブハラ、バルフ、タシュケントなど東西交通史を飾る有名な町々も含まれていた。

ティームール゠イ゠レング（跛者《はしゃ》のティームール。ヨーロッパでの呼び名タメルラン）は一三三六年（四月八日）に、ジャガタイ汗国の治下にあったサマルカンドの南の「緑の町」（シャハル－イ－サブズ）の近郊で生まれた。この町はカシュカ川という内陸川のつくるオアシスに発達し、別名をキシュ、隋唐時代の中国では史国と呼んでいた。

ティームールの生家は伝えによれば、モンゴルの名族バルラースの流れで、チンギーズ汗の従兄弟カラチャル゠ノヤンの末裔《まつえい》だということである。

しかし、ティームールの時代には、その一族はすでにトルコ化していて、宗教もイスラムを奉じていた。

ティームールが生まれたころ、その一族はキシュの市内には定住することなく、郊外の草原で遊牧生活の様式を守っていたらしい。

ティームールの肖像はいくつも残っている。それらはイランやインドの細密画家の筆になったものが大部分で、色白で、長く濃いヒゲをはやし、中背の好男子になっている。しかし、実際の彼は長身の偉丈夫で、たいへんな巨頭、肌は日にやけて黒く、頭髪は幼児の時から白かったという。

雄大な理想のもとに

ティームールの像

ティームールの生涯が、若いときから波瀾に富んでいたことは確かで、三十四歳のときには早くもバルフの支配者となった。これから彼の運命は加速度をもって展開し、十年のあいだに、ジャガタイ汗国の衰えに乗じて、マーワラーン-ナフル（ソグディアナ）とホラズムの王者となった。おそらく、その理想は第二のチンギーズ汗として、世界の征服者となることにあったのであろう。

サマルカンドは、彼が大帝国の首都として選んだところで、そこを基地に南ロシア、イラン、アフガニスタンなどを征服したのち、バグダードを攻め落し、北上してアルメニア、コーカサスと転戦した。一三八七年、イスファハーンを攻めおとしたときは、七万の市民を鏖《おう》殺《さつ》し、城壁外に一二〇基の生首のピラミッドを築かせた。しかし学者や文人だけは保護している。

ロシアではモスクワの南三六〇キロほどのところまで迫り、ウクライナやアゾフ海にのぞむジェノア人の植民市を侵し、キプチャク汗国（金帳汗国）の都だったヴォルガ中流のサラーイを廃墟と化せしめた。

一三九八年には、ヒンドゥー・クシュの険を越えて、長駆して北インドの中枢部に入り、イスラム教徒のトゥグルク朝の都デリーを占領した。そのとき、ティームールはすでに六十歳を越えていたが、聖戦（ジハード）を叫び、壮者のような意気でこの大遠征に乗り出したのである。同じイスラム教国を討ってなぜ聖戦かというと、デリーのスルタンは支配下にあるヒンドゥー教徒に対し、あまりにも寛大で、見てはおれぬ。自分が乗り出して、異教徒をアッラーの教えに従わせるのだという言い分なのであった。陽春のころサマルカンドを進発し、その年九月下旬にはインダス川をわたり、そちこちで虐殺を行ないながら、ガンジスの流域に進んだ。デリー附近だけでも約一〇万人を殺したが、それが十二月十二日だけの出来ごとであった。その数日後にはデリーにはいり、心ゆくまで破壊を行なった。そのため、インドの政治の中心はアーグラに移ってしまい、ふたたびデリーにもどるには、百五十年の歳月を要した。

五世の孫バーブル

ティームールは、この広大な征服地に長くはいなかった。イランの政情が不穏となったことを知ると、莫大な戦利品をかきあつめて、あわただしく引きあげた。翌年四月末のことで、出発から帰着まで五ヵ月と十七日にすぎず、大規模な掠奪行に終わってしまった観があった。

しかし、彼の遺志は五世の末のバーブルによってひきつがれ、一五二六年にデリーを都とするムガール朝の基礎がすえられ、十九世紀中ごろまで続くのである。

バーブルの像　1610年ころの画。ティームールの血を父方から、チンギーズ汗の血を母方から受けていた。

インドからサマルカンドに凱旋したティームールは、大礼拝堂（ビビ‐ハヌィム）の最初の礎石をすえると、まもなく名高い「七年の遠征」（一三九九年九月〜一四〇四年七月、実際には足かけ六年）に出発した。七年という長さは、奇しくもチンギーズ汗の大西征に要した年月と同じである。

まず、その子ミーラーン＝シャーが総督となりながら、民心を失っていたアゼルバイジャンを平定し、小アジア東部を安撫し、南下して、マムルーク朝治下のシリアにはいった。

アレッポ、ハマー、ホムス、バールベクなどをくだしたのち、緑につつまれたダマスクスを包囲した。イスラム世界が生んだ稀世の大歴史家イブン＝ハルドゥーンとめぐり会い、膝を交えるばかりにして、来る日も来る日も親しく語り合うという出来ごとがおこったのはこの時である。

このさいのことは、イブン＝ハルドゥーンその人の自叙伝の中に、詳しく書き残されている。

老翁ふたりの語り合い

イブン＝ハルドゥーンは一三三二年五月、チュニスで生まれ、北アフリカやスペインで栄誉と悲惨、得意と失望のこもごも訪れる数奇な前半生をすごしたのち、四十五歳のときから四年のあいだ、アルジェリアの一村落にかくれ、孤独の生活を送りながら、雄大な構想になる世界史の執筆にいそしんだ。その序説（アル－ムカッディマ）をまず書きあげたが、これだけでかなりの大著となった。きわめて独創的な歴史理論・社会観を展開してあって今日まで新鮮さを失っていない。

英国の故トインビーも「時代とところとを問わず、およそ人の心が創り出したこの種のもっとも偉大な文献である」と褒《ほ》めたたえている。

世界史序説の執筆後、故郷を去って、エジプトに移り、一四〇六年三月十六日にカイロで永眠するまで、ふたたびチュニスの土を踏むことはなかった。

ティームールがダマスクスめがけて南下しつつあったとき、マムルーク朝のスルタン、ファラジは急いでカイロをたち、軍をひきいて、その救援に向かった。イブン＝ハルドゥーンも同行を命じられ、一四〇〇年十二月二十三日にダマスクスについている。

しかし、いよいよティームールとその軍勢が、ダマスクスの西郊に迫り、ファラジの軍とのあいだに小競合が起こると、後者は夜暗に乗じあわただしく、カイロへ帰ってしまった。

国王に見すてられたダマスクス市民の有力者たちは、イブン＝ハルドゥーンの意見を入れ、さきにティームールから申し出のあった講和を受け入れることになった。この交渉の任にあたったのはイブン＝ムフリフという大法官だったが、敵陣と城内とを往復しているあいだに、ティームールから、イブン＝ハルドゥーンはどうしたか、エジプトへ帰ったのか、それともまだこの地に残っているのかとたずねられた。

大法官からそのことを告げられたイブン＝ハルドゥーンは「ティームールがわたしのことを尋ねたと聞くと、どうしても会って見たくなり、ダマスクス城外に出て、彼の会見所に赴きました」と知人に書き送ったごとく、ダマスクスの城壁を綱にすがって越えて、ティームールの陣営にはいっていった。

こうして、イスラム世界が生んだ文と武の二人の巨人は、詩人たちから現世の楽園とたたえられてきたグータ（ダマスクス周辺のオアシス）の緑園であいまみえたのである。ティームールは六十四歳、イブン＝ハルドゥーンはさらに四年の長であった。一は武の人、他は文の人であるが、人生の甘酸、世相の表裏などをつぶさになめつくしてきた点は共通であった。二人の老翁はじつに三十五日間にわたり、朝に夕に座をともにして、よもやまの話材について話しあった。その内容はかなり詳しくイブン＝ハルドゥーン自身が書き伝えているが、主な話題はつぎの六つに要約できるというのである。

㈠、マグリブ地方とイブン＝ハルドゥーンの故里のことなど。㈡、史上の英雄たちについて。㈢、未来のことどもについて。㈣、アッバース朝のカリフ政権について。㈤、イブン＝ハルドゥーンやその友人たちの安全保障のことについて。㈥、イブン＝ハルドゥーンがティームールに仕えたいという意向について。

右のうち、第一項については、ティームールはつぎつぎと問いかけ、これに対するイブン＝ハルドゥーンの流れるような説明では満足せずに、「くわしく書き出してくれい」と言い出した。

それでイブン＝ハルドゥーンは宿所にひきこもり、数日かかって一二冊（約二四〇枚）を書きあげて差し出した。するとティームールは秘書をよび「モンゴル語に訳しておけ」と命じたが、これはジャガタイ＝トルコ語のことを意味したのであろうという。

イブン＝ハルドゥーンがティームールに仕えたいと申し出たということについては、なぜそんな気になったか？　果たして真意だったろうか？　など、いろいろの疑問が残されている。

ティームールが「あなたはこれからカイロにおいでなさるおつもりか？」と問いかけたの

に対し、

「アッラーのお助けがあなたさまの上にござりますように！　わたくしの願いは、まことにあなたさまのみもとに（お仕えすることに）ござります。なにゆえかと申せば、わたくしをおかくまい下され、御保護をたまわりましたゆえにでござります。わたくしがカイロに赴きますことが、あなたさまの御役にたつということならば、それはそれで結構でございます。そうでないならば、わたくしとしては、（カイロ行きは）必ずしも望んではおりませぬ」

と答えた。はなはだ真意あいまいで、カイロに帰りたいのか、ティームールに仕えてどこへなりと行こうというのか、よくわからない。

幸か不幸か、ティームールはうなずかなかった。

「いや、そなたは御家族や郷里の人たちのもとにお帰りになるがよろしかろう」

という返事だった。一四〇一年二月末に、イブン＝ハルドゥーンはカイロへむかって旅立った。しかし、その前に、彼は恐ろしい光景を目のあたりに見なければならなかった。

掠奪と虐殺と放火と

ティームールとイブン＝ハルドゥーンとが、親しく語り合っていたあいだに、ダマスクスは平和的に開城することになった。しかし、約束と実際とは大いにことなり、ティームールは市民の安全を保障するどころか、あっと驚くほど巨額の金品を強要し、さらに部下に民家の掠奪を許した。

はじめは市民側が金貨一〇〇万枚（一〇〇万ディーナール）を払うという約束だったが、ティームールはやがて、そんな約束ではなかった、一〇〇〇トマンといったはずだと主張した。一トマンは一万ディーナールにあたったので、哀れなダマスクス市民はけっきょく金貨一〇〇〇万枚を否応なくしぼりとられることになった。

さらに、市内にあるいっさいの馬、ラバ、ロバ、ラクダ、武具武器類、この町をすでに立ちのいた商人や有力者たちが残した財産などもあまさず引き渡せと要求した。金にならぬがらくた類はまとめて火をかけたが、これが延焼して大火となり、かの名高いウマイヤ＝モスクも類焼した。

このような事件がつぎつぎと起こっていたとき、イブン＝ハルドゥーンは、ティームールのそばにいて、じっと傍観していた。そしてのちに、自叙伝の中に克明に書きしるし、「まことに言語道断《ごんごどうだん》の忌《い》まわしい所行であった。しかし、すべての移り変わりはアッラーのみ手のうちにある」という一句をつけ加えた。

ティームール軍の暴状については、あらゆる残虐行為を良民に加えていると怒っているけれども、ティームールその人については、「年のころ六十から七十のあいだくらいであるが、知能の程度はきわめて高く、抜群の聡明さをもち、もっとも偉大な帝王のひとりである」という評価を下している。

4　アンカラに日は落ちて

バグダードの首塚

荒廃のダマスクスを去ったティームールは、ふたたびバグダードを攻めた。一四〇一年七月十日のことで、炎熱焼くがごとく、あまりの暑さに守備兵が持場を離れていたすきに強襲をかけて、城壁を乗っ取った。そのころ、この地を支配していたのは、モンゴル族のジャラーイル王朝（一三三六～一四三二）だった。

このとき受けた打撃は深刻で、けっきょく、これがこの王朝の衰亡の原因になった。

ティームールは、まず城壁を攻め取っておいて、二万の将兵に対し、ひとりごとに生首ひとつずつ（一説には二つずつ）をとって来よという命を下したという。血に渇いた男たちは、勇躍して市街に殺到し、殺戮の剣をふるったので、たちまちに二万人分の首塚が築かれたという。

この地を去ったティームールは北に進路をとり、サマルカンドからきた新手の軍を加えて、アナトリア高原にはいりカイサリア（カイセリ）を経て、西に進み、アンカラ附近にいたったとき、波瀾に富むその生涯のうちでめぐりあった無数の敵のうちでも、もっともおそるべきものと必死の戦いを行なうことになった。

その敵とは、オスマーン（オットマーン）帝国のバーヤジード（バエジト）一世で、イル

バーヤジードI世のもとにいたったティームールの使節団

ディリム（雷火）の異名でよばれた百戦練磨の剛強漢であった。

オスマーンの子孫たち

オスマーン-トルコ族も、もとは中央アジアにいたオグズ族の一部であった。ドーソンの『モンゴル族の歴史』につぎのような一節がある（佐口透氏訳注『モンゴル帝国史』、巻一、二五一ページ）。

「モンゴル軍が（一二二〇年にトゥルイにひきいられて）ホラーサーンに侵入した時期に、トルクメン族の一小部族に《カイ-カンクリ》と呼ぶものがあり、メルヴ（マルウ）、シャーヒジャーンの附近のマハーン地区に定住していたが、この恐るべき敵に対する恐怖心にかられてその領土を棄てて、西方へ移住し、アルメニアのアフラート地方へ行って居を定めた。八年ののち、モンゴル軍がこの最後の地方を劫掠しに来たので、カイ-カンクリ族は小アジアに退却した」

なんでも首長エルトゥルルに率いられて、ユーフラテス川を西に渡ったときは、伝説によれば四四四騎の小集団で、コニヤのルーム-セルジュック家の当主の保護をもとめて西への旅を続けた。はからずも、二群の軍兵があい戦っているところに来あわせたが、その一方が寡勢だったので、傍観するにしのびなく加勢にはいり、優勢な相手を追いはらった。ところが、偶然にも味方したほうが、頼ってきた当のルーム＝セルジュック朝の主カイ＝クバード（在位一二一九〜三七）とその手兵だった。

このような縁で、この一族は、ルーム＝セルジュック朝からかわいがられた。またよく働きもしたので、エルトゥルルは、ビザンツ領との境、アナトリアの西北部のスュト一帯の領主にとりたてられた。

やがて、子オスマーンがあとをついで、さらに領地をひろげた。独立王朝の実現はこの人の時だったというので、オスマーン帝国の第一代とされている（在位一二八一〜一三二四）。一三二六年には、その子オルハーンがブルサを陥れた。

オスマーンはその直後に死んだが、その子は父の遺骸をブルサに葬り、首府をここに移した。オルハーンはビザンツ帝国の内輪もめに乗じて、海峡のかなたにまで出兵し、一三五七年にはガリポリその他を占領し、バルカンを侵略する足場をつくった。

オルハーンの子ムラード（またはムラト。在位一三六〇〜八九）の代には、小アジアを分領する多くのトルコ族諸国をつぎつぎと併合する一方では、一三六三年にローマ教皇、ボスニア、セルビア、ワラキア、ハンガリーなどの連合軍を破った。さらに、その翌々年にはアドリアノープル（エディルネ）に都を移し、二十年間にわたってバルカン各地を攻略した。一三八九年六月十五日、セルビア人とコッソーウォで戦っている最中に、天幕に来て面謁を求めた一セルビア人に胸部を刺され、致命の重傷を負った。

しかし、まだ息のあるうちに、重臣たちに長子であり、かつ諸王子中、もっとも傑出していたバーヤジードにスルタンの位をつがせてくれと頼み、また生き残ったただひとりの弟を殺させて、将来の禍根を断った。

こうして三十五歳のバーヤジードが即位したが、そのころ、その帝国は小アジアの西半とバルカンの大部分を支配し、ビザンツ帝国の都コンスタンティノープルは、トルコ帝国領に含みこまれた形になっていた。

彼は父の遺志をついでセルビアを破り、ついでコンスタンティノープルを囲むこと七年におよんだが、さすがに形勝の地を占め、堅城に守られたこの都は容易なことでは落ちなかった。こうして、じりじりと締めあげる一方では、ハンガリー、ボスニア、ギリシアなどを侵略し、小アジアでもルーム＝セルジュックの旧都コニヤをとり、さらに東部と北部とを併合しつつあった。

竜虎互いに機をうかがう

ティームールは、オスマーン＝トルコ勢力の重圧に苦しんだ小アジア領主たちの求援に応じ、アナトリア全土に君臨する目的ではいって来たのであるから、バーヤジードとの決戦はどちらかが降伏せぬ限り避け得られるはずはなかった。

老獪《ろうかい》なティームールは、ビザンツ皇帝をはじめ、黒海岸のトレビゾンドの支配者、コンスタンティノープルに住むジェノア人たちなど、かなり広い範囲に手をまわして味方につけ、戦局を有利にしようと努めた。そうして、小アジアにはいった時、兵力は、公称八〇万というのであるが、真の戦闘員は一万五〇〇〇から二万のあいだだったろうと論じているものもある。

これに対してバーヤジードは一一万ないし二五万人を動員したといわれているが、やはり現代史家の中には実数は二万足らずだったろうと論じているものがある。しかし、ふつうは両軍をあわすと約一〇〇万に達したであろうということになっている。

バーヤジード（I世）　雷火帝の肖像

まずバーヤジードはブルサで軍をととのえ、東に進んでアンカラにいたり、相手のティームールは当然、シーワースから西進してアンカラに向かって来るものと考えた。おそらく、この両地の途中で衝突するだろうと読んで、アンカラから東に進み、ハリス川を渡り、その東岸の山がちの森林地帯にはいった。そこからこの川について東に進めば約一〇〇キロでシーワースにいたるが、すでにティームールはシーワースまでは来ているとの情報をつかんだので、川の東岸に有利な地形を選んで陣を張り、じっと敵軍を待つことにした。

一週間も待ったが、敵の姿は見えぬので、偵察隊を出して調べると、敵軍はもうとうにシーワースから去ったということがわかった。そちこちに斥候を出したが、ティームール軍の所在は杳《よう》としてわからない。

いくさ慣れしたバーヤジードは、じっと滞陣したまま動かなかった。

こうして八日目になって、やっと敵の騎兵隊が、こちらの最右翼の前哨を襲い、こちらの兵を捕えて退却したということがわかった。そこで、ティームールの本軍は、南方から襲ってくるなと思ったので、トルコ軍は急いでその方向に進んだ。こうして二日の間、進軍したけれども、どうしたことか、さらに敵影はなかった。

バーヤジードはその子シュレイマーン（ソリマン）に一隊の騎兵をあたえて、ハリス川の西岸に渡らせて見たところ、まもなく馳せもどって、ティームール軍はもうトルコ軍を迂廻して、アンカラにむかって急進中だと報告した。

してやられた！ といそいで全軍に命じて川を西に渡らせ、敵を追いかけた。

世紀の決戦

一方、ティームールのほうは途中で評定をひらき、ここで人馬を休めて、トルコ軍を待ちうけて戦うか、それともこのまま前進し、ゆくゆく土地を荒らしておき、敵が長追いに疲れるのを待つか、二つに一つだということになった。ティームールは、第二の策をとろうと断を下した。おりしも盛夏で、麦の刈り入れどきである。将士は十分に兵糧をつかい、馬にも牧草をたっぷりとあてがった。

約一六〇キロを三日で突破して、アンカラの東北郊のチブカーバード（チュブクｰオワシー）というところに、バーヤジードとその軍がすでにつくっておいた陣営を、まず占拠したのはティームールのほうであった。

トルコ軍が来ぬうちに、ティームールはアンカラの町を襲おうとしたらしいが、その暇はなく、早くもバーヤジード軍がむこうに姿を現わした。こうして一四〇二年七月二十八日に、アンカラ近郊で世紀の大会戦がおこなわれた。

衝突は早朝六時ころにはじまったが、もっとも壮烈な働きを見せたのは、意外にもトルコ軍の左翼を固めたセルビア部隊であった。いやいや駆り出されたと思われたこの人々は、じつに果敢に戦いぬいたので、そのけなげさに、ティームールまでが感歎し、目に涙したといわれている。

しかし、トルコ軍の右翼をうけたまわった小アジア諸侯の連合軍は、主将アイディンのもとに、ティームール側に寝がえりをうち、バーヤジード軍の敗因をつくった。

炎天のもと、両軍はよく戦い、やがて日が西に傾くころには、トルコ軍の敗色がようやくあきらかとなった。ティームールがインド遠征のときつれもどった三二頭の戦象は前線に配置されて、威力を発揮したといわれている。

ついにオスマーン朝軍は総くずれとなり、スルタン、バーヤジードの手元に残ったのはイエニｰチェリ軍一万だけとなった。これは、オスマーンｰトルコ史を飾った精鋭部隊で、死に赴くこと帰するがごとき命知らず、スルタンのためには火にも水にもたじろがずに戦う不

イェニ－チェリ軍団

屈のおのこたちの集団であった。ほとんどみなキリスト教徒の家庭から健児たちを徴募し、イスラムに改宗させて、特殊の訓練をほどこしたもので、オルハーンのとき、カラ＝ハリール＝ジュンデルリが献策して、まず一万人を養成したのがはじまりだったという。

この一万もやがて殲滅された。バーヤジードは戦場を離脱しようとしたが、乗馬が倒れたところを、折り重なって捕えられた。その子の一人も同様な運命となった。他の三王子は逃れ、残りの一人は行方不明となった。アンカラの野辺を染めた夕映えのうすれゆくころだった。

縄目の屈辱を受けたバーヤジードは、ときに四十八歳、ティームールの本営につれて行かれた。伝説によればこの老いた大征服者はその子シャー＝ルフと将棋をさしていた。敗残の宿敵が天幕の入口に姿を現わすと、立ちあがって出迎えたが、白髪を頂いた蒼顔ににっこりと笑みを浮かべていた。

剛毅なバーヤジードは昂然《こうぜん》として屈せず、言葉を荒らげて、

「アッラーの苦しめたまう者を嘲笑うとはなにごとであるか！」

となじった。するとティームールはおだやかに、

「いや、アッラーがこの世界の支配権をわしのような跛者や、貴下のような隻眼の者にお与

え下されたことが、ついおかしくなっただけのことだった」といって、きびしい表情になり、「もし貴下のほうが勝っていたら、わしの部下やこのわしはいったいどういうことになっていたかは、誰にもようわかっておる」とつけ加えたということである。そうして、相手のいましめを解かせ、自分のそばに座らせてねんごろにいたわったと伝えられている。

伝説とはいうものの、おそらくこれは真相に近く、バーヤジードを鎖でつなぎ鉄の籠に入れてひきまわしたなどという話は、後世のオスマーン帝国の史家が、ティームールを傷つけるためにひろめた作り話だったらしい。

しかし、この敗北は誇り高いトルコの帝王を失意のどん底につきおとし、傷心のあまり翌年三月八日に急死した。脳溢血だったという。ティームールはその死を悲しがり、サマルカンドに連れていったのちは、自由の身にしてやるつもりだったのにと悔んだとのことである。

スペインからの使節

一四〇四年に久しぶりにティームールはサマルカンドに帰った。これより先、西方のキリスト教諸国は、このタメルランという老いた風雲児の行動を異常な興味と、かなりの好意をもって、見守っていた。

英国王、フランス王その他、友好の使者をよこしたものは少なくなかったが、カスティリアとレオーンの国王エンリケ三世も、二名の使節を派遣した。この二人は、アナトリアのあ

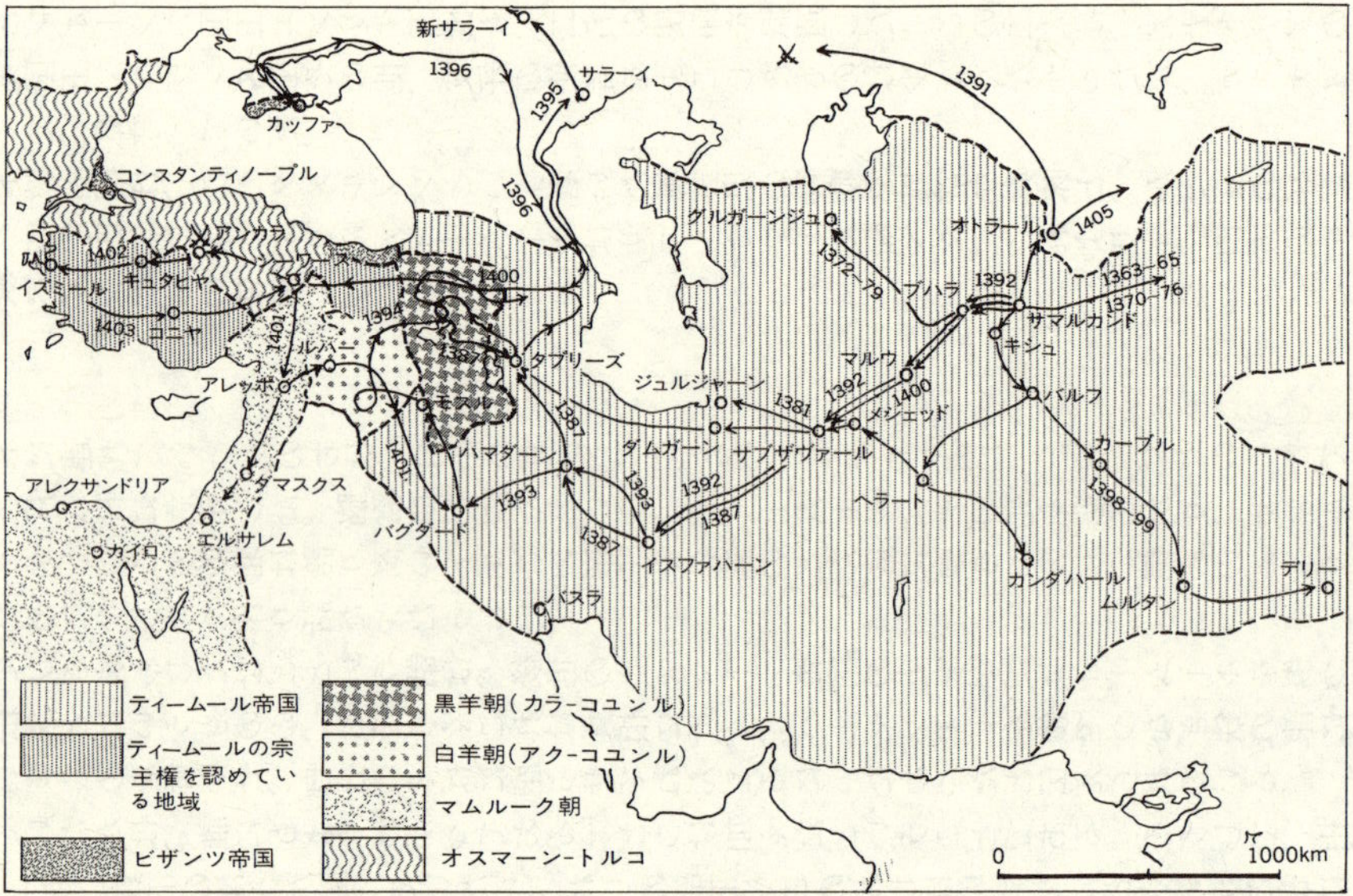

ティームールの征服　1370～1405

ちこちを迷い歩いたすえ、うまくティームールの軍にめぐり会い、アンカラの決戦を目のあたりに見ることができた。そして、素晴しい美女二人を贈られ、ティームールの使者とともに上々の首尾で帰国した。

気をよくしたエンリケ王は、さらに三人の使者を選んで、ティームールの使者を送ってアナトリアまで行かせた。この使節団の長となったのが侍従のルイ＝ゴンサレース＝デ＝クラビーホで、一四〇三年五月にサンタ－マリア（カディス）港を出帆した。コンスタンティノープルについて見ると、すでにティームールとその軍は、東方へと帰っていったとのことを知らされ、そのあとを慕って東へ東へと進んだ。こうしてこの一行は一四〇四年八月末にティームールよりすこしおくれてサマルカンドにはいり、この征服王と会見することができた。

クラビーホが、前後三年間の長旅を終わって帰国してから書きしるした遺使記は、彼の死後二世紀もたってから出版された。

それによると、当時すでに六十八歳に達していたティームールは、最近二年間のうちに老衰がいちじるしく、ことに視力が弱っていて、クラビーホの顔なども、すぐ身近につれて来させないとよく見えなかったらしいといい、まぶたが目の上にたれさがり、それをあげてものを見る気力さえもないほどだったという。

彼はアンカラの戦いで、長子ジャハーンギールの子ミールザー＝ムハンマドが重傷を受け、やがて死んだのがひどく身心にこたえたらしい。アンカラの一戦に傷心の死をとげたの

ティームールの遺骨が安置されたサマルカンドのグル－イ－エミール　15世紀前半の建造。

は、敗れたバーヤジードだけではなかった。勝ったタメルランも心の深手を負ったのである。

巨星落ちる西空

ティームールがこのような老境にはいってから、さらに明朝治下の中国を征服し、その民をイスラムに帰依させるという大事業に乗り出した動機についても、いろいろのことを想像することができる。中国征服は彼が長年、心に期していたいわば半生の夢だったので、今や気力も体力も尽き果てようとするのを感じ、いそいでこれに乗り出したのだとも考えられるし、おのれに長年協力してきた老将宿臣らが多くは世を去り、最愛の子や孫たちまでが幽明さかいを異にしたあと、荒涼たる心境で、最後の慰めをこの壮図に求めたとも思える。

とにかく、そのころ中国では明朝の英主永楽帝《えいらくてい》の政権がようやく固まろうとしていた。サマルカンドのクリルタイ（集会）で、遠征のことがきまり、一説に騎兵のみで二〇万に達する大軍勢が動員された。やっと、長い西征から戻ったその年（一四〇四年）の十二月二十七日、タメルランことティームールは都を出発して北に進み、中央アジア越えの進軍がはじまった。

その冬は寒さがとりわけ厳しかったが、その中をシル川の氷上を渡って、オトラールについた。出発のときからすでに病んでいたのだが、ここまで来ると、ついに重態におちいった。彼ひとりではなく、人馬ともにこごえ死ぬ数が多かった。

死期の迫ったのを覚ると、孫のピール＝ムハンマドを後継者に指名し、将軍たちに命じて、その人への忠誠を誓わせた。そのあと、一族の人々を枕頭に呼んで、協力一致してことにあたれと諭した。

永眠の日は一四〇五年一月十九日（二月十八日説もある）だった。遺骸は黒檀の柩《ひつぎ》に納められて、サマルカンドに送られ、そこに葬られた。この町を訪れ、そのおたまやであるグル＝イ＝エミールに導かれ、他の一族の人々の石棺に囲まれて、彼の遺骨を納めた石棺が永遠の沈黙を続けているのを見て、多少の感慨に打たれぬものは稀であろう。

タメルランの子孫にはあまたの人材が輩出した。その子シャー＝ルフ、シャー＝ルフの子のウルーグ＝ベグやバーイソンゴル、およびインドのムガール王朝の明君たちなど、いちいち挙げていったら長いものとなろう。史家たちの中には、預言者ムハンマド（マホメット）の一族についでは、ティームールの一族こそ、イスラム文化の発達にもっとも寄与したのではないかと主張するものもあるほどである。

十　雄峰並び立つ

1　コンスタンティノープルの攻略

ワシ鼻の征服者

アナトリア（小アジア）とルーメリア（バルカン一帯）とを併せ、コンスタンティノープルを首都とする大国家を建設することが、雷火帝バーヤジード一世の悲願であった。この悲願は、もうすこしで実現するかと思われたとき、タメルランという老風雲児によって一場の夢とされてしまった。

コンスタンティノープルは、このため、さらに半世紀ほどビザンツ帝国の都としての命脈を保ったが、オスマーン帝国のほうも滅び去りはしなかった。雷火帝の三人の遺児が、ティームールに臣属の形で、遺領を分治したからである。ただしアナトリアにおける支配地はいちじるしく縮小したので、ルーメリア領がとくに重要視され、その首府エディルネ（アドリアノープル）が政治・文化の大中心となった。

三人の遺児はすぐに勢力争いをはじめ、けっきょく、そのうちのメフメット（ムハンマド）一世が、他を排除して、一四一三年までに統一の事業を成しとげ、その子ムラード二世にひきついだ。

ムラード二世の死のあとを受け、一四五一年二月、二十二歳でこの王朝第七代の主となったのはその子メフメット二世であった。世にアブル＝ファトフ（征服の父）またはアル＝ファーティフ（征服者）と呼ばれたのは、コンスタンティノープルを攻めおとし、ビザンツ帝国の千二百余年の歴史に終止符を打ったからである。

彼は、傑物が多かったオスマーン王朝の君主たちの中でも、もっとも卓越したひとりだった。肖像画によると、ひげも唇も赤く、眉は彎曲し、ワシ鼻で目つきが鋭く、インド＝ヨーロッパ系の血がまじっていたことを示している。中背で頑丈、大酒飲みだったという。

父の善政のあと、よく統一された国土と、充実した財庫、精強な軍隊を受けついだ。

メフメット二世の像

スルタンとカイサルとの対戦

新帝の第一の目的は、コンスタンティノープル攻略にあったから、即位の翌年には、ボスポラス海峡の北岸、敵の都城の死命を制する地点にルーメリ城（ルーメリ＝ヒサール）を築き、その対岸に曾祖父バーヤジード一世が築いたというアナドル＝ヒサールと相呼応して、海峡ののど首を扼《やく》してしまった。

ルーメリ－ヒサール　イスタンブールの東約９キロ。ボスポラス海峡の北岸にあり、南岸のアナドル－ヒサールと相呼応している。

メフメット二世を、はじめはくみしやすい男と値ぶみしていたらしいビザンツ側も、相手が容易ならぬ大物で、決戦を挑むつもりとわかったから、金角湾の入口を鉄鎖でふさぎ、城壁の補修をするなど応戦準備に懸命であった。これに対し、トルコ側は正規軍のみで約八万、軍船三五〇隻、それに有力な砲兵隊をととのえた。

一四五三年四月、らんまんの春色のうちを陸軍は西方から敵の都城にせまり、海軍がこれに応じた。コンスタンティノープルの城壁は総延長約二五キロといわれ、金角湾の一番奥からマルマラ海岸の七つの塔までの約九キロを底辺とする不規則な三角形をなして、首都をとりまいていた。

トルコ軍の主力は、西方の堅城の突破を狙い、四月二日にまず先鋒部隊が姿を見せた。

ところでビザンツ側はどれくらいの兵力であったかというと、ギリシア兵五〇〇〇、他国人軍二〇〇〇、籠城直前に二隻のガレー船で援助に来たジエノア人七〇〇ほどだったという説もあるし、少なくも七〇〇〇人はいたろうという説もある。

四月五日、攻撃軍のほぼ全部が、西方城壁の外二ないし三キロの距離のところに展開し、スルタン、メフメットが親しく指揮にあたっているのが望見された。

こうして、トルコ軍が肉薄したのは、世にテオドシウスの城壁と呼ばれるもので、一番外側に深さ一八メートルほどの濠があり、その内側にまず第一防壁があり、そのつぎに外城と内城との二重の城壁が築かれてあった。外城は高さ七ないし八メートル、五〇ないし一〇〇メートルの間隔をとってやぐら（城楼）が築いてあった。内城のほうは高さ一二メートルほどで、外城のとりで（塔）の中間にあたる位置ごとに高さ二〇メートルほどの四角あるいは八角のやぐらが立っていた。

コンスタンティノープル（イスタンブール）の西方の城壁　1453年、トルコ軍が突破。

西方城壁中で一番の弱点は、ほぼ中央部にリュクス川が城内に流れこみ、低い谷間になっている部分であったが、メフメット二世は精鋭部隊をひきいて、その外側に本陣をおいた。それで、ビザンツ帝国最後の皇帝となったコンスタンティヌス十二世も、みずから手兵をひきいて、この部分の城壁の守備にあたり、ジェノアの援兵も

メフメット２世の肖像
1480年にイタリアのジェンティーレ＝ベルリーニが描いた油絵。

これを助けた。

スルタンの天幕は真紅に金糸を織りこんだ華やかなもので、その前方にはイェニ－チェリその他の精鋭部隊が華美な軍装に身を固めて待機し、トルコ軍の誇る強力な大砲隊はややあとにさがって命令のくだるのを待ちかまえていた。

トルコ軍の大砲が、城壁にむかって火を吹きはじめたのは四月六日からで、早くもその日の夕刻には、城壁のある部分は手痛い損害をうけ、翌日には、大きく崩れたところもあった。しかし、守備軍は夜闇に乗じて修理に成功した。

四月九日、トルコ海軍の一部が、金角湾口の突破を試みたが、はじきかえされた。

四月十二日、さらに重砲の配置を整えたトルコ軍は、敵の城壁にむかって砲撃を再開し、六週間あまりにわたって、単調に、しかも執拗《しつよう》に続けた。

船は丘を越えて

挫折を重ねたメフメット二世はまもなく、奇策を思いついた。船をして丘を行かしめるという突飛な案で、ボスポラス海峡から、海抜六〇メートルほどのガラタの丘を越えて、金角湾に軍船を運び入れ、敵の弱点を衝こうというのである。スルタンの側近にいたあるイタリア人の献策ではないかともいわれている。

これが実行されたのは四月二十二日で、まず船を載せる台を水におろし、それに船を結びつけてから、台と船とを滑車で陸上に吊りあげた。それから何頭かの牛に船を曳かせ、多数の人夫がつきそって進むのである。どの船にも漕《こ》ぎ手《て》が乗っていて、オールを空に動かし、いかにも水中をこいでいくようなふりをし、士官たちは、船中に立っていて音頭をとった。大小約七〇隻がこうして、丘をのぼりつめ、こんどは、金角湾岸の現在のアタチュルク橋の東袂のあたりにむかって下りて行くのであった。

守備側がこの不思議な光景に気がつき、びっくり仰天したのは正午前のことであった。これで、金角湾はトルコ軍の制圧するところとなり、そちらに面した城壁は、いつ攻撃を受けるかわからぬことになった。

嵐のまえの静寂

五月二十七日、スルタンは騎馬で、全軍のあいだをまわり、総攻撃が近々行なわれることを告げ、この一戦によく戦うものは生きては栄華を受け、たおれるとも殉教者として天国に入ることは必定である。都城内の財宝はすべて公平に分配されるであろうと激励した。各部隊とも歓呼をもってこれに答えたが、

「アッラーのほか神なし。ムハンマド（マホメット）はアッラーの使者なり！」

と高誦する声は、ビザンツ側の守備兵たちの耳にも聞こえた。

その晩、トルコ軍の陣地では、天をも焼かんばかりにかがり火が燃え、笛やラッパ、琵琶《びわ》などが鳴りわたった。城兵のほうでは、すわ敵陣に火災がおこったのかと、城壁上にかけ登ったが、眼下のこの光景を見ると、跪《ひざまず》いて天なる神に祈らぬものはなかったという。しかし、真夜中になると、トルコ軍陣地のかがり火は突然に消え、それまで右往左往して働いていた兵たちもぴったりと作業をやめてしまった。闇と静けさとが、この大軍を包みこんだまま、深沈として夜は更《ふ》けて行った。

その夜が明ければ五月二十八日の月曜日になる。その日、トルコ軍の陣営は不気味なほど静まりかえっていた。大砲も沈黙してしまったので、城内の市民の中には、トルコ軍はどうも撤退するらしいなどと楽観説をとなえるものもあったが、大部分のものは、最後の時が刻々とせまってきていることを感じとっていた。

トルコ軍陣営の静けさに対し、城内では鐘や銅鑼《どら》がなりわたり、そちこちの教会から聖像や聖遺物が担ぎ出された。人びとは長い行列をつくって街から街へとねり歩きながら、神の加護を祈ったり、讃美歌を歌ったりしていた。

皇帝もこの行列に加わり、それが終わると、主だった人々を集めて激励の訓辞を行なった。その大要は、

「およそ男子たるものは、四つのもののためにはいさぎよく命を棄てる覚悟を持っているべきである。信仰と祖国と、家族と主君とがそれである。いまや、この四つのものすべてのために死を期すべき時がきた。見よ、いまや邪教の徒を率い邪教を奉ずるスルタンは、真の教

えを破壊するために、この光栄ある歴史と誇るべき伝統に飾られた偉大な都市を攻め取ろうとしているのだ。諸君は古代ギリシアやローマの英雄たちの子孫であることを思い起こし、祖先をはずかしめぬ働きを見せてもらいたい。自分もまた信仰のために、この都城のために、そうして人民のために命を棄てる覚悟である。敵の数多いことや、残虐行為をほしいままにすることなどを怖《おそ》れてはならぬ。勇気を失うな。神の御加護あるところ、かならず勝利があるゆえに！」

その場にあった人々は、生命も一家も捧げることを誓い、ふるいたち、そして互いに抱きあって泣いた。

夕べとなると、大群衆が聖ソフィアの大伽藍にはいり、荘厳な祈りが捧げられた。そのあと、男たちは、それぞれの持場に帰っていった。

最後の切札で勝つ

五月二十八日は快晴だった。やがて日は西に傾き城壁を守る兵たちの姿は夕映えに真赤に染まり、燃えたつがごとく見えた。この時、トルコ軍は一斉に動き出した。まず濠《ほり》を埋め、大砲を前進させたが、日没後になって天気は急変し、豪雨が降りそそいだ。真夜中の一時半にスルタンは突撃命令を下した。

太鼓、笛、ラッパなどの軍楽にはげまされたトルコ兵は雄叫びをあげながら突進したが、それを待ち構えていたように都城内のすべての教会堂は一斉に鐘を鳴らしはじめた。女たちも甲斐甲斐しく城壁に石や材木、それから飲用水などを運び、およそ働きうる男たちは、みな武器をとって城壁に登った。ただ老幼の徒は、もよりの教会に集まって神の加護を祈願していた。

メフメット二世は、まず諸国のあぶれ者たちからなる義勇兵部隊（バシ‐ボズク）を最前線に出し、そのうしろに督戦隊をつけて追い立てるようにした。

バシ‐ボズクの突撃が二時間ほど続いたとき、スルタンは退却の命令を下した。このあと、城兵側に休息のひまをあたえず、イスハーク将軍の指揮するアナトリア‐トルコ兵の軍団が行動を開始し、巨砲がうなり声をあげた。

義勇兵たちとちがい、こんどの軍団は十分な訓練を受けたうえに、装備も整っていた。義勇兵の中には、キリスト教徒も交っていたが、こんどはすべてがムスリムであった。夜はまだ明けていない。空には雲が多く、月光ももれてこなかった。そういう暗黒の中で、多量の血が流され、多数の生命が消え去った。トルコ軍に退却の命令がくだり、守備側に歓声があがった。

マルマラ海と金角湾方面からの水軍の攻撃もはかばかしい戦果をあげることはできなかった。しかし、スルタンにはまだイェニ‐チェリ軍団という最後の切札が残っていた。

前二回の突撃とことなり、イェニ‐チェリ軍団はあせらず、先を争わず、整然と隊列をくずすことなく敵城にせまった。スルタンも手に鉄の鎚矛《つちほこ》を持ち、先頭に立って濠のところまで進み、そこに立ちどまって、激励の言葉を投げかけていた。

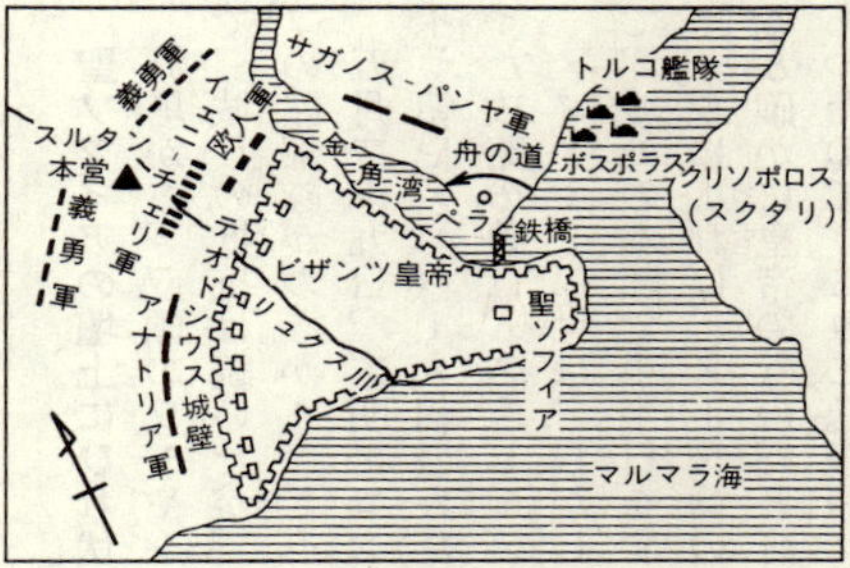

コンスタンティノープル攻略図

精鋭部隊はたじろがず、ひるまず、一波また一波と、敵塁《てきるい》にせまり、突きくずし、梯子をうちかけ、敵に休息の暇をあたえなかった。やがて城壁上で、彼我の軍兵が白兵戦にうつったが、日の出のすこしまえに西部城壁が金角湾の岸に接する近くで恐慌がおこり、一部の城兵が潰走した。

スルタンはこの機会をのがさなかった。ハサンという巨漢のひきいるイェニ-チェリの一部隊に突撃を命じた。ハサンとその部下約三〇人がまず果敢な突入をこころみ、ほとんど全滅したが、これに励まされた他のイェニ-チェリ部隊が、一挙に内城までせまった。このころには、北方のケルケポルタという城壁の抜け路づたいに、トルコ兵が城内に流れこみつつあった。

コンスタンティヌス皇帝はまずそちらに走ったのち、いそいで中央のリュクス川の谷間にはせもどり、友軍の立て直しを試みたが、時すでにおそく、味方は潰乱状態におちいっていた。

皇帝はその身分を示すようなものはむしりとり、殺到してくるイェニ-チェリ戦士の波の中に突入したまま、ふたたび姿を現わさなかった。

聖ソフィアの壇上にひれ伏す

城塔から、双頭のワシやシシの旗がひきおろされ、新月旗がかかげられた。まだそちこちで、城兵の抵抗は続いたが、それもつぎつぎに終わった。そちこちの城門が開かれて、トルコの諸部隊がつぎからつぎへとはいって来た。

五月二十九日、未明にコンスタンティノープルはついにイスラム教徒の手に落ちた。ウマイヤ朝やアッバース朝の人たちが、いく度かその城下まで迫りながら、ついに果たしえなかった攻略の夢は、こうして、オスマーン-トルコ帝国のスルタンによって実現された。

メフメット二世は、しかしすぐには入城しなかった。虐殺や掠奪の嵐がすこしく鎮まるまで、城外の本陣で小半日をすごした。

一説によれば、スルタンのもとに一つの首がとどけられたが、捕虜となった宮廷官に見せると確かに皇帝のものだと証言したという。死体の山の中に深紅色の深靴をはいたひとのがあったので、これこそ皇帝にちがいないとし、首を打ってスルタンのもとに持っていったともいうし、ついに帝の遺骸はわからなかったともいう。

最初、都城に進み入ったトルコ兵は、狂ったように目にはいるすべての市民を切り、老幼男女の区別はしなかった。しかし、やがて血に飽《あ》いたごとく、殺すかわりに手あたりしだいに捕えては数珠つなぎにした。

聖ソフィアの大会堂には数千の市民が集まって青銅の大扉をとざし、最後の瞬間には天使

イスタンブールのハギア－ソフィア　モスクのビザンツ時代の聖ソフィア大伽藍、ただし光塔などは後世のもの。

が天降って、敵を滅ぼしてくれるものと信じて、祈りを捧げていた。

やがて外がさわがしくなり、大扉がつき破られると、血刀をさげたトルコ兵が乱入して来て、虐殺し、捕え、オノをふるって聖像をこわしあるいた。女たちはヴェールや肩かけをひきはがされ、それで縛りあげられた。若く美しい男女は、荒くれ男たちの奪いあいの的となって、バラバラに引裂かれそうになった。

メフメット二世が城内に入ったのは正午ころともいうし、午後かなりおそくなってからともいう。騎馬で聖ロマーノス門をはいって、大通りを東に進み、聖ソフィア会堂の前まで来た。そこで下馬し、すこしばかり土をつかんで、おのがターバンにふりかけて、神への恭順さを示した。

会堂に入ると、その壮麗さと、部下の狼藉ぶりに、しばらくは黙然として立ったままでいたが、やがて祭壇にむかって歩を進めた。途中、一兵士がオノをふるって大理石の敷石を剝ぎとろうとしているのを見て、きびしくしかった。なぐりつけたともいう。隅にはまだトルコ兵の手がのびず、おずおずとうずくまっている市民たちが残っていた。「あの者たちを安全に家にかえしてやれ」とスルタンは命令した。

イスラムの学者がよばれ、祭壇にのぼってコーランを読誦し、アッラーのほかに神なしと高誦すると、スルタンもまた階段をのぼって壇上にひれ伏し、アッラーをほめたたえた。やがて、この地はオスマーン帝国の都となり、聖ソフィアはイスラムの礼拝堂となった。

2　グラナダの赤い城

輝きの町の栄華

金角湾のほとり、双頭のワシの旗が倒され、新月旗がひるがえるようになってから、三十年たつかたたぬとき、イスラム世界にはもう一つの落城悲劇がおこった。イベリア半島の一角にわずかに残っていたアラブ族のナスル朝が、キリスト教勢力のレコンキスタ（再征服）の波濤《はとう》におし流されてしまったさいである。

スペインのウマイヤ朝は、ナーシル（勝利者）とよばれたアブドル＝ラフマーン三世の時に、全盛期を迎えた。その子ハカム二世は好学無類、かつ愛書家としても一流であった。四〇万巻（一説に六〇万巻）の貴書、珍籍を集め、その中に埋まるようにして読書にふけった。彼自身の書きこみのあるものもおびただしく、それらのうちには、今も残っているものがあるほどである。

その子ヒシャームが幼少であとをつぐと、ムハンマド＝ブヌ＝アビー＝アーミルという人物が実権をにぎった。遠祖は八世紀のむかしにアラビアから来たという旧家の出であったが、一書生から身をおこし、うまく権勢の人びとに取り入り、財を集め、よく散じて、多くの支持者をつくった。

幼君を上にたてて権力の座にのぼると、超人的な活動に移り、傾きかけた西方ウマイヤ王朝の威信をとりもどし、北方のキリスト教諸国を押さえつけて文句をいわせなかった。本名よりもマンスール（アッラーの加護による勝利者の意）という美称で知られている。

彼は北アフリカから多数のベルベル族を招き、強力な軍団をつくりあげた。九七六年ころから政権を握り、一〇〇二年八月に、マドリードの東北のメディナセリで死ぬまでに前後七〇回も遠征軍をひきい、もっぱら北方のキリスト教諸国と戦った。

このような征旅のさいに、靴や軍衣に積った土埃をたいせつに集めて保存しておいた。亡くなったさいに、これが大きな袋に一杯になっていたのを、人びとは遺骸とともに、その地に埋めたという。

コルドバのウマイヤ朝も、この大臣の死のあとは、急激に衰え、一〇三一年には滅び去った。

むしろアフリカのラクダ追いになろう

そのあとは、小王国分立の時代にはいったが、これをムルーク-ウッ-タワーイフ（スペイン語でレイエス-デ-タイファス）の時代と呼ぶ。約二〇人ほどの王が、各地方を占拠して相争ったが、それらの中にはアラブあり、ベルベルあり、スラヴあり、イベリア土着人ありだった。北部のキリスト教勢力にとっては、まさに乗ずべき絶好の機会だった。

キリスト教徒軍にひどく痛めつけられたイスラムの諸王は、相会して外からの援軍を招き入れることを相談した。賛否の議論が対立して、どちらとも決しかねていたとき、諸国中でもっとも重きをなすセビリヤの王が悲痛な言葉を発した。それは、なるほど招き入れようとしているサハラ砂漠の荒くれ男たちは、自分たちを助けるよりも、むしろ危険な侵略者となるおそれは十分にある。しかし、彼らもまたアッラーのしもべたちである。

「わたしはこの美しいアンダルスの地を異教徒の餌食にしたということで、子孫たちから咎《とが》めを受けたくはないのだ。自分の名がイスラム世界のすべての説教壇の上で呪《のろ》われることを望まない。カスティリアのブタ飼いにされるよりは、アフリカでラクダ追いになるほうがよほどましだと思っているのだ！」

この言葉には、誰もいいかえすことはできなかった。こうして、モロッコからアル＝ムラービト朝（アルモラビデス）の軍が大挙して海を渡って来た。

城砦の修道者たち

この王朝の中心勢力はベルベル族のサンハージャ部族で、青い半覆面の人々として、また慓悍《ひょうかん》さをもって知られているトアレグ族の祖先である。イスラム法学者イブン＝ヤーシーンがニジェール河中の島にリバート（城砦づくりの修道場）を一〇三〇年ころに設け、同志と

リバート（要砦式修道場）の一例　9世紀、チュニジアのスウスにあるもの。

ともに住んだが、これが素朴勇敢な戦闘集団に発展し、やがてアフリカ西北部を被う大国家となった。この集団のメンバーはアル＝ムラービトゥーン（城砦の人たち）と、その国家はアル＝ムラービト朝と呼ばれた。

一〇六二年には、マラケシュ（マルラークシュ）市を建設して首府としたが、モロッコという名はこれから出ている。

アンダルシアから招かれたのは、この王朝の二代目ユースフ＝ブヌ＝ターシュフィーン王で、一〇八六年の秋、大挙してその地に渡り、カスティリアとレオーンの王アルフォンソ六世の軍をバダホスとアルブケルケの中間のザルラーカ（アラブ名）で破った。

ユースフは、さらに深く北方に追撃しようとしたらしいが、本国に残して来た長子が死んだとの報をうけ、兵三〇〇〇だけを残して、ひとまずモロッコに帰っていった。

優雅な文化の花の咲き匂うアンダルシア

しかし九〇年春には、また海峡を越えて重来し、イベリア半島南半の本格的占領にとりかかった。イスラム諸王国はつぎつぎと併合された。一一〇六年にユースフがマラケシュで世を去ったとき、その王朝の支配は今のモロッコ、アルジェリア西部、イベリア南半を被っていた。

当時のアンダルシア地方は、爛熟《らんじゅく》したイスラム文化に包まれていた。ムラービト朝を迎えいれた責任者ともいえるセビリヤ王ムウタミド（一〇九一年没）や、その宰相イブン＝ザイドゥーン（一〇七一年没）らはともに一流の詩人であり、その作のうちには今も絶唱として愛誦されているものが少なくない。

　このような文化と快適な風土になじんだサハラの健児たちは、いつかこれに同化して、文弱となる傾きを示した。マラケシュの都は、アンダルシアから迎えられた文人、学者、美術家たちでにぎわった。

　一方、スペイン北部のキリスト教諸国は勢をもりかえし、一一一八年にはサラゴッサを奪った。

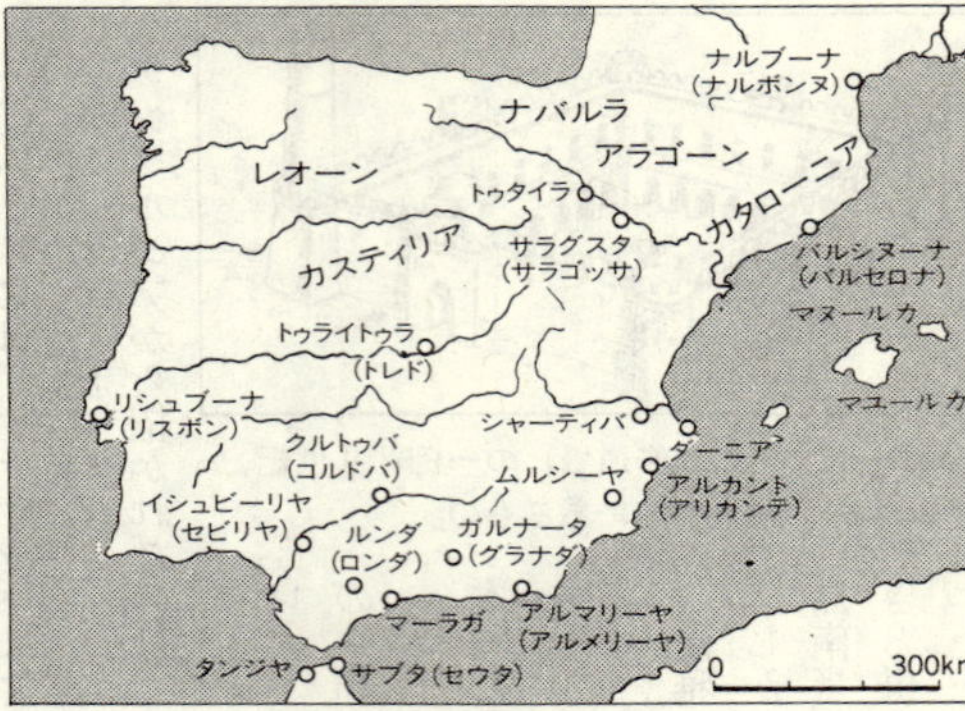

10世紀中葉のスペイン

アンダルシアの民心も、ムラービト朝から離れ、四四年になると各地で反乱が起こったので、翌年には同地方から撤退した。しかし、アフリカ本土にも、この王朝のイスラムに対する態度をもって邪道であると責める新勢力が興りつつあった。

宿命的めぐり合い

モロッコ地方に興った新勢力は、ムハンマド＝ブヌ＝トゥーマルトを始祖とする宗教運動であった。この人は一〇八〇年ころ、モロッコの南部、アンティ＝アトラス山脈の北麓に住むハルガ族の一村落で生まれた。ハルガ族はベルベルの雄族マスムーダの一部である。イブン＝トゥーマルトの遠祖は預言者ムハンマド（マホメット）であったというが、根拠のないことではなく、八世紀以来、アッバース朝の迫害をのがれた預言者の子孫たちが、遠くこの西の端に亡命し、ベルベル族のあいだに住みついたという事実があった。

二十六歳ころ故郷を出て、コルドバで学び、やがてアラビア、シリア、エジプト、イラクなどで十年間ほど勉学した。故郷にかえるときには、西方イスラム世界の宗教改革を行なう使命を帯びた身であるという確信を抱いていた。

東方からの帰途、今のアルジェリアの地で、宗教活動を開始した。

まずビジャヤ（ブージー）の町で布教したが、官憲から立ち退きを命ぜられた。それで数キロ離れたメルラーラという小村落に移って、ささやかな礼拝堂をたてた。

ある日のこと、オランの西の山間のタージュラ村から来たという素朴な若者の訪れを受けた。叔父のひとりとアラビアに旅する途中、ブージーで、イブン＝トゥーマルトの噂を聞き、わざわざたずねて来たのであった。

礼拝堂の入口に立っているのを見て、大師のほうがまず声をかけた。「お若い方、さあ、おはいり」。はいって、かしこまって坐っていると「名前はなんとおっしゃるかな？もしやアブドル＝ムーミンといわれ、父御の名はアリーではないか？」というと、若者は「はい」と答えた。

大師はさらに言葉を続けて「いずれからおいでじゃ？ひょっとしてタージュラ村からではないかな？」というと若者は「はい」とうなずいた。

「いずれへおでかけかな？」

「東国へまいるところで、大師さま」

「そなたは東国で得ようとなさっている知識を、この西国でいまお見つけになったのですぞ」と大師はいった。やがて若者が辞し去ろうとすると「今夜はここにお泊りなされ」といった。若者は翌日になっても、東方への旅に出発しなかった。そのまま、この聖者に師事し、師の亡きあとは、その教団をひきい、これを大国家に育てあげた。

つぼ作りの子からカリフに

やがて、イブン＝トゥーマルトはマラケシュに入ったが、その説は容れられなかった。いまはムラービト王朝を倒し、これにくみするものを絶滅しなければならぬと決心した。それで、アトラス山中の故郷にかえり、一一二一年末にはみずからアル＝マハディー（救世主）と称した。

一一三〇年八月に、ムラービト朝打倒の悲願を果たすことができぬうちに病死すると、前記の高弟アブドル＝ムーミンが師の遺業をついだ。

この人もベルベル族出で、ザナータ部族の人であった。父はつぼ作りを業としていたという。人格は高潔、機略に富んでいた。アッバース朝の主権を否定し、みずからアミール＝ル＝ムウミニーン（カリフのこと）という称号をおびた。

この英主のもとに、アッラーの唯一性を強調し、公私ともにきびしい耐乏の生活に徹していこうという、イスラムのピューリタニズム運動を起こしたことから、発展したその国家、すなわちアル＝ムワッヒド朝は盛大となり、一一四七年にムラービト朝に致命傷をあたえてマラケシュを攻め落とし、首都をそこに移した。遷都のまえにトレムセン、フェズ（ファース）、オランなどの諸都市をも占領していたが、遷都後は、さらに東方に領土をひろげ、ムラービト朝が併せ得なかったアルジェリアの東半をもとり（一一五一年）、さらにチュニジア地方を攻略し、リビアのトリポリをも支配下に入れた。

イベリアの南半はムラービト朝の崩壊のあと、ふたたび小王国併立の状態にもどり、それらの中には新興のムワッヒド朝の主権を認めるものもあった。アブドル＝ムーミンは一一六一年には親しくアンダルシアを視察し、帰国後、大規模な遠征軍を起こそうとして、準備中に病死した（一一六三年五月）。その子アブー＝ヤアクーブ＝ユースフがつぎ、七二年にはセビリヤをとり、さらにトレドを囲んだが、ここはキリスト教徒が死守したため、攻略を断念した。

同王朝はそれからも、スペインではアンダルシア地方を保って、北部のキリスト教勢力と頑強に戦い、またエジプト以西の北アフリカ一円の統治を続けた。北アフリカがこれほどの規模の大国家にまとまったことは、稀有の現象であった。

盛者必衰の世

このような剛強な国家の出現を見て、キリスト教世界も強く刺激された。ひとり、イベリア北部のキリスト教諸国だけでなく、ピレネー山脈の外側からも、フランス、イタリアその他諸国の戦士が続々とはせ参じて、モーロ人撃滅の十字軍運動に情熱をそそいだ。

一二一二年七月十六日、レオーン、カスティリア、ナバルラ、アラゴーン諸国の連合軍は、コルドバの北東約一五〇キロのラス-ナバス-デ-トローサで、ムワッヒド朝軍に決定的打撃をあたえ、六〇万の軍をほとんど全滅させた。

これを転機として、キリスト教徒側のレコンキスタ（再征服）は大幅にすすみ、ムワッヒド朝のイベリアにおける支配は弱まる一方であった。一二三三年ころからは、崩壊状態となり、三五年にはこの地を撤退した。

アフリカ本土でも一二二八年にはイフリーキヤ（チュニジア）にハフス朝が、同三五年にはアルジェリアにジャーン朝が独立したし、本拠地モロッコでも、その東部にはフェズを都とするマリーン朝が隆盛となった。この王朝のため、首都マラケシュをも攻めとられて、ムワッヒド朝が滅んだのは一二六九年のことだった。

グラナダは夕陽に映えて

イベリア全土が一気にレコンキスタの波に洗い流されるかと思われたとき、昔、メディナから移住して来たというアル＝アフマル家の当主ムハンマドが、ハエーン附近に小さな王国をつくった。この人の祖父の名にちなんでナスル朝ともいうし、アル＝アフマル朝とも呼んでいる。預言者マホメットの協力者を多く出したハズラジ族の血統をひくという名門であった。

ムハンマド一世は一二三八年に、グラナダを取り、この町をみおろし、北麓とダルロ川の流れに洗われているモンテ＝デ＝ラ＝アサビーカの丘上に、居城アル＝ハムラー（アルハンブラ）を築いた。

この王国の支配地は、ごく大まかにいって、西はジブラルタルのやや西方のタリーファあたりまで、東は地中海にのぞむアルメリーヤの東まで、東西の長さ約三八〇キロ、北は地中海岸から、奥深いところでも一一〇キロほどあたりまでに過ぎなかった。つまり東西は十日行程、南北は三日行程だったが、イスラム教徒はこの小さい国土を最後の拠点とし、必死に守りぬいた。要害の地であったこと、対岸のマリーン朝が声援を惜しまなかったこ

アルハンブラのつぼ　14世紀ころ、主にマーラガで盛んにつくられた。

アルハンブラ宮殿（北方の高台からの眺望）

となどから奇蹟的に長い寿命を保ち得たのである。

この王朝のもっとも幸福な時代は、一三三三年ころから約六十年間ほどで、華麗なうちに夢や歎きの陰翳《いんえい》を限りなく秘めたアルハンブラ宮殿も、おもにこの間に造営された。平野も谷間も、農林技術の粋をつくして植樹・耕作され、都市では工匠や商人たちが狭い居住地にひしめきあうようにして、その業にいそしんでいた。

カスティリアの麗人

これに対し、キリスト教国のうち、カスティリアなどは長年月の政情不安定で弱体化するばかりであった。ことに、エル－イムポテンテ（無能力者）と呼ばれたエンリケ四世は数々の愚行によって人民をあきれさせ、歎かせたが、イサベルという異母妹があり、ヨーロッパきっての麗人とうたわれていた。

このイサベルも、兄エンリケには随分と泣かされた。思いあまって、とある修道院にかくれて世を捨てようとしていた。
それがにわかに運命がかわり、この我ままな兄王から、王位継承者に指名されたのである。そのとき、彼女は十七歳だった。ゆくゆくはカスティリアの王位にのぼるべき、絶世の美女への求婚はそちこちからあった。しかし、彼女は、隣国のアラゴーンの世つぎの王子で、彼女より一つ年下のフェルナンドを選んだ。

この選択は聡明な彼女が、祖国の将来を見越したためといわれているが、果たしてこれがスペインの運命を好転させ、ひいてはグラナダ王国滅亡の原因ともなったのである。二人の結婚は一四六九年に行なわれたが、イサベルのほうが、兄の死のあとをついでまずカスティリア国王の位にのぼり、フェルナンドのほうは五年ののち父フアン二世の死のあとアラゴーン国王となった。

男女二人のカトリック王が力を併せて、グラナダ王国の征服に結集した力をそそぎかけはじめたのは一四八二年で、それからまる十年間を費してやっとこの大事業を完遂したのである。

ざくろの粒をむしりとるごとく

グラナダは富み、かつ美しい町だった。当時の人口は約二〇万人ほどと見つもられているが、シエラ＝ネバーダ（雪の山なみ）の連嶺がアフリカの熱風をさえぎるため、盛夏も爽涼に、北方の山脈が厳冬の寒風を和らげてくれて「あたかも、大地に落ちた天国の一片のごとく……」とアラブの詩人がほめたたえた地であった。

グラナダの景観は、その北方の高台から眺めるのを絶景とする。緑の樹園のうちに浮かび出たアルハンブラの赤い城壁は、朝日にも夕日にも燃えたつごとく、そのかなたにシエラ＝ネバーダの白銀の連嶺が望まれるからである。イサベル女王も、グラナダに軍をすすめ、はじめてこの大観に接したとき、感激のあまり、目に涙したといわれている。

またフェルナンド王は、開戦のとき「あのグラナダ（ざくろ）の粒をひとつひとつ、むしりとってやるぞ！」と叫んだというが、ざくろの粒とはグラナダ王国が国境に沿い、またおもな都市の周囲に築きつらねたおびただしい城砦のことであった。

作戦の総指揮には、フェルナンド王がみずからあたり、まず北方国境のざくろ粒をひとつ、またひとつとむしりとりにかかった。

コロンブスの訪れ

ナスル朝最後の王はボアブディルこと、ムハンマド十二世であった。ボアブディルとは中世のヨーロッパ史家の呼び方で、通り名をアブー＝アブドッラーといったのが訛《なま》り伝えられたのであろう。

フェルナンド王は、いよいよ主力軍一〇万ほどをもってグラナダを囲んだ。それは一四九一年四月下旬のことで、イサベル女王も娘たちをつれて、夫君と一緒になったのは長期の包囲を覚悟したからであろう。

女王は、アルハンブラのある丘の南方を東から西に流れ、グラナダの西南郊でダルロ川と合するヘニール川の岸に三ヵ月もかかって、サンタ‐フェ（聖信）という半永久的な陣地都市を造営した。本陣をはじめ、みな煉瓦づくりで、周囲には堅固な城壁をめぐらし、四つの門がそびえ立っていた。

イタリアの人コロンブス（クリストーフォロ＝コロンボ）が大西洋を西に航して黄金に富むジパングその他に行くための後援を求めて、二度目に訪ねて来たのもこのサンタ‐フェであった。第一回の訪問は、フェルナンドとイサベルがコルドバにいたときに行なわれたが、そのときの返事はよく調査しておこうということだった。

こんどは、グラナダまでやって来たが、コロンブスはすでに五十歳になろうとしており、二人のカトリック王は、モーロ人の赤い城を前にして、全力をあげて戦っていた。

そのような緊迫した空気の中だったが、コロンブスの夢のような大風呂敷ばなしがはずむと、フェルナンドもイサベルも大声で笑い興じた。しかし、結論はというと、専門家たちに検討させたが、「この計画はあまり費用がかかりすぎるし、王室の威信を損ずるおそれがある」というので拒絶というのが本音であった。しかし、そう率直にはいわず、「さしあたり援助のことは見合わせておく」という返事をあたえた。

その間も、グラナダ包囲は続いていた。彼我のあいだに、中世騎士道の精華を示すような雄々しいふるまいもたびたび展開された。美々しく装ったモーロ騎士が、城門をひらいて出てきて、クリスチャン騎士に一騎うちを挑んだりすることもあった。

ミルタの中庭　アルハンブラ正面の建物で、1492年のはじめ、降伏のことが決したという。

このようなばあいに、見事にモーロ騎士をうちとったクリスチャン騎士の戦いぶりが、いかにもあっぱれだったというので、ボアブディル王から、この敵方の騎士にすばらしい賞品がおくられたりした。

いかにも長閑《のどか》のようであったが、城内はやがて食糧が乏しくなり、かつ、キリスト教徒側の砲撃に城壁はいたむ一方であった。十二月近くなると雪がふりはじめ、近郊との交通もとだえた。

アルハンブラ城頭に銀十字架が輝く

ボアブディル王は、かなり早くから死守の心を捨て、開城の秘密交渉をはじめていたという説がある。年があけて九二年一月一日に、グラナダから五〇〇人の人質がおくられ、その夜のうちに、城受取りの一行が間道から城内にはいった。明けて二日の日の出ころ、ボアブディルはアルハンブラの鍵をこの使節にわたしたが、その場所はミルタの庭の正面のコマーレスの塔であったという。

その日、カスティリア王国の旗と銀の十字架が、アルハンブラのトルレ－デ－ラ－ベ－ラ

（監視の塔）にかかげられた。

フェルナンドとイサベルはグラナダの城門のところに跪《ひざまず》いて神に感謝し、将士たちも一斉にこれにならった。そして聖歌隊の讃美歌は澄んだ冬空にひびきわたった。

やがてボアブディルは、一隊の騎馬隊とともにアルハンブラの丘をおりて来た。この一行には女や子供たちも交っていた。フェルナンド王のそばまでくると、ボアブディルは、その手に接吻するため、馬からおりようとした。しかし勝利者はこれをおしとめたので、二人は馬上で相抱いた。

「一緒においでなされ。兄弟として待遇して差し上げよう」というフェルナンドの言葉に対し、若いボアブディルは黙々として首を横にふり、うしろにいる家族たちに目くばせし、シエラ‐ネバーダの鞍部への道を去っていった。

グラナダのナスル朝最後の王ボアブディルの剣といい伝えられるもの

山道にかかり、尾根のひとつをまがるとグラナダを取りまく、ベーガの野は視界から消え去る。彼はそこでふりかえり、アルハンブラを、ヘネラリーフェの緑園をじっとみつめて「アッラーフ‐アクバル！」（アッラーは偉大におわします）と誦えて涙にむせんだ。気丈な母后

アーイシャが、これを見て、

「男らしく守ることもできなかったもののために、たんとお泣きなされよ……」

と恨んだというのもこのときのことである。モーロびと最後の歎きの伝説の真偽のほどはわからぬが、グラナダ陥落の報をうけたエジプトの史家イブン＝イヤースが「イスラムを直撃したもっともおそろしい災厄のひとつ」と歎いた言葉は、その史書に残っている。

この十五世紀末尾の歴史的大事件を、喜びを胸に眺めていた人々のうちに、コロンブスがいた。彼はこれより先に援助を受ける望みを失って、悄然《しょうぜん》としてサンタ－フェを去ったが、一〇キロほど来たとき、イサベル女王の使者が馬を疾駆させて追いつき、すぐ引きかえしてくれという言葉を伝えた。引きかえして見ると、いろいろの要求をほとんど全面的に受け入れるとの挨拶だったのである。

そんなわけで、グラナダ陥落のほかに、この世紀の歴史は、さらにもう一つ新大陸発見という大事件を書き加えられることになった。

ボアブディルは、モロッコにわたりフェズで余生を送り、一五三三年まで生きていた。それからさらに百年たつと、彼の子孫はまだフェズに残っていたが、落ちぶれて、他人の情にすがって露命をつなぐありさまだったという。

3　トルコ族の覇業

漂泊の王子

オスマーン帝国では、新しいスルタンが位につくと、その兄弟や、その人たちの男の子たちを殺戮《さつりく》して将来の禍根を断つのが不文律になっていた。

メフメット二世の死処は、イスタンブール（コンスタンティノープル）とはボスポラス海峡をへだてたウシュクダール（スクタリ）の近くのマルテぺで、一四八一年五月三日のこと、そこから遠征の途につこうとしていたさいであった。

二人の息子があって、どちらが跡目をつぐかは未決定のままであった。兄なる王子は名をバーヤジードといい、一四四八年生まれともいうし、同五二年説もある。弟のほうは名をジェム（ジャムシードの略）といい、一四五九年十二月にエディルネ（アドリアノープル）で生まれた。兄は小アジアのアマシアの総督の、弟のほうは同じくコニヤの総督の任にあった。

このようなばあいには、早く首都にはいって政権を握ったほうが勝となるばあいが多い。ことにイェニ-チェリ軍団の動きは重大だったが、このばあいはバーヤジード王子のほうに分があった。

ただし大宰相は、ジェム王子に好意を寄せていた。それでメフメット二世の死のことは秘

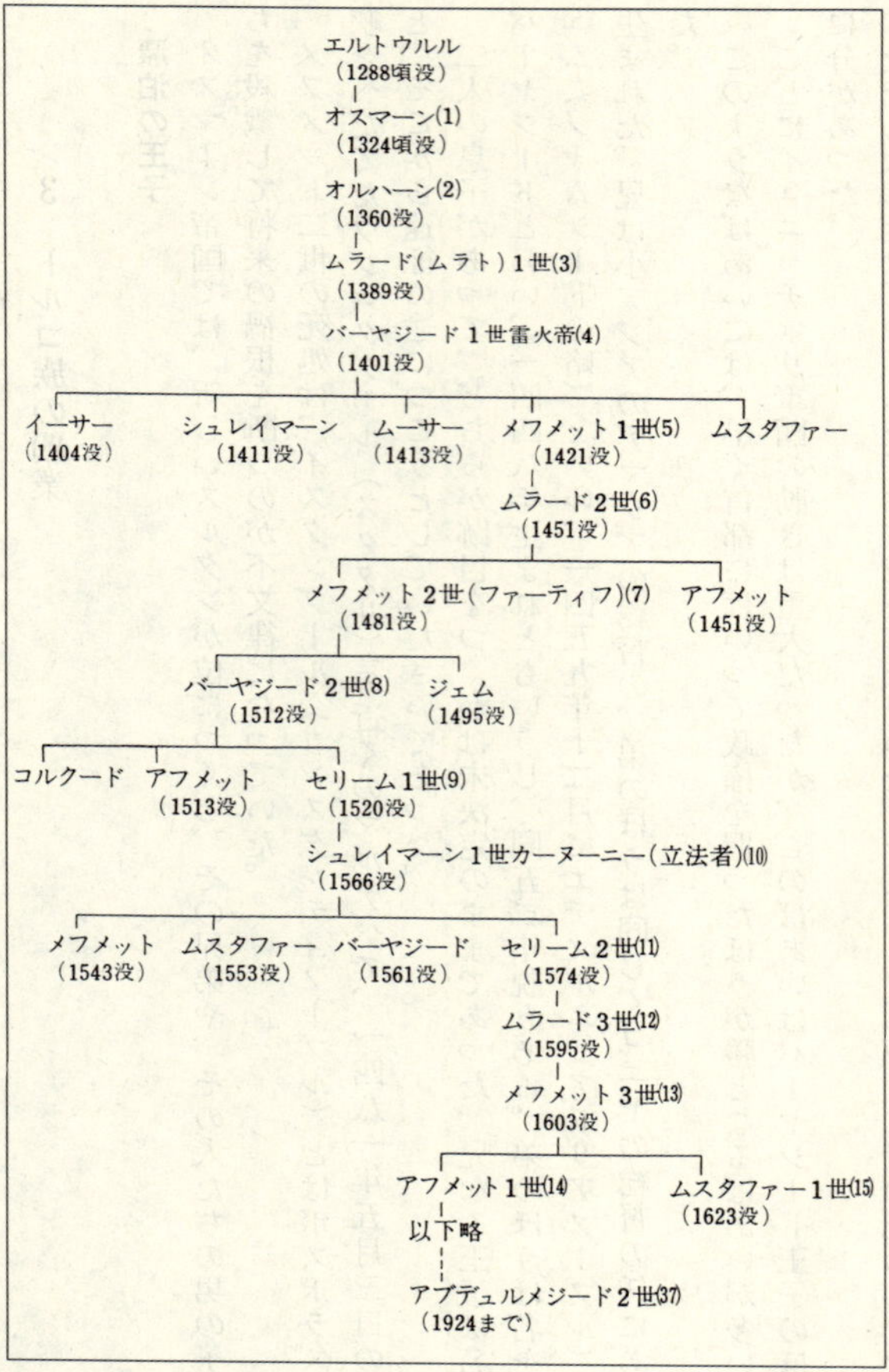
エルトウルル
(1288頃没)
オスマーン(1)
(1324頃没)
オルハーン(2)
(1360没)
ムラード(ムラト)1世(3)
(1389没)
バーヤジード1世雷火帝(4)
(1401没)
イーサー
(1404没)
シュレイマーン
(1411没)
ムーサー
(1413没)
メフメット1世(5)
(1421没)
ムスタファー
ムラード2世(6)
(1451没)
メフメット2世(ファーティフ)(7)
(1481没)
アフメット
(1451没)
バーヤジード2世(8)
(1512没)
ジェム
(1495没)
コルクード
アフメット
(1513没)
セリーム1世(9)
(1520没)
シュレイマーン1世カーヌーニー(立法者)(10)
(1566没)
メフメット
(1543没)
ムスタファー
(1553没)
バーヤジード
(1561没)
セリーム2世(11)
(1574没)
ムラード3世(12)
(1595没)
メフメット3世(13)
(1603没)
アフメット1世(14)
以下略
ムスタファー1世(15)
(1623没)
アブデュルメジード2世(37)
(1924まで)

オスマーン朝系図

めておいて、使者を二人の王子のもとに出すことは出したのだが、弟王子のほうが、先に首都にはいって、帝位につくことを念願していた。またイェニ－チェリ軍団が兄王子を支持していることもわかっていたので、これがマルテペの行営から首都に戻っては工合が悪いと思った。それでボスポラス海峡を渡れぬようにと、その辺一帯の船舶を没収し、渡し場はすべて封鎖してしまった。

しかし国王の死は、まもなくイェニ－チェリ軍に嗅ぎつけられたから、彼らは勝手に海峡をおしわたり、イスタンブールに入って、大宰相を血祭りにあげた。

一方、ジェム王子のもとに走った宰相の使者は、兄王子支持のアナトリア総督の部下につかまり、幽閉されてしまった。こうして勝負は兄王子の勝利となり、五月二十日には、この人がイスタンブールに乗りこんで、スルタンの位に登った。これがバーヤジード二世である。

ジェム王子は反旗をかかげ、旧都ブルサをとって、これまたスルタンの位についた。しかし、その年六月二十日には、ジェムの軍は攻め寄せたイェニ－チェリ軍団のためにうち破られた。これから、この王子の放浪がはじまる。

運命の手にもてあそばれて

王子はまずマムルーク朝のスルタン、カーイト＝バーイを頼ってカイロに行き、ついで小アジアにもどり、さらにロードス島に渡って、聖ヨハネ騎士団の大師の保護に身を委《ゆだ》ねた

（一四八二年七月末）。騎士団の大師ドービュッソンが、ジェム王子を迎え入れたのは、オスマーン帝国を破壊する道具につかおうと考えたからであった。

けっきょく、ジェムは同騎士団の持っていたフランスのある城に幽閉されることになった。一四八二年九月一日、ジェムを乗せた船がロードス島を出帆すると、バーヤジード二世はヴェネチア人に依頼し、これを海上で奪いとろうとしたが、成功しなかった。

ジェムという札は使いようによっては、大層な威力となるから、そちこちで欲しがった。マムルーク朝も、ハンガリー王国も、なんとかしてこの札を手に入れたいと画策を続けた。けっきょく、フランスに抑留されること七年ののち、ジェムは、ローマ教皇と聖ヨハネ騎士団との意向で、ローマに移された（一四八九年三月）。

ローマ教皇インノケント八世はそのとき、オスマーン帝国討伐の十字軍を起こそうと考えていたから、ジェムという札を手に入れたことを大いに喜んでいた。この王子の相場は上がる一方で、マムルーク朝のスルタンからは、ヴェネチア金貨一五万ないし二〇万枚を払うから、こちらに渡してもらいたいという交渉があったし、イスタンブールの宮廷の使者もローマに乗りこみ、ジェムの三年間の生活費としてヴェネチア金貨一二万枚を支度して来たから、本人に会わせて欲しいと申し出た（一四九〇年十一月）。

それから三年たつと、またイスタンブールの宮廷からの使者が来て、ジェムへの年金として金貨一五万枚を渡した。時の教皇は、アレクサンドル六世に変わっていたが、この人も、ジェムをこちらでつかまえていれば、オスマーン帝国はキリスト教世界に対して、手も足も出せまいと得意がっていた。

そのうちに教皇とフランス国王シャルル八世との仲が不和となり、仏軍がローマに乗りこんで来て、有無をいわせずジェム王子をとりあげてしまったが（一四九四年）、これはゆくゆく、十字軍をトルコに対しておこす計画があったからである。ジェムは今度は、フランス国王につれられ、ナポリ攻略に同行したが、途中で発病し、一四九五年二月二十五日にテアーノで世を去った。この人を奪われたローマ教皇が、一服の毒を盛らせたための急死だという噂も立ったけれども、はっきりした証拠はなかった。

赤頭巾教団の出現

それまでオスマーン帝国の東方での対抗勢力中、もっとも強大だったのは、エジプトやシリアにおけるマムルーク朝と、イラク北部から、アルメニア方面におよぶアク-コユンル（白羊朝《はくよう》）とであった。しかし、バーヤジード二世の時代になると、イランにシーア派イスラムを奉ずるサファヴィー王朝が強大となってきた。

この王朝は、サーサーン朝が七世紀前半に滅んで以来、イランの民がはじめて民族国家としての実を備えた国家をつくり得たものとして重視されている。

このサファヴィー朝も、もとは、アゼルバイジャンにおこった一つのデルウィッシュ教団を母胎として起こった。デルウィッシュは、イスラムの脱俗遁世の修行者で、一人の長老（シャイフ）にひきいられて、修道一筋に共同生活をしていく人々である。

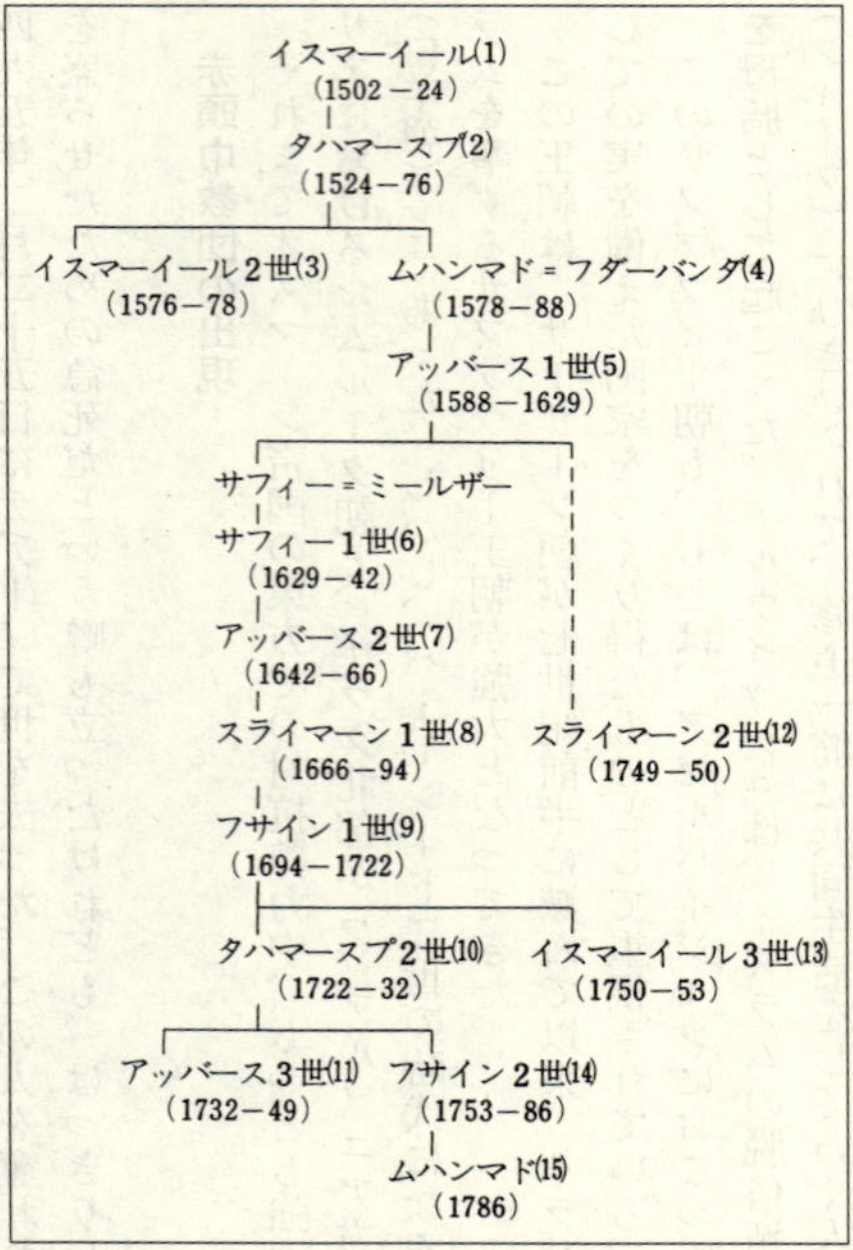

サファヴィー朝系図

アルダビールにつくられたデルウィッシュの教団はサファウィーヤと呼ばれたが、これは初代の長老がサフィー＝ウッ＝ディーン（一二五二〜一三三四）という名だったから、「サフィーの徒」という意味で、サファウィー（サファヴィー）と呼ばれたのである。この教団の人々は赤い頭巾を着用していたから、のちに宿敵となったオスマーン帝国のトルコ人たちは「赤あたま」（キジルーバーシュ）という異名で呼んだ。

サフィー＝ウッ＝ディーン長老は、預言者ムハンマド（マホメット）の血統であるといわれていた。

この教団はしだいに多数の帰依者を得て、その本部は各地から集まってくる巡礼者でにぎわった。十五世紀中ごろの同教団の長老ジュナイドは、軍隊をも養うようになり、白羊朝の英主ウズン＝ハサンの妹を妻に迎えた。そして、この妻とのあいだに生まれたハイダルは、成長するとウズン＝ハサンの娘を妻としたが、この夫婦のあいだに生まれ、サフィー＝ウッ＝ディーンの六世の子孫にあたるイスマーイールが、サファヴィー王朝の第一代（在位一五〇一～二四）で、同教団の長老（シャイフ）であるとともに、また国王（シャー）の称号をも帯びた。政教両権を一身ににぎり、タブリーズを首都とし、イラン全土の征服に乗り出した。

宗教上から見ていちじるしい特色はシーア派のイスラム教を国教としたことで、この伝統は二十世紀に興亡したパフラヴィー朝のイラン王国まで受けつがれた。

三すくみの形勢

西方のオスマーン帝国と、東方のサファヴィー朝との中間に立ったのが、トルコマン族のアク＝コユンル（白羊朝）で、これはオスマーン帝国と同じく正統派（スンニー）イスラムを奉じていた。サファヴィー朝はまずこの白羊朝治下のトルコマン諸部族にシーア派イスラムの宣伝を行ない、ついで一五〇二年には、そのアルワンド王（ウズン＝ハサンの孫）の軍を大いに破ったので、その後、まもなくこの王朝は滅び去った。

白羊朝の滅亡とともに、オスマーン帝国とサファヴィー朝とは直接に相接触するようになり、東西に対立する二大勢力として睨みあった。

シリアと小アジアとの境をなすタウルス山脈地帯の民は、サファヴィー朝の宣伝活動によってシーア派の支持者が圧倒的に多くなっていた。ところが、この地帯は、オスマーン帝国とマムルーク朝とが、永年、争ってきたところで、どちらも譲れぬいわゆる必争の地域であった。もし、マムルーク朝がこれをとれば、小アジアに入りこむ関門を抑えたことになるが、反対にオスマーン帝国側がとれば、シリアの侵略の足場を得たことになるであろう。そうかといって、ペルシア（サファヴィー朝）にとられても困るのである。

跡目あらそい

この三大国に共通の悩みは王位継承のさいにかならずといっていいほどに、ごたごたが起こることであった。マムルーク朝は、その政治体制から、王位継承のごたごたはお家芸ともいうべきほどであり、サファヴィー朝もその点では険悪だった。トルコ帝国のばあいもジェム王子の悲劇にもその一端をあらわしたが、バーヤジード二世のあとでも問題がおこった。このスルタンにはコルクード、アフメット、セリームの三王子があって、それぞれ小アジアのうちに広大な領地を与えられていた。

父帝の身に万一のことがあったら、万難を排して、まず首都イスタンブールにはいり、帝位を確保すればよいが、おくれたものは、いずれは邪魔ものとして清算されることを覚悟しなければならなかった。第三王子のセリームは、もっとも積極性に富み、早くから鋭鋒《えいほう》をちらつかせていたが、任地はトレビゾンドで、二人の兄にくらべて、都から一番遠くにいた。

いざという時になってからでは遅いと思ったこの王子は、父帝の在世中に手をうっておくことにし、一五一一年に、黒海を船でクリミア半島に渡り、タタル族のマングリ＝ギラーイ汗（チンギーズ汗の長子ジュチの子孫）の援助を求め、その兵を借りて、父帝に、バルカン地方のどこかの総督の任を強要した。

あたかも、小アジアにシーア派の反乱が起こっているのに、タイミングを合わせてのゆすりだったから、バーヤジード二世は、この要求を容れざるを得なかった。しかし、セリーム王子のほうは、政府軍がシーア派の反軍に勝ったばあいは、きっと自分は片づけられるに違いないと読み、父帝がかまわずにいたエディルネ（アドリアノープル）に進撃した。こうして、父帝とセリーム王子とのあいだに合戦が行なわれ、後者が敗れて、クリミアに亡命した。

二番目の王子アフメットはアンカラの北方のアマシア地方の総督だったが、こんどはこの人が兵をひきいて、イスタンブールに進み、帝位に就こうとかかった。ところがイェニ・チェリ軍団はセリーム王子のひいきで、アフメットを嫌っていることがわかってきた。それで退いて小アジアを平定して、その支配者となろうとした。

これはまさしく反逆だというので、父なるバーヤジード帝は、セリームをクリミアから呼びもどしたものの、けっきょく、自分が帝位から退いて、この末子に譲らなければならぬ羽目になった。それは一五一二年四月のことで、つめ腹を切らされたも同様のバーヤジードは、失意の身で、誕生地デモティカに行く途中、五月二十六日に急死をとげた。

一族を葬り去ってから外敵と戦う

こうして、セリーム一世の時代（一五一二〜二〇）がきた。その治世は短かったが、その間に偉業を成しとげた。

偉業というのはサファヴィー朝軍を破り、つぎにマムルーク朝を滅ぼして、シリア、エジプト、アラビアの二聖市など、今のアラブ世界の中枢の大きな部分を征服したことであるが、そのまえに、近親の殺戮を行なっている。

かつて叔父ジェムが海外に逃れて、さんざんに自分の父親を悩ましたことを知っていたから、海軍に命じて、小アジアの海岸を封鎖させてから仕事にとりかかった。まずブルサにいた次兄アフメットの息子たちのうち五人を捕えて、皆殺しにした。ついで、長兄コルクードを攻めて葬り去った。最後にアフメットの必死の反撃をくじいて、これを捕え、すぐに処刑させた。

マルジュ－ダービクの悲劇

マムルーク朝はすでに民心を失い、末期症状を示していた。

この王朝の富源となっていたインド洋貿易も、一五〇〇年にスルタンとなったカーンスーフ＝ウル＝グーリーの時代になると、ポルトガル人のため紅海の中に閉じこめられた形となって、莫大な資源を失いつつあった。ひどい財政難となったから、人民に苛酷な重税をかけるほかなくなり、当時の史家の言葉をかりると、一般民は「毎日が千年ほどにも思われるほど辛かった」というのである。

そういうやりくり世帯の中を、カーンスーフは大軍を出して、シリアから小アジアの南東部（エルビスタン）にはいろうとしていた。一五一六年七月四日、トルコ側のスパイはすでに小アジアの東境まで来ていたアナドル総督シナーン＝パシャに、マムルーク朝軍がアレッポに近づきつつあるとの情報を伝えた。

七月二十三日にセリームは、優勢な軍をひきいて、カイセリにつき、シナーンの軍と合流した。

七月二十八日、セリームは軍を東方に進め、マラティヤの平野から一気に南下の態勢をととのえた。

カーンスーフもアレッポから北進し、八月二十四日、その北のマルジュ＝ダービクの原で決戦が行なわれた。エジプト軍は約六万、トルコ軍の総数はつまびらかではないが、カーンスーフもセリームもそれぞれの中堅軍をひきいていた。まずエジプト側の左右両翼の騎兵団が、それぞれ敵の両翼へ果敢な突撃を行なって優勢となったが、ここでもまたトルコ軍の大砲と、イェニ＝チェリ軍の銃火がものをいいはじめ、戦局は互角となってきた。このとき、カーンスーフが満を持して、じっと動かなかったことが致命傷となった。

トルコ軍が、カーンスーフの本陣に殺到したころ、エジプト軍の右翼をひきいていたアレッポ総督ハーイル＝ベグが、かねて、ひそかにセリームに通じていて、この土壇場に寝がえりをうった。

エジプト軍は動揺し、総くずれになったが、カーンスーフは、これを見ると、ひどいショックをうけた。史家イブン＝イヤースによると、急に目がくらみ、半身が不自由となり、あごがだらりとなった。「水をくれ」というので、黄金のコップに入れて差し出すと、すこしばかり飲み、馬頭を転じて、数歩走らせたかと思ううちに、どっと落馬した。立ちあがったかと見えたが、すぐに血を吐いてことされた。胆嚢が破裂したのである。

そこへトルコ兵が襲いかかり、カーンスーフの旗本部隊を一掃したが、この乱闘が終わったとき、もはやカーンスーフの遺骸も遺品もなんにもなかった。まるで大地に吸いこまれてしまったように、影も形もなかったという。

カリフとなったセリーム

カーンスーフはアレッポから北進するさいに、いずれはこの町に戻るからというので、大部分の軍資金や、武器類をそこの城砦においたままであった。敗残軍が逃げもどると、アレッポの城門は閉ざされていてはいることができなかった。それで残軍は、ダマスクスに走り、そこも守ることができずに、けっきょく、本国エジプトまで退かねばならなかった。

やがてセリームが、アレッポに近づいて来て、城外の広場にはいったが、そこでたいへんな人物の身柄を保護することになった。

それは、時のアッバース朝のカリフ、ムタワッキルその人であった。同家は、十三世紀中ごろ、バグダードがモンゴル軍に攻め落されたあと、カイロで、マムルーク朝の保護のもとに命脈を保っていたのである。

このことから、カリフの位は、オスマーン家のセリームが継承し、これを子孫に伝えて、一九二二年にカリフ制度が廃止されるときにまでいたるのである。

目をきょろきょろしながら入城

エジプトでは、カーンスーフの死のあと、もとその奴隷だったトゥーマーン＝バーイが十月十六日にスルタンの位に上がった。セリームはガザに大軍を集結させたが、急にエジプトに攻め入る気配は示さなかった。

しかし、トゥーマーン＝バーイのほうでみずから墓穴を掘ってしまった。一万の兵を出して、ガザを攻めたからである。これは反撃されて敗走したが、セリームは許さなかった。一五一七年一月には、みずからガザに姿を現わし、六日の後には、早くもシナイ砂漠を越えて、スエズ地峡に急進しつつあった。一月二十七日にはカイロ城内にその軍を入れて、四日間にわたる市街戦がくりひろげられた。

トゥーマーン＝バーイもよく戦ったが、トルコ軍の砲隊に悩まされ、ついにムカッタムの丘（シタデル）のあたりに追いつめられた。わずかの残兵とともに血路をひらいて脱出したものの、けっきょく、捕えられ、四月十三日にカイロの南門（ズワイラ門）のところで処刑された。

ズワイラ門　ファーティマ朝時代はアル－カーヒラ（カイロ）の都城の南門だった。

史家イブン＝イヤースは、これより先、セリームが、カイロの北門のひとつナスル門から入城して来たときの光景を伝えている。

彼が見たスルタンは、頑丈な身体つきで、胸幅ひろく、色白でワシ鼻、口ひげを生やし、あごはきれいに剃っていた。大頭に小さなターバンをまき、右を向いたり、左を向いたりして落ちつきがなく、なにかそわそわした態度だった。年のころは四十歳ほどだったが、重々しいところはなく、なにか軽っぽく見えた。北門からはいって大通りを南門にむかって進んでいくと、満城の市民は歓呼して迎えたとある。

こうして、シリアとエジプトとを征服すると、メッカとメディナの二聖市（ハラマイン）の守護者を兼ねることになった。彼はエジプトのマムルーク階級を、従来の封建制や行政制度とともに温存したが、シリアでも旧来の制度を大幅に変えることはなかった。

立法者シュレイマーン

セリームは九月十日にカイロを去り、途中ダマスクスなどに滞在して、翌一五一八年七月

イスタンブールのシュレイマーン－ジャミー（大モスク）　1550年起工。南方から見たところ。名匠シナンの設計による。

二十五日に、二年余も留守をしていたイスタンブールにかえった。彼の余生はそれからは二年とすこししかなく、一五二〇年九月二十日に、エディルネに行く途中で死んだ。

その子シュレイマーン一世（スライマーン）があとをつぎ、一五二〇年から六六年にいたる長い治世のあいだに、オスマーン帝国は空前絶後の全盛時代を示すのである。史家はこの人に「大帝」「マグニフィセント」などの美称をあたえ、トルコ人は「カーヌーニー」（立法者）と呼んだが、この最後の名の由来は、その治下の広大な地域と三六を数える種族を統治するための基本法典を定めたためとされている。

遠征は前後一三回、そのうち一〇回はヨーロッパに対し、三回がアジアに対するもので、前者のうちには神聖ローマ皇帝カール五世（シャルルカン）治下のウィーン包囲（一五二九年）がはいっている。

またアジアに対するもののうちには、一五三四年のイラク併合がはいっている。この地方はそれまでサファヴィー朝の支配下にあったが、シャー＝タハマースプ（在位一五二四〜七六）はオーストリアとハンガリーに同盟を申しこみ、トルコを苦しめようとした。シュレイマーンは大宰相イブラーヒーム＝アーに命じ

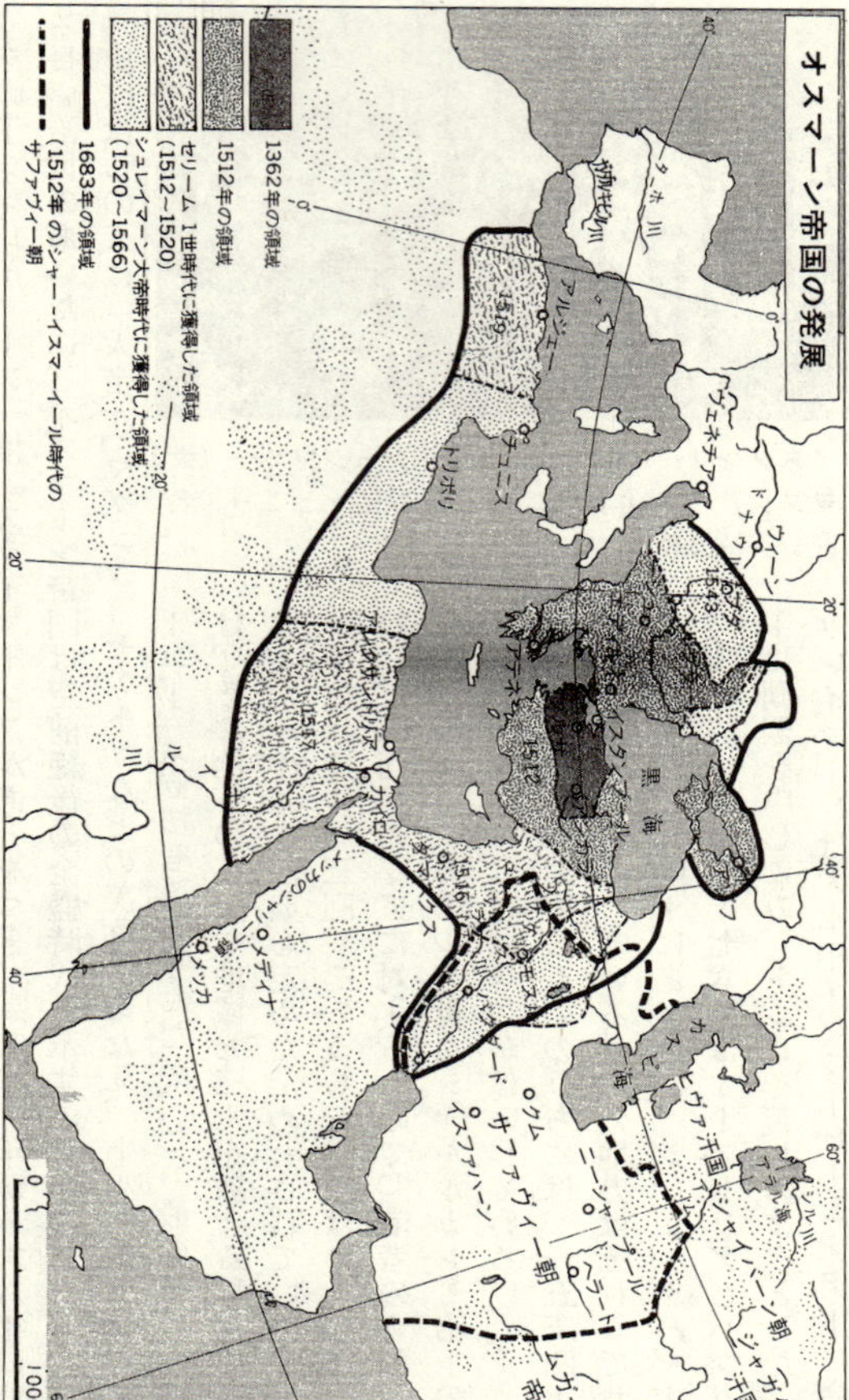

て、モスル、バグダードなどを攻略させ、イラク一円を治下におさめた。
これで、イラク、シリア、パレスチナ、レバノン、エジプト、アラビア西部などのアラブ

地域はすべて、トルコ帝国の版図に入り、アラブ族は約四百年に近い雌伏時代を忍ばねばならなくなった。

このすぐれた民族が、やがて目覚め、民族主義の闘士たちを先頭に立てて、つぎつぎと独立を回復していく経過は、他の巻において、詳述されることであろう。

4　イスファハーンは世界の半分

生死の間まさに一髪

アラブ族の不運にくらべ、イランの民は、サファヴィー朝のもとに独立を守り通すことができた。オスマーン帝国にシュレイマーン大帝がでると、イランにもアッバース大王が現われて、これまたこの王朝の空前絶後の黄金時代をつくり出した。

ただし、この二人の出現時代は食いちがい、東西に二巨星をならべて眺めるというような壮観は実現しなかった。サファヴィー家のアッバースの誕生は、一五七一年一月二十七日というから、シュレイマーンが西方に遠征中、病死（一五六六年九月）してから四年半の歳月をへだてている。在位は四十二年間（一五八七〜一六二九）におよび、シュレイマーンにほぼ匹敵する長さである。

サファヴィー朝第二代のタハマースプ一世の孫にあたり、十六歳で早くもサファヴィー朝の当主となったといえば、ごく順調だったように聞こえるかも知れぬが、それまでには生死の間わずかに一髪というようなところをぐり抜けている。

祖父のあとをついで、第三代目のシャーとなった叔父イスマーイール二世は、性格残忍で、およそ近親の男たちは、おのれの兄弟にせよ、甥たちにせよ、賢愚をとわず、みなあの世に送ってしまい、将来の禍根を断つ方針だった。

このイスマーイールの兄ムハンマド＝フダーバンダに三人の男の子があって、アッバースはその末子だった。そしてアッバースだけがヘラートにおり、フダーバンダと二人の子はシーラーズに住んでいた。

イスマーイールはこれらをみんな殺すつもりだったが、まずアリー＝クリー＝ハーンという人物を東方の総督として、アッバースを片づけさせることにした。しかし、この総督は思慮のある人物で、軽々しくは行動しなかった。

ヘラートに着任の夜は、ラマダーン月のカドル（運命）の夜にあたっていた。昔、預言者マホメットにはじめてアル-クルアーン（コーラン）が啓示された夜として神聖視されているというので、暗殺はとりやめにした。翌々日は金曜日で、イスラム教徒の集団礼拝の日にあたるというので、またやめた。

そうこうしているうちに、ラマダーンの月がおわり、断食明けの祝日になったというのでまたやめた。こうして、何かと理由をつけては暗殺を一日のばしにしているうちに、イスマーイール二世がすでにその年（一五七七年）の十一月五日にカズウィーンで死んだという情報がはいった。原因は阿片《あへん》の飲みすぎだったという。

これでアッバース王子も助かったし、シーラーズにいたその父や二人の兄たちも命びろいをした。アリー＝クリー＝ハーンは、すぐにアッバース王子の後見役となり、これをもり立てて、ゆくゆくは王位に就けることをおのれの夢とするようになった。この夢が実現するまでには、かなり波瀾を凌がねばならなかった。しかし、この夢は、彼のライバルだったムルシッド＝クリーという人物によって実現され、一五八七年五月末、アッバースはカズウィーンで王位に就くことができた。

シャーリー兄弟とのめぐり合い

アッバースは、まず野心的なムルシッド＝クリーを血祭りにあげて、みずから実権を握り、つぎには、オスマーン帝国とやや屈辱的な和約を結んで、西方国境を安定させてから、国内の反抗分子を平げ、東方の患であるウズベク人をホラーサーン地方から駆逐した。そして一五九八年秋に、カズウィーンに凱旋すると、そこで二人の英国人と宿命的ともいうべき出会いをするのである。

それは英国の軍人、サー＝アントニー＝シャーリーとサー＝ロバート＝シャーリーの兄弟であった。

この二人は一〇人あまりの部下をつれていたが、そ

アッバースI世がインドからの使節を引見するところ

の中には大砲鋳造の技師もいた。これまでイラン軍は、宿敵オスマーン-トルコ軍のため、たびたび破られたが、そのおもな原因は、イランには大砲がなくて、トルコ軍の砲兵隊に抵抗することができなかったためであった。シャーリー兄弟とのめぐりあいの結果、アッバース一世は五〇〇門の真鍮砲と六万梃の小銃を持つにいたり、以前から勇猛をもって鳴っていたその軍隊は格段に威力を増すことになった。

そうして一六〇一年には、オスマーン帝国に戦いを挑み、タブリーズを奪回し、一時的にはバグダードをも回復した。また東方でも、ウズベク族を破ってメシェッド（マシュハド）やヘラートを奪回したが、バルフの回復には成功しなかった。

西方ではひき続いてトルコと戦い、アルメニアのエリワン（エレヴァン）、グルジャのティフリス（トビリシ）、ペルシア湾上のバハレイン島などを占領し、さらに一六二〇年には英軍の援助を得て、ホルムズ港をポルトガル人の手から取りもどしている。

美しい都づくり

一五九八年には首都をカズウィーンからイスファハーンに移した。当時この町には八万人ほどが住んでいたが、ザーヤンデ川の流れる沃野の真中にある形勝の地である。アッバースは、一五九八年の春から、首都づくりをはじめた。

そのためには国内はもとよりインド、イタリア、他のヨーロッパ諸国、はては遠く中国などからまで、建築技師や工匠たちを招いたという。

まず第一はマイダーン-イ-シャー（王の広場）を中心とする造営である。この広場は南北に五一〇メートル余、東西に約一六五メートルの長方形であるが、その南に接するマスジド-イ-シャー（王のモスク）は優雅、かつ荘重につくりなされ、華麗なドームや光塔をそびえ立たせている。

起工は一六一一年だったが、アッバース大王は、性急な人だったから、十分に基礎を固めぬうちに側壁を築くことを厳命し、建築家たちを困らせたという逸話がある。

そんなに急がせても、ついにこのモスクは大王の生きているうちには落成せず、その孫サフィー一世（一六二九〜四二）のときまでかかった。使用した煉瓦が約一八〇〇万個、タイルが五〇万枚に達した。

イスファハーンのマスジド-イ-シャー（王のモスク）

広場の東南部に接してつくられたルトフッラー-モスク（サドルのモスクともいう）はアッバースが義父の冥福を祈って造らせたもので、規模は前者ほど大きくはないが、善美な点はすこしも遜色のないものである。

ルトフッラーのモスクとほぼ相対して、広場の西側にアリー゠カプー（高い門）が建てられた。広場から、その西方の宮殿に入る門であるとともに、楼閣でもあって、大王もここに住んだことがあり、高楼から、広場で行なわれるいろいろの催し、剣士の闘いや、人と野獣の果たしあい、ポーロ競技などを見物することもあった。

アリー゠カプーより、もっと西に行ったところにチヒル゠ストゥーン（四〇円柱）という宮殿が東向きに建てられた。二〇本の優美な円柱が、前面の池に映ずるので、四〇円柱の名で呼ばれるのだが、これは外国使臣などの謁見に用いられた。

大王はまた、王の広場の西方を南北にはしるチャハール゠バーグ（四つの庭園の意）をつくらせた。これは現在のイスファハーンの中心街になっているが、当時は、西郊ののどかな遊歩道というべきものだった。

この通りは王室の四つの樹園をつらぬいてつくられたので、右の名称を得たのだが、中央には疏水が流れ、約二〇〇メートルの間隔で池があり、噴水がしぶきをあげていた。両側にはプラタナス、糸杉、ポプラ、モミなどが植えられており、その植えつけは大王が親しく指揮した。

この通りは南に行ったところで、ザーヤンデ川を越すのであるが、そこには当時ファールス地方の総督だった人が、大王の命をうけて三三のアーチをもつ美しい橋をかけた。

大王の去ったあと

「イスファハーンは世界の半分」「もし、この世にイスファハーンがなかったら、世界の創造主は世界をお持ちでなかったろう」などとまで激賞されたこの町の結構さは、アッバース大王の都づくりと、自然の恩恵とが融けあったことによるものであった。

アッバース大王の美点は数えていけば長くなるが、欠点もないわけではなかった。冷酷な面を示したものとして、肉親の父と二人の兄とを盲目にしたうえに、アラムート山中に幽閉したことや、おのが子のひとりを背逆の罪に問うて殺したことなどがある。さらに重病にかかると、別の子イマーム＝クリーを後継者に定めたが、やがて平癒すると、この子の両眼の明を奪うというようなことまでしている。

大王の死後、その王朝は衰えはじめ、一七三六年に滅びた。イランにはいろいろな王朝が興亡し、あまたのシャーが君臨したが、カージャール朝（一七七九〜一九二四）のとき、首都をテヘランに移した（一七八六年）。

おわりに

この一巻を仕あげるのに筆者はかなり長い時間と、それから自分でいうのは少々あつかましいが、かなりの努力をそそいだ。十章にわけたが、各章とも予定の枚数を超過するには困った。第五章と第十章などはけっきょく、予定の二倍以上の分量になった。最後に数えて見ると、四〇〇字詰めの原稿用紙で三百数十枚は書き過ぎであることがわかった。それで、贅肉と思われる部分を除き去って、どうにか所定の分量までにしたのであるが、三百数十枚といえば、小さな書物一冊分にあたるので、時には省き去るのが惜しいところもあり、あたかも骨身を削るような辛い思いをすることもあった。

わが国の諺に「苦は楽の種」というのがあるが、アラビア語にも「アル-ファラジュ-バアド-ウッ-シッダ」という言葉があり「苦しみのあとの喜び」「悩みのあとの安心」という意味で、「アッラーは(人々の)苦しみのあとに(必ず)救いをもたらしたまう」という預言者ムハンマド(マホメット)の言葉から出たとされている。

この思想は古来、無数のイスラム教徒に励ましと慰めとを与えてきた。人間はこの世に生きて行くかぎり、様々の心配ごと、苦しみ、悩みなどを経て行かなければならぬ。しかし、全能の神は必ず、そのあとに救い、解放、安心、喜悦をもたらしたまうという信念にすがれるからである。

人びとはあまたの試練にあい、また懲罰を受け、困窮や不遇のうちに苦しむであろう。しかし、神は試練のうちにも温情を、懲罰の中にも恩寵を、困窮や不遇のうちにもいたわりや施与を与えたまうのである。そうして、そのしもべたちがいかに現世に望みを失っていても、神はけっしてその人々を見棄てたまうことなく、しもべたちの苦痛や悩みを必ずいたわり、救って下さるというのである。

語りべたち（ラーウィヤ）は、ひどい苦しみに遇ったが、やがて神の恩寵によって救われ、しあわせと喜びの日を迎えた人々の実例を好んで民衆に語って聞かせるのであった。

また、文筆の士は、そのような実例を集めた本をつくったので、「アル‐ファラジュ‐バアド‐ウッ‐シッダ」（苦あれば楽あり）という文学のジャンルが発達した。七二九年に生まれ、八三九年に世を去ったアル＝マーダーイニーが、このジャンルの開拓者だという説がある。

このジャンルのうちで、もっとも有名となり、広く読者を得たのは、九三八年にイラクのバスラで生まれ、九九四年にバグダードで没したアッ＝タヌーヒーのものである。

この本は、このような信仰にすがって激しい人生を生きぬいた多くの人々の生きざまを写そうと努めたものである。

彼らはそれぞれ精一杯に生き、そうしてこの世を去っていった。大多数は神の恩寵に感謝しつつ瞑目したごとく史書は伝えている。慎しみ深く、他人のために尽くすことをおのが喜びとし、よく与え、よく許した人士もあれば、強慾で、逞《たくま》しく、すさまじいばかりの生涯を送った人々もあって、人生行路の歩きざまは多様であった。しかし、誰もみな、苦しみのあとに喜びがあるとの信念を命綱とし、これにすがって世を渡っていったことに変わりはなかったであろう。

筆者の非才のため、思うところの何分の一をも表現することはできなかったけれども、いまこの執筆を終わろうとして、やはり、苦しみのあとの喜びを味わわずにはいられない。

末筆ながら、長い間、根気よく督励を惜しまずにたまわった講談社学術局の担当の諸賢、とくに萩原裕子さんの御尽力に感謝の意を表したいと思う。

年表

西暦	宗教と政治	文化一般	他地域
五七〇ころ	ムハンマド（マホメット）生まれる		
五九五ころ	マホメットとハディージャとの結婚		五九三 聖徳太子、朝政にあたる
六一〇ころ	マホメットはじめて天啓を受ける		六一〇 ヘラクリウス、ビザンツ皇帝となる
六一三ころ	マホメット、布教を始める		
六一六〜六一九ころ	メッカ市民、ハーシム一族と交際を絶つ		
六一九	ハディージャの死。アブー＝ターリブの死		
六二二	ヒジュラ（マホメット、教徒とメディナに移る）		六二二 サーサーン朝軍、エジプトを占領。ヘラクリウス、ペルシアを侵略。聖徳太子の死
六二四	バドルの戦い		
六二五	オホドの戦い		
六二七	メッカ軍、メディナを囲む（ハンダクの戦い）		
六二八	フダイビーヤの和約		六二八 ヘラクリウス、クテシフォンにせまる
六三〇	メッカ征服		

六三一	遣使の年、アラビアの大部分がイスラムに従う		
六三二	マホメットの死。アブー＝バクル、初代カリフとなる（～六三四）。リッダの戦いはじまる		六三二 ヤズディガルド三世（サーサーン朝）即位
六三三	ムスリム軍、ヒーラ占領		
六三五	ムスリム軍、ダマスクスその他シリアの都市を占領		
六三六	ヤルムーク川の戦い。シリアの運命が決した		
六三七	カーディシーヤの戦い。クテシフォン陥つ		
六三八	エルサレム陥つ	六三八 イラクにバスラとクーファ二市の建設	
六四〇	カイサリア陥ち、シリア全土がムスリムの支配下に入る。エジプト征服はじまる		
六四一	ニハーワンドの戦い		六四一 ヘラクリウス帝死ぬ
六四二	アレクサンドリア陥ち、エジプトの征服ほぼ終わる		
六四四	カリフ、オマル暗殺され、オスマーンがつぐ		
六四五	このころよりムスリム海軍、地中海に進出		六四五 大化の改新はじまる
六四九	ムスリム海軍、キプロス島を占領		

六五一	このころ、アル＝クルアーン（コーラン）の統一
六五六	カリフ、オスマーン殺され、アリーつぐ。バスラにおけるラクダの戦い
六五七	シッフィーンの戦い。ハーリジュ派の起こり
六六一	アリー、クーファで暗殺さる。前年（六六〇）ムアーウィヤ、エルサレムでカリフ宣言。ウマイヤ朝はじまる
六七〇	カイラワーン市建設
六七七～六七八	ムスリム軍、コンスタンティノープルを囲む
六八〇	ムアーウィヤ死に、ヤジード一世つぐ。カルバラーでフサイン殉教
六八一	アブドッラー＝ブヌッ＝ズバイル、メッカとメディナで兵をあげる
六八三	アブドッラー、カリフとして広く認めらる。ウマイヤ朝の主権マルワーンに帰す
六九二	アブドッラー、メッカで死ぬ
六九四	アル＝ハッジャージ、イラク総督となる

六七一　カイラワーンの建設

六九一　岩のドーム竣工

七〇〇　ハッジャージ、ワーシト市建設をはじめる

六五一　ヤズディガルド三世、ホラーサーンで殺さる

七一〇　平城京に都を移す（日本）

七一〇	ムスリム軍の北アフリカ征服達成さる。同じくイベリア半島の征服はじまる
七一六〜七一七	ムスリム軍、コンスタンティノープルを攻める
七二五	ムスリム軍、ピレネーを越え、ナルボンヌを占領
七三二	ポアティエー北方で、フランク軍に敗れる
七四七	アブー＝ムスリム、ホラーサーンで反旗をかかぐ
七四九	アブル＝アッバース＝アッ＝サッファーフ、クーファでカリフ宣言
七五〇	ウマイヤ朝滅び、アッバース朝おこる
七五四	サッファーフ死に、兄マンスールつぐ
七五六	コルドバに西ウマイヤ朝おこる

七一九 詩人ウマル＝ブヌ＝アビー＝ラビーア死ぬ

七三二 詩人ファラズダクの死

七三五 詩人ドゥル＝ルンマの死

七五一ころ サマルカンドに最初の製紙工場つくられる

七五七 イブヌル＝ムカッファー（文豪）殺さる

七六七 史家イブン＝イスハーク死ぬ。法学者アブー＝ハニーファ死す

七一二『古事記』成る

七二二 スペイン北部にアストリアス王国おこる（ムスリム征服後最初のキリスト教国）

七五一 中央アジアのタラスの戦い（唐軍大敗）

七六八 シャルルマーニュ

七六二	バグダードに都城建設はじまる	七八六 文法学者アル＝ハリール死す	ュ、スペインに遠征。ロンスヴォーの戦い（ロランの戦死）
七八六～八〇九	ハールーン＝アル＝ラシードのカリフ時代		
八〇〇	チュニジアにアグラブ朝現わる	七九五 法学者マーリク＝ブヌ＝アナス死す	七九四 平安京に遷都（日本）
八〇三	バルマク家の没落		
八一三	カリフ、アミーン殺さる	八一六ころ 詩人アブー＝ヌワースの死	八一四 シャルルマーニュの死
八一九	カリフ、マームーン、バグダードに入る	八二〇 法学者シャーフィイーの死	
八二〇	ホラーサーンにターヒル朝おこる（～八七三）		
八二七	カリフ、マームーン、ムウタジラ派神学を公認	八二六ころ 詩人アブル＝アターヒヤの死。文法家アル＝アスマイー死す	
八三三	このころバグダードに「知恵の家」つくらる		
八三六	サーマッラーに新都建設		
八三七	八一六年以来のバーバクの乱平定さる	八四三 詩人アブー＝タンマームの死	
八四七～八六一	ムタワッキルのカリフ時代	八五五 法学者イブン＝ハンバルの死	
八六一～九一〇	イランにサッファール朝が続く		

八六八	エジプトにアフマド＝ブヌ＝トゥールーンの王朝がおこる。九〇五年まで続く	八六八 文豪アッ＝ジャーヒズの死	八七五 中国のカントン（広州）でムスリム商人多数虐殺さる（黄巣の乱）
八六九	ザンジの反乱。八八三年に平定さる		
八七五	トランスオクシアナにサーマーン朝おこる 九九八年ころまで続く	八八九 文学者イブン＝クタイバの死	
八九二	バグダードに遷都	八九二 史家アル＝バラードゥリー死す	
八九四	アラビア東部にカルマット派の共和国出現		
九〇〇	サーマーン朝がホラーサーンを支配下におく		
九〇五	イラク北部にハムダーン朝がおこる		九〇八 唐朝滅ぶ
九〇九	チュニジアにファーティマ朝がおこり、アグラブ朝がほろびる	九二三 史家アッ＝タバリー死す	
九二九	コルドバのウマイヤ朝のアブドル＝ラフマーン三世がカリフの称号をとる	九五〇 アル＝ファーラービー（哲学者）死す	九三五 神学者アル＝アシュアリー死す
九三五	イフシード朝、エジプトにおこる（〜九六九）	九五一 地理学者アル＝イスタフリー死す	
九四五	ブワイヒ朝のアフマド、バグダードに入り、大将軍の称号を受く	九五六 史家アル＝マスウーディー死す	

九六〇　このころ、中央アジア草原のトルコ族、大挙してイスラムに帰依す
九六九　ファーティマ朝、エジプトを征服。カイロ建設
九九六〜一〇二一　エジプトのファーティマ朝、アル＝ハーキムの時代
九九八〜一〇三〇　ガズナ朝の英主マフムードの時代
一〇〇〇　マフムードのインド遠征はじまる
一〇〇九　アル＝ハーキム、キリストの墓を破壊
一〇三一　コルドバのウマイヤ朝滅ぶ。小王国分立時代がスペインに続く
一〇五五　セルジュック朝のトゥグリル、バグダードに入り、実権を握る
一〇六〇〜九一　ノルマン人のシチリア征服

九六五　詩人アル＝ムタナッビー死す
九六七　文学者アブル＝ファラジ＝アル＝イスファハーニーの死
九七〇ころ　バスラの清浄兄弟（イフワーン＝ウッ＝サファー）による百科全書このころ編集さる
九八七　アン＝ナディームの『目録書』（アル－フィフリスト）成る
一〇一〇　フィルダウシーの『王書』成る
一〇三七　イブン＝シーナー（アビセンナ）の死
一〇四八　アル＝ビールーニーの死

九六〇　中国に宋朝おこる
一〇〇〇　清少納言の『枕草子』成る
一〇〇七　紫式部の『源氏物語』成る
一〇六六　ノルマン人のイギリス征服

一〇七一 セルジュック朝軍、マラーズゲルトにビザンツ皇帝軍を破る
一〇八五 スペインのトレド、キリスト教軍に占領さる
一〇八六 ムラービト朝軍、スペインに入り、ザルラーカでキリスト教徒軍を破る
一〇九〇 ノルマン人、マルタ島を征服。暗殺教団、アラムートに拠る
一〇九八 第一十字軍、アンティオキアをとる
一〇九九 第一十字軍、エルサレムを攻略
一一四四 ザンギー、アル＝ルハー（エデッサ）を攻略
一一四七 第二十字軍おこる
ムワッヒド朝軍、スペインに侵入

一〇五八 詩人アル＝マアッリー死す
一〇六五 思想家イブン＝ハズム死す
一〇六七 バグダードにニザーミーヤ学院建設さる
一〇八八 サレルノにアラブ医学の研究所
一〇九二 ニザーム＝ル＝ムルク暗殺さる
一一一一 アル＝ガザーリーの死
一一二二 文学者アル＝ハリーリーの死
一一六〇 詩人イブン＝クズマーンの死

一〇九六 第一十字軍おこる
一一一三 このころ、アンコール＝ワット建設さる
一一三〇 カラ＝キタイ（西遼）東トルキスタンを征服
一一四一 コーランのラテン語訳

一一七一	ファーティマ朝滅び、サラディンのアイユーブ朝にかわり、エジプトは正統派イスラムにかえる
一一八六	ガズナ朝滅ぶ
一一八七	ハッティーンの戦い。サラディン、十字軍の主力を破る、ついでエルサレムを回復
一一九一	第三十字軍、アッカ（アッコー）を占領
一一九三	サラディン、ダマスクスで死す
一二一二	ラス＝ナバス＝デ＝トローサの戦い
一二一九	チンギーズ汗の西征はじまる
一二二〇	モンゴル軍、ブハラやサマルカンドを攻破
一二三二	スペインにナスル朝おこる（グラナダ～一四九二）
一二三六	キリスト教軍のコルドバ占領

一一八八 ウサーマ＝ブヌ＝ムンキドの死

一一九五 ジャームの光塔建立

一一九八 哲学者イブン＝ルシュド（アヴェロエス）死す

一二〇三 ペルシアの詩人ニザーミー死す

一二二六ころ イランの詩人ウマル＝ハイヤーム死す

一二二九 地理学者ヤークート死す

一二三四 ムスタンシリーヤ学院建設

一一五四 シチリアのロジェール二世の死

一二〇四 十字軍、コンスタンティノープルを攻略

一二一五 チンギーズ汗、北京をとる

一二四八	同じくセビリヤ占領		一二五〇 仏王サン＝ルイの使者モンゴリアにいたる
一二四九	仏王サン＝ルイ（ルイ九世）、エジプトで捕虜となる		
一二五〇	エジプトにマムルーク朝おこる（～一五一七）	一二七三 神秘派詩人ルーミー死す	
一二五八	モンゴル軍、バグダードを攻略。アッバース朝崩壊	一二七四 ナシール＝ウッ＝ディーン＝トゥーシーの死	一二五四 マルコ＝ポーロ、中国にいたる
一二六〇	アイン＝ジャールートの戦い（パレスチナ）	一二九二 ペルシア詩人サアディーの死	
一二九一	十字軍、シリアから退く	一三一八 集史の著者ラシード＝ウッ＝ディーン刑死	
一二九五	イール汗国のガーザーン汗、イスラムに帰依	一三二八 法学者イブン＝タイミーヤ死す	一三二一 ダンテ死す
一三二六	オスマーン朝、ブルザを攻略し、首都とす		一三三七 百年戦争はじまる
一三三五	イール汗国のアブー＝サイード王死す		一三三九 北畠親房の『神皇正統記』成る
一三六二	オスマーン朝、アドリアノープルをとる		一三六八 朱元璋が大明皇帝と称す
一三六五	ティームールの勢力確立し、征服事業はじまる		

一三七五	トルコマン族の黒羊朝はじまる		
一三八九	オスマーン朝のムラード一世、セルビア軍をコッソーウォに破り、死す。バーヤジード一世つぐ	一三九〇 ペルシア詩人ハーフィズ死す	
一三九五	ティームール、金帳汗国を破る	一三九九 サマルカンドにビービー＝ハヌイム建設さる	一三九七 足利義満、北山第（金閣）の上棟
一三九八	ティームール、インドに遠征、デリーを攻略	一四〇一 ティームールとイブン＝ハルドゥーンのめぐりあい	
一四〇〇〜〇一	ティームール、イラクおよびシリアに遠征		
一四〇二	アンカラの戦い。ティームール、バーヤジード一世のトルコ軍に大勝。バーヤジードの死	一四〇六 史家イブン＝ハルドゥーン、カイロで死す	
一四〇五	ティームール、オトラールで死す		
一四二一〜五一	オスマーン帝国、ムラード二世の時代	一四二九 ウルーグ＝ベグ、サマルカンドに天文台を建てる	
一四四四	オスマーン軍、ハンガリー軍をヴァルナで破る	一四四二 エジプトの史家マクリージー死す	
一四五一	オスマーン帝国のメフメット二世即位		
一四五三	メフメット二世、コンスタンティノープルを攻略す ビザンツ帝国滅亡	一四五〇 マラッカ王国の全盛時代	

一四六六	白羊朝にウズン＝ハサン即位し、全盛時代をつくる		一四六〇 このころよりイタリア、フランスに印刷術つたわる
一四七五	オスマーン帝国、クリミアを保護下におく		
一四八一	同右、バーヤジード二世つぐ	一四八九 トルコの建築家シナン生まれる	一四九一 イグナチウス＝ロヨラ生まれる（のちイエズス会を組織）
一四九二	グラナダの陥落、ナスル朝滅ぶ	一四九五 トルコの詩人王子ジェム死す	一四九二 コロンブスの新世界発見
一五〇二〜二四	サファヴィー朝初代イスマーイールの時代	一四九八 イラン史家ミールフワーンド死す。この年アラブ航海者イブン＝マージド、ヴァスコ＝ダ＝ガマ等をインドのカーリクートに導くとの説がある	一五〇〇 ポルトガル人カブラール、ブラジルを発見
一五一二	オスマーン帝国セリーム一世即位	一五〇一 トルコ系詩人アリー＝シール＝ナヴァイの死	
一五一四	チャールディラーンの戦い。トルコ軍、ペルシア軍に大勝		
一五一六	マルジュ＝ダービクの戦い。トルコ軍、マムルーク朝軍に大勝し、シリア征服に成功	一五〇五 エジプトの史家スユーティーの死	

一五一七	トルコ軍カイロに入り、マムルーク朝滅ぶ。ついでアラビアの二聖市の保護権をにぎる	一五〇九　トルコ詩人ネジャーティー死す	一五一九　マジェラン一行の世界周遊はじまる（〜二二）
一五二〇〜六六	オスマーン帝国、シュレイマーン（スライマーン）大帝のもとに全盛時代を示す	一五三三　トルコ詩人メシーヒーの死	一五八〇　モンテーニュの『エッセイ』、タッソーの『エルサレム解放』など
一五二一	オスマーン帝国軍、ベルグラード攻略	一五五〇〜五六　イスタンブールにスレイマーニヤ・モスク成る（シナンの設計）	
一五二二	同、ロードス島攻略	一五五五　ダマスクスのスレイマーニヤ・モスク成る	
一五二六	モハッチの戦い。トルコ軍、ハンガリーを制圧	一五五六　トルコ詩人フズーリー、イラクで死す	
	バーブル、デリーをとる。ムガール朝はじまる		
一五二九	ハイレッティン提督、アルジェーをとる		
	トルコ軍、ウィーンを包囲		
一五四三	トルコ軍、バグダードを占領		
一五六五	トルコ軍、マルタ島を攻め、失敗		
一五七〇	トルコ軍、キプロス島を攻略		
一五七一	レパントの海戦で、トルコ海軍敗る		

一五七四	トルコ、チュニスを併合		一五八二 本能寺の変。織田信長殺さる
一五八七	サファヴィー朝のアッバース一世（大王）即位。やがて都イスファハーンを中心に全盛時代に入る	一六〇〇 トルコ詩人バーキー死す	一五九九 シェイクスピアの『真夏の夜の夢』発表
一五九〇	モロッコ人、トムブクトゥを攻め取る	一六二二 イランのバンダル-アッバース港発展しはじむ	一六一九 オランダ人、ジャワにバタヴィア市建設
一五九五	ルーマニアに反乱おこる（トルコの支配に対し）	一六三四 トルコ詩人ネフィー死す	一六四四 明朝滅ぶ
一六一四	トルコ軍、再度マルタを攻めて成功せず	一六四〇 イランの思想家モルラー＝サドラー死す	一六六一 鄭成功、台湾に入り、オランダ人を逐う
一六六八	トルコのクレタ征服成る	一六五七 トルコの文献学者ハッジー＝ハリーファ死す	
一六八一	トルコ、キエフをロシアに割譲		
一六八三	トルコ軍、ウィーンを囲む		
一六八六	トルコ、ブダを失う		
一六八八	トルコ、一時的にベルグラードを放棄		
一六九九	カルロウィッツ条約。トルコ、ハンガリーを放棄		

一七二二	サファヴィー朝衰え、アフガーン人、イランに勢力をはる		
一七三六〜四七	ナーディル＝シャー、アフシャール朝をイランにおこす（一七三六年以後、正式のシャーとなる）		
一七三六	ロシア軍、クリミアに侵入		
一七三九	ナーディル＝シャー、インドに遠征、デリーを占領		
一七四四	（アラビア）イブン＝アブドル＝ワッハーブとムハンマド＝ブヌ＝サウードの提携成立		
一七四七	（ダルイーヤ）ナーディルの死。アフガニスタン独立し、サドーザイ朝おこる		
一七五七	チグリス上流地方に蝗害と黒死病		一七七四 ルイ十六世、フランスの王位につく
一七七九	イランにカージャール朝おこる		
一七八六	テヘランがイランの首都となる		一七八七 ヴォルネーの『シリア、エジプト旅行記』成る
一七八八	オーストリア、トルコと戦う	一七九二 ムハンマド＝ブヌ＝アブドル＝ワッハーブ死す	

一七八九	セリーム三世、トルコ皇帝となる（近代化政策の推進はじまる）
一七九八	ナポレオン＝ボナパルトのエジプト遠征
一八〇一	フランス軍、エジプトより撤退

一七八九 フランス大革命おこる
ジョージ＝ワシントン、米国の大統領となる

本書は、小社刊「世界の歴史」シリーズ10巻『イスラムの時代』（一九七七年刊）を底本としました。

前嶋信次（まえじま　しんじ）

1903年，山梨県生まれ。東京帝国大学文学部卒業。東洋史専攻。台北帝国大学教授，満鉄東亜経済調査局などを経て，1956-71年慶応大学教授。長年イスラム史研究の指導者として活躍。著・訳書に『東西文化交流の諸相』『イスラムの宗教と歴史』『イスラム文化の歴史』『アラビアン・ナイト』等多数がある。1983年歿。

講談社学術文庫

定価はカバーに表示してあります。

イスラムの時代《じだい》

前嶋《まえじま》信次《しんじ》

2002年３月10日　第１刷発行

発行者　野間佐和子
発行所　株式会社講談社
東京都文京区音羽2-12-21　〒112-8001
電話　編集部（03）5395-3512
販売部（03）5395-5817
業務部（03）5395-3615

装　幀　蟹江征治
印　刷　豊国印刷株式会社
製　本　株式会社国宝社

ISBN4-06-159536-9　(学術)

「講談社学術文庫」の刊行に当たって

これは、学術をポケットに入れることをモットーとして生まれた文庫である。学術は少年の心を養い、成年の心を満たす。その学術がポケットにはいる形で、万人のものになることは、生涯教育をうたう現代の理想である。

こうした考え方は、学術を巨大な城のように見る世間の常識に反するかもしれない。また、一部の人たちからは、学術の権威をおとすものと非難されるかもしれない。しかし、それはいずれも学術の新しい在り方を解しないものといわざるをえない。

学術は、まず魔術への挑戦から始まった。やがて、いわゆる常識をつぎつぎに改めていった。学術の権威は、幾百年、幾千年にわたる、苦しい戦いの成果である。こうしてきずきあげられた城が、一見して近づきがたいものにうつるのは、そのためである。しかし、学術の権威を、その形の上だけで判断してはならない。その生成のあとをかえりみれば、その根は常に人々の生活の中にあった。学術が大きな力たりうるのはそのためであって、生活をはなれた学術は、どこにもない。

開かれた社会といわれる現代にとって、これはまったく自明である。生活と学術との間に、もし距離があるとすれば、何をおいてもこれを埋めねばならない。もしこの距離が形の上の迷信からきているとすれば、その迷信をうち破らねばならぬ。

学術文庫は、内外の迷信を打破し、学術のために新しい天地をひらく意図をもって生まれた。文庫という小さい形と、学術という壮大な城とが、完全に両立するためには、なおいくらかの時を必要とするであろう。しかし、学術をポケットにした社会が、人間の生活にとってより豊かな社会であることは、たしかである。そうした社会の実現のために、文庫の世界に新しいジャンルを加えることができれば幸いである。

一九七六年六月　　野間省一

角田文衞著
平家後抄（上）（下） 落日後の平家
壇ノ浦で滅んだはずの平家の末裔達の行く末の物語。平家物語に「平家は永く絶えにけれ」と記された清盛の血脈は、実は女系を通じて生き残り、現代にまで続いている。詳細な資料と実地踏査で究明した角田史学の結晶。
1434・1435

森　浩一著
巨大古墳 治水王と天皇陵
五世紀に数多く作られた巨大古墳の謎に迫る。誉田山古墳（応神陵）、大山古墳（仁徳陵）など雄大な墓が作られた時代の実態を、数々の発掘調査に携わった著者ならではの目でとらえた好著。古代ファン必携の書。
1443

網野善彦著（解説・山本幸司）
中世再考 列島の地域と社会
日本中世史を見直す著者の思想の原点を収録。中世史の諸説に対して様々な疑問を提示した小論を集めたもの。研究の現状分析、民衆の生活史、東国と西国、漁業民等、現在著者が主張する問題の原点がここにある。
1448

小林章夫著
コーヒー・ハウス 18世紀ロンドン、都市の生活史
珈琲の香りに包まれた近代英国の喧噪と活気。十七世紀半ばから一世紀余にわたりイギリスの政治や社会、文化に多大な影響を与えた情報基地。その歴史を通し、爛熟する都市・ロンドンの姿と市民生活を活写する。
1451

永積　昭著（解説・広末雅士）
オランダ東インド会社
東インド貿易の勝利者、二百年間の栄枯盛衰。香料貿易を制し、胡椒・コーヒー等の商業用作物栽培に進出して成功を収めたオランダ東インド会社は、なぜ滅亡したか？　インドネシア史を背景にその興亡を描く。
1454

勝　海舟著／江藤　淳・松浦　玲編
氷川清話
海舟が晩年語った人物評・時局批判の小話集。幕末期の難局に手腕を発揮し、次代を拓いた海舟。歯に衣着せず語った辛辣な人物評、痛烈な時局批判は、彼の人間臭さや豪快さが伝わる魅力いっぱいの好著である。
1463

《新刊案内》講談社学術文庫

沼田眞
岩瀬徹
図説 日本の植生
亜寒帯から亜熱帯にまで伸びる日本列島の多様な植生を二五〇点の写真と図表を配して解説した入門書。植物群落の分布と遷移を軸に、生育環境との密接な関係を解明。
1534

今泉忠義
新装版 源氏物語(五)
不義の子・薫の誕生と女三の宮の出家。そして最愛の女性・紫の上の死。憂愁の源氏は、栄華と愛憎とに彩られた物語の舞台を静かにおりる。「柏木」〜「竹河」を収録。
1460

今谷明
戦国時代の貴族
―『言継卿記』が描く京都―
戦火に焼けた京都と衰微する朝廷。一方、自治を進め文化を形成する京都町衆。そして信長の上洛――。五十年にわたり書き綴られた日記が語る、戦国期京都の実像。
1535

前嶋信次
イスラムの時代
―マホメットから世界帝国へ―
七世紀に出現したイスラム世界は、瞬く間に史上空前の規模の大帝国を築き上げた。マホメットの登場からオスマーン帝国に至る時代を軸に、イスラム圏の消長を辿る。
1536

エリザ・R・シドモア
外崎克久 訳
シドモア日本紀行
―明治の人力車ツアー―
ポトマック河畔の桜の植樹の立役者、シドモア。日本各地を人力車で駆け巡り、明治半ばの日本の世相と花を愛する日本人の優しい心を鋭い観察眼で見事に描き出す。
1537

笠島準一
英語辞典を使いこなす
英語に関する疑問の九〇%は辞典の中に答えがある。使い切れずに眠る英語・英米文化情報の宝庫=英和・和英・英英辞典の構造を明らかにし巧みな辞典の使い方を提示。
1538